百年 中国教科书记

石鸥 著

SPM 南方传媒

全国优秀出版社
全国百佳图书出版单位

广东教育出版社

·广州·

图书在版编目（CIP）数据

百年中国教科书记 / 石鸥著.— 广州 ：广东教育
出版社，2024.1
ISBN 978-7-5548-5516-4

Ⅰ.①百… Ⅱ.①石… Ⅲ.①教材—历史—中国
Ⅳ.①G423.3-092

中国国家版本馆CIP数据核字（2023）第171008号

百年中国教科书记

BAINIAN ZHONGGUO JIAOKESHU JI

出 版 人：朱文清

责任编辑：姚 勇

责任校对：林晓珊

责任技编：吴华莲

装帧设计：何 维

出 版：广东教育出版社

（广州市环市东路472号12—15楼 邮政编码：510075）

销售热线：020-87772438

网 址：http://www.gjs.cn

E-mail：gjs-quality@nfcb.com.cn

发 行：广东新华发行集团股份有限公司

印 刷：广州小明数码印刷有限公司

（广州市天河区高普路 83 号 B 栋 C5）

规 格：787 mm × 1092 mm 1/16

印 张：18.5

字 数：370千

版 次：2024年1月第1版

2024年1月第1次印刷

定 价：68.00元

❶《高等小学论说文范》，邵伯棠，上海会文堂，1911

❷《新式国文教科书》，中华书局，1916

❸《新主义国语读本》，世界书局，1926

❹《新时代三民主义教科书》，商务印书馆，1927

❶	❷
❸	❹

百年中国教科书记

❶《新编历史教科书》，日本扶桑社，2005
❷《审定不合格日本史》，家永三郎，三一书房，1974
❸《最新中等西洋历史教科书》，南洋官书局，1906
❹《初等小学女子国文教科书》，上海会文学社，1906

❶《蒙学中国历史教科书》，文明书局，1903

❷《字课图说》，上海澄衷学堂，1902

❸《开明第二英文读本》，林语堂，开明书店，1928

❹《标准英语读本》，林汉达，世界书局，1930

❶《广东乡土地理教科书》，国学保存会，1907
❷《白话本国史》，吕思勉，商务印书馆，1923
❸《本国史》，顾颉刚、王钟麒，商务印书馆，1923
❹《初级本国地理》，田世英，开明书店，1950

❶《文化课本》，凯丰、徐特立、范文澜等，山东新华书店胶东分店，1942

❷《初中动物学》，四维中学，1940

❸《战时国语读本》，山东省小学教材编审委员会，1940

❹《国防国语课本》，山东省胶东国防教育委员会，1942

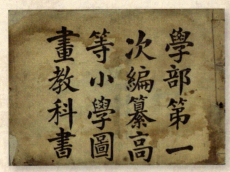

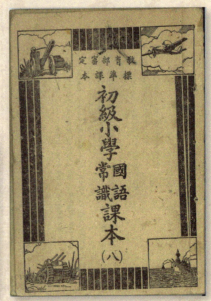

① 《新时代党义教科书》，赵景源，商务印书馆，1929
② 《初中党义教本》，陶百川，上海大东书局，1930
③ 《学部第一次编纂高等小学图画教科书》，学部图书编译局，学部图书局，1910
④ 《初级小学国语常识课本》，国立编译馆，国定中小学教科书七家联合供应处，1943

目录

第一篇　课本上的交锋 / 1

小课本，大外交 / 2

触发外交交锋的教科书 / 14

以国联为战场的中日教科书交锋 / 23

附一：引来多国外交批评的日本历史教科书 / 34

发生在朝鲜领土上的华侨教科书事件 / 42

附二：日本漫长的教科书诉讼

　　——日本历史教科书编撰者家永三郎的诉讼 / 54

第二篇　教科书版权保卫战 / 73

要进课堂不容易

　　——从南洋官书局送审教科书的命运说起 / 74

层出不穷的教科书侵权

　　——试以清末"蒙学教科书"和《字课图说》的遭

　　　遇为例 / 85

闻所未闻的教科书版权保护措施 / 94

有你没我的教科书版权之战

　　——林语堂与林汉达英语教科书的版权争执 / 97

第三篇　小课本的大是非 / 117

民族认同无小事

　　——清末广东乡土教科书事件 / 118

中国需要三皇五帝

　　——民国顾颉刚教科书风波 / 129

什么样的岳飞

　　——民国吕思勉教科书事件 / 146

附一：被取缔的俄罗斯历史教科书 / 159

谁的地理？什么样的地理？

    ——共和国第一场教科书大批判 / 165

附二："进化"，还是不"进化"

    ——美国科学教科书内容之争 / 183

第四篇　武器般的教科书 / 197

犹如打胜仗的教科书

    ——延安《文化课本》的出版 / 198

教科书就是武器

    ——四维中学教科书 / 205

教科书就是国防

    ——国防教科书 / 209

课本也参战

    ——战时教科书 / 224

第五篇　引人深思的国定教科书 / 241

清学部第一次编纂教科书的结局 / 242

国民党党义教科书的命运 / 258

战时国定教科书的推进 / 274

后记 / 284

第一篇
课本上的交锋

　　教科书是一种敏感到能够引发外交事件的图书。读者们对 20 世纪 90 年代以来日本在教科书中对其侵略历史的篡改以及中国、韩国义愤填膺的抗议可能还记忆犹新。其实早在一百年前，课本就不断拨弄着有关国家的外交神经，国家之间围绕着小小的课本不时产生严肃的交锋，甚至是外交意义的交锋。

小课本，大外交

1911 年辛亥革命前夕，一家名气不大的书坊——上海会文堂，出版了一个名气不大的读书人的一本在当时学界名气不大的小儿书——《高等小学论说文范》。在新教材奇缺的年代，这本具有教参性质的教材，反响出乎意料地好。该书出版才数月，大江南北，一纸风行，短短数月，销量逾万册。至少，至 1914 年 4 月，重印达十四次，风行全国之情况，可见一斑。可是，就在该书面世当年，作者邵伯棠抱着遗憾离世。他留下的遗憾是想在此书的基础上再续一本，叫《中等小学论说文范》。聊以欣慰的是，他的遗愿最后由他的好友蔡东藩完成。

让邵伯棠万万没有想到的是，他的这本薄薄的、供孩子们在学堂用的小课本竟然受到了其他书很少能够受到的高规格关注：引发了一场外交上的风波。这是中国近代史上第一个因教科书而起的外交风波。

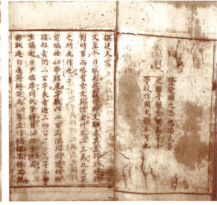

▲《高等小学论说文范》，邵伯棠，上海会文堂，1911 年初版

1914 年 9 月 26 日，这是一个很平常的日子，北京风平浪静，晴空万里。可是，时任中华民国教育总长的汤化龙却平静不下来，因为他刚刚收到日本人日置益提交的一份照会。日置益是时任日本驻华公使，后来就是他亲手向袁世凯呈递臭名昭彰的"二十一条"。日置益给汤化龙的外交照会开启了中日教科书系列交锋的第一回合。照会提道：

济武总长先生阁下敬启者：本月十四日，《东京日日新闻》暨《大阪每日新闻》论说，有贵国教科书鼓吹排日思想一层。据云《高等小学论说文范》一书载有种种诡激文字，挑发恶感，鼓吹排日思想等语，一一指摘抄登。鄙人一读，甚为诧异，窃愿无其事实。但因事关两国感情，顷由本馆调查。即有上海、广东、汉口、天津各处会文堂发行《高等小学论说文范》一书，系属山阴邵伯棠著作。虽非经由贵部审定，内载种种诡激文字，挑发恶感，鼓吹排日思想，实有甚于本国各报指摘者矣。特此抄录附呈，以供台览。且阅其跋文，此书武昌倡义以前已经发行，出书数月，售销万余部。至民国三年四月，重印十五次之多（应为十四次，引者注），风行全国之情况，既可概见。其于贵国一般心理鼓吹排日思想之深切，实有不堪设想者矣。最不可解者，此书发行已经三年，风行全国，而贵国一般官宪，更无何等措置，言念及之，至为可惜。查各国报纸，时因误会感情冲突，言论过激，常有其例，但此项《高等小学论说文范》一书，虽非贵部审定之教科书，既系供用小学教育。此等诡激文字，不啻于贵国儿童教育，一般感念有害耳。且于两国感情亲交，大有妨碍。想阁下必有同感矣。特此函布尊处，以资注意，高明洞察，想有相当之措置以善其后者也。顺颂公绥，顿首。九月二十六日。[①]

---

① 教科书查禁问题 [J]. 教育杂志，1914，6（8）：71-73.

照会提到的"济武总长"即当时的教育总长汤化龙。汤是光绪年间进士出身。①

照会中谈到的《东京日日新闻》和《大阪每日新闻》的评论应该是发表在 13 日，而不是公使所说的 14 日。题为《严词质问中国政府：杜绝充满排日文字的中国教科书》，概要如下：

> 中国当局口称日中亲和，标榜亲日主义久矣。而观其行为，尽做排日之事，不见亲日精神。且不惟当局要员官宪，民间人士亦多倾向排日，吾辈不觉甚感忧虑……
>
> 中国全国小学所用教科书《高等小学论说文范》内充斥排日之激烈文字，辱日之痛切言辞，欲使中国小国民与其父兄同样，培养以日本为敌国之精神。现举二三例：在《日记》题下，有"愤日人并吞朝鲜之野心勃勃，思有以创之"之描述。而犹以《民气说》中一节为最："彼区区之岛国，犹时存一席卷神州之野心者，异日，吾国自强，将粪除彼土，以为吾族之公园而已。"中国令小学生用此等教科书，辱日甚矣，有违国际礼仪；其二，令中国小国民习用此等教科书，养育如此之思想精神，则可形成日中交战之原因与动机，酿远东战事、违和平人道。然吾国政府迄今未提任何抗议，此书民国元年（应为 1911 年，引者注）出版，俟三年后之今日已然再版十四次，吾国竟不闻不晓，是何体统。此事当追究吾驻中国公使馆及各地领事馆玩忽职守罪责。而今即已明了，乃应由吾外交官直接抗议中国政府，杜绝此等教科书，方可端正中国排日方针以示亲日之诚意也。②

该评论的矛头不仅指向中国政府，也指向了表面上看对这件事情置之

---

① 汤化龙（1874—1918），字济武，湖北蕲水（今浠水）人。著名的立宪派人士，曾任山西大学堂国文教习。1906 年留学日本，日本法政大学毕业。历任湖北省谘议局议长、湖北省军政府民政总长、南京临时政府陆军部秘书处长、北京临时参议院副议长、众议院议长。1914 年 5 月，任教育总长兼学术委员长。1918 年出国考察，在加拿大维多利亚市被国民党人王昌刺杀身亡，年 44 岁。

② 严词质问中国政府：杜绝充满排日文字的中国教科书 [N]. 东京日日新闻，1914-09-13.

不理的日本外交当局。评论中提到《高等小学论说文范》一书自 1911 年初版以来，一共发行了 14 版（日置益说是重印 15 版）。如果外务省对这件事不知情的话，那么公使馆的领事便犯了"玩忽职守"之罪。如果已经明确知道这本书的存在，日本当局应该"直接抗议中国政府，杜绝此等教科书"。

这本引起风波的《高等小学论说文范》由浙江文人邵伯棠著，上海会文堂 1911 年初版，共 4 卷 120 课。①

邵伯棠（1846—1911），名希雍，山阴（今浙江绍兴）人，与蔡元培是同乡。身处清朝末年的邵伯棠，深感民不聊生、主权尽丧之时，兴学堂、育人才的重要，而学堂最要乃教科用书，遂潜心编撰了《高等小学论说文范》②一书，供学堂教学使用。按其书中"撰述大意"，有感于"文至今日弊矣，非粗俗即支离；求其直抒胸臆针对时事而略有古文谿径者，十不二三焉，此文范之所为作也"，"前编按初学程度"编著，"令高等小学生诵之""到执笔时自汩汩乎来矣"！文后还有"总评，为全篇之归墟，有论笔法者，有论时事者，要之皆文章之关捩也"；"向尝病吾国古书之多舛驳，职此之故，今力矫其弊，庶几耳目一新焉"！著名文人、以写各朝代历史演义著称的蔡东藩先生评价该书为：邵子著此书，"发爱国思想，播良善种子"。③该书注重国耻，渲染爱国，革除旧文之弊端，为读者做考虑，利于教利于学，因而此书出版数月，大江南北，一纸风行，短短数月，销量逾万册。此书到 1921 年还在出版，已经达 56 版了。还出现了言文对照本。见此销量火爆的情景，邵氏原本打算续编一本，但因为事杂体病，难以为继。此时他的好友蔡东藩恰好从福建回乡，路过上海，邵伯棠找到了他，

① 有文章说是 260 篇，似有误。参见吴科达《中日教科书问题的最早纷争》，《近代史研究》 2008 年第 2 期第 125 至 127 页。

② 该书后来出现多种重印版本，有 4 卷合为一册的，也有分四册印的。

③ 邵伯棠. 高等小学论说文范 [M]. 上海：上海会文堂，1913.

再三请求，最终促成蔡东藩编撰了《中等新论说文范》，是邵氏《高等小学论说文范》的姊妹篇。

《高等小学论说文范》出版后大受欢迎，不过会文堂书局考虑到该书的某些内容"于时事有所未合"，决定重新修订出版，想乘胜追击，再创辉煌。不料邵伯棠竟在这年秋天病故，修订的任务最后也由其好友蔡东藩完成。

据蔡氏在修订版的跋文称：

邵子著此书，竟曾自称为惬意之作，适予赴闽、道出沪渎，得阅其原稿，读之磊落有奇气，信大文也。随语之曰，发爱国思想，播良善种子，莫如此文。邵君即以鄙言并诸卷首。盖予与邵君为莫逆交。于其生平志量学识知之颇详……此书甫出版，即风行全国，不数月已销至万余。鼓吹国民有足多者，迨楚中倡义，而邵君遂逝世……邵君原著，足迪后进，而于时事或有未符，会文局主人，因属予修正。[1]

邵氏无论如何不会想到，这套教科书在其身后竟成为近代中日关系史上点燃中日外交纷争的一根重要导火索。

可以想象，收到日本公使照会后，民国政府有关部门是不敢怠慢的，但即便有这种思想准备，当时民国教育部行动之迅速还是让我们吃了一惊。就在第二天，汤化龙便严肃地回复了日本公使，回复书云：

特启。昨奉华函。谨悉上海会文堂出版之《高等小学论说文范》，言论偏激，有伤中日两国感情云云。查民国师范学校及中小各学校教科书，皆取审定制。非审定者，不得采用，所称《高等小学论说文范》一书，未经

① 邵伯棠. 高等小学论说文范[M]. 上海：上海会文堂，1913.

本部审定，各学校自不得采用。且细查其中文字粗劣，毫无价值可言。自民国成立以来，中国政府，对于贵国交谊，极为和洽，该书不过前清末年一私人之感想，发为文字而已，不足以代表全国舆论也。又查该书著者邵伯堂，现已物故，民国法律，许人民以出版自由之权。此次翻版，与法律并不抵触。

很显然，汤化龙的复函是在调看了引起争议之书的基础上完成的，可谓有礼有节，不卑不亢，甚至柔中带刚，驳斥了日本人的无理要求：

此次翻版，与法律并不抵触。

接着，汤化龙开始反守为攻：

顾其偏激夸诞之处，恰似贵国学者所著《东亚之霸权》一书。抑或为此等书籍言论之反响，亦未可知。

汤化龙进一步的策略是一恭维、二表态、三要求：

贵公使注重邦交，关心民间之私议，欲调和两国人民感情，钦佩无量。除面饬本部视学员至各省调查学务时，如见有学校采用此书者，随时禁止外，还恳贵公使转请贵国政府，将中国分割之运命等诸种言论，善为取缔。则传话机之滥语既无，受话机之反响自寂。此我两国邦交上至要之务，乞互相注意为祷。顺颂公安。①

如此迅速且条理分明地答复日方的照会，突显了汤化龙及其同事的干练、胆识与智慧。当然，也是汤化龙知晓此等事的重要性、绝不能等闲对待的结果。

叁

将日方的抗议照会对比《高等小学论说文范》一书，可以认为日方指

---

① 教科书查禁问题 [J]. 教育杂志，1914，6（8）：71–73.

出的如下几点大体还应属实：（1）该书流布较广，再版多次（笔者收藏有该书的第59版，当然，这是以后的事情了）；（2）书中具有一定的对日本不满的思想表达，对日本侵略我国的野心有比较强烈的不满；（3）尽管汤化龙于复文中称"该书不过前清末年一私人之感想，发为文字而已"，但从该书的编撰体例、读者对象和使用范围三个方面看，当属教科书无疑。

但日方忽略了重要的一点：书中的这些表达多是来源于真实的历史，是对真实历史的叙述。那么，《高等小学论说文范》的哪些篇章在哪些历史事实上刺痛了日本人，属于日本人看来"诡激文字，挑发恶感，鼓吹排日思想"的内容呢？我们通读全书，撷取书中所有隐喻或明言日本的，大致有如下几段：

第一段，尚武论：

……彼以枪炮施之于我者，我以枪炮酬之；彼以血肉购之于我者，我以血肉易之；盖非此，彼将吓我侮我陵践我戕虐我。彼亦国民也，我亦国民也，吾何畏彼之有哉……吾闻斯巴达小国也，其人民赴战，则口唱从军乐者也。日本岛国也，其人民之侠者，则以武士道自夸也。吾泱泱大国也，汉之时威慑西夷、唐之时臣服高丽，今之土地犹昔也，人民犹昔也，岂竟遂一蹶不振耶。吾以为此非他，实不尚武故。不尚武，故民气馁；民气馁，故重死而以国为戏……

第二段，拟日记：

某日，晨起，温课。早膳毕，上国文科，先生为讲史记游侠传，古时朱家郭解，振人之困，与豪暴为仇。心中怦然。次算术，颇有所惧。次地理，愤日人之并吞朝鲜野心勃勃，思有以创之（此处以后的版本，如第59版有所修改：次地理，鉴日人之并吞朝鲜，弱肉强食，思以有惩之——引者）。时钟鸣已十二下矣，过午膳，小憩，阅各报纸，不觉悲从中来……

第三段，贵土货贱洋货议：

凡人之爱其国者，未有不爱其国所产之货者也。吾闻德国人之爱国也，凡一切食用服御，无非德货也。日本人之爱国也，凡一切食用服御，亦无非日货也。……杀我生者洋货也，亡我国者洋货也，绝我种者洋货也……

第四段，民气说：

彼区区之岛国，犹时存一席卷神州之野心者，异日，吾国自强，将粪除彼土，以为吾族之公园而已。呜呼，可以兴矣，黄炎祖宗，实式凭之。[①]

确实，文章里的国耻恨、爱国情非常强烈，甚至略有过激。"彼以枪炮施之于我者，我以枪炮酬之；彼以血肉购之于我者，我以血肉易之""杀我生者洋货也，亡我国者洋货也，绝我种者洋货也"。但此类表述大多还是在正常范围，能够接受。邵氏纵观当时山河破碎、民不聊生的惨景，不觉羡慕举国一致、上下同心的日本，并有意效法。这反映出当时中国爱国知识分子的一种较为普遍的"日本情结"。明治维新之后的日本，国富兵强，气象日新，引起了广大中国士人的极大兴趣，他们纷纷寻找日本成功的原因。而第二段的所谓排日，竟然主要是对甲午一役日本战胜中国，并占领朝鲜而愤怒并想以行动发泄这种愤怒（当时很多教科书都有这种认识，因为朝鲜曾经长期在中国的庇护下）。

第四段则的确是目前所见的那一时代中国人对日情感的最为激烈的表述。文章显示出传统的中国人的"华夷思想"的痕迹。这种视自我民族为中心的态度和过于偏激的言论，对周边国家是不太够尊重，有伤邻国感情，不论是在当时还是在今天来看，一旦强大，就要"粪除彼土，以为吾族之公园"都是愤青之说，是狭隘的民族主义，有点过分而不可取。

但是，我们又不得不看到，这是当时面临亡国灭种边缘的爱国士人的呐喊，这种情感的强烈迸发，与当时黑云压城的国际形势和中国人的悲惨遭际有着直接的关系。1840年鸦片战争后，中国成为任人宰割的对象，而来自日本的威胁，又是最紧迫、最难以接受的。翻开历史的记录，不难找

---

① 邵伯棠. 高等小学论说文范［M］. 上海：上海会文堂，1913.

到一个个深深烙在中国人心头的印记。传统的中国文人以"修身、齐家、治国、平天下"为己任，而每当国家面临衰亡之时，又是民族情感与爱国思想兴盛之际。邵氏的著述，写于中国甲午战败之后，日本对德宣战，出兵青岛，提出"二十一条"之前。不论是知识分子，还是普通百姓，无不怀有惶恐、羡慕、愤怒、仇视的交错情感。在这种情况下，要求这些爱国的中国士人表现出理智与温和，就显得有些幼稚。教科书中过激的言行和狭隘的民族主义固然不可取，但要求每个人都在合理尺度里言行，恐怕先得有合理尺度下的国与国的言行，所以这也不现实。一个民族如果人人都麻木下去，如果连愤怒的呐喊者都没有，那应该是更严重的问题了。所以，邵氏的课本实际上反映了当时广大爱国士人的心声，受到学校的欢迎也就在情理之中了。甚至日本学者也认为属于再正常不过的现象，"日本所谓的'排日'，如果站在中国的立场来看的话，大部分情况是宣传国家独立或者统一的一种爱国表现，不管在哪个国家，这都是很平常的进行民族主义教育的一部分而已"。①

只是，弱国无外交。

作为一个弱国统治者的官员们，面对日方的压力，既要维护国体，又不得不给出对方能够接受的合理解释，所以有时候做出某些让步几乎是必然。为了尽量平息事态，使中日关系得以维系或缓解，有关当局还是付出了一番认真的努力的。教育总长收到日方照会后，不敢怠慢，一方面进行审读等基础工作，并有礼有节地复函日方，另一方面又迅速向当时的总统

---

① 砂山幸雄."中国排日教科书"批判源流 [M]// 并木赖寿，大里浩秋，砂山幸雄. 近代中国·教科书与日本. 东京：研文出版，2010：331–364.

袁世凯报告。袁的态度似乎明显倾向于满足日方要求，他以"岂容以排斥友邦之学说鼓吹青年"为由，于1914年10月2日颁布了查禁相关课本的命令：

> 现有私人著述小学教科书，内含排斥友邦思想各等语，查民国成立以来，向以亲仁善邻为政策。小学教科书，系国民教育根本，正宜纳诸正轨，养成任重致远之才，岂容以排斥友邦之学说鼓吹青年，致启学校虚骄之风，而失政府敦睦邦交之旨。著教育部详细审查，遇有前项文义，驳令修正，并行各省巡按使，通饬所属，严行查禁，毋得稍涉疏忽，是为至要。此令。①

在袁世凯的禁令下，1914年10月12日，教育部饬知本部编审员，"遇有立言诡激之教科书，驳令修正"，并饬部派视学员随时禁止，以杜流弊。②

这样，复函与禁令特别是袁世凯的禁令之后，日方再未有抗议，中日之间围绕教科书而展开的这一桩交锋，就暂且偃旗息鼓了。然而事实上该书（包括其他一些有类似言论的书）并没有被真正禁止，而是修订后不断翻印出版。笔者收藏了1922年2月第59版的《高等小学论说文范》。1937年还出了第121版。当然，后续的版本对特别激愤的内容有所修改。前述4段中，对第4段"彼区区之岛国，犹时存一席卷神州之野心者，异日，吾国自强，将粪除彼土，以为吾族之公园而已"给予了删节。这至少说明，这本教科书反映了历史的事实以及人民的心愿，而且教科书编写得也不错，受到民众欢迎，即便个别文字有点偏激。受其影响，《中等新论说文范》《初学论说文范》《女子论说文范》《英语论说文范》等纷纷面世。同时，政府有关部门对于日本的抗议似乎也不是特别在意，甚至政府内部都可能私下里有人同情或支持这一做法。汤化龙的复函就明显地柔中带刚，表明了

---

① 大总统申令查禁教科书 [J]. 教育杂志，1914，6（8）：69.
② 教育部呈遵奉申令 [J]. 教育杂志，1914，6（9）：77.

中国人的立场，驳斥了日本人的无理要求，"此次翻版，与法律并不抵触。顾其偏激夸诞之处，恰似贵国学者所著《东亚之霸权》一书。抑或为此等书籍言论之反响，亦未可知""转请贵国政府，将中国分割之运命等诸种言论，善为取缔。则传话机之滥语既无，受话机之反响自寂"。

事实上，在那种大背景下，同时代的教科书中，也可见到与邵氏相近的论述。这些论述代表着广大中国人当年面对日本强权时既羡慕又愤恨的复杂心态。

比如，商务印书馆于1904年出版的《最新国文教科书》（第七册）编入了《学生之爱国心》，描绘了日俄战争时期日本的中学生为支援战事，纷纷将零用钱捐给军队，并要求参战，文部省不得不发文劝阻的情景。这套书明显早于《高等小学论说文范》。

又比如，1912年的《中华高等小学国文教科书》第七册第一课编入了梁启超的《祈战死》，篇章中介绍了日本人送子当兵的情景：

就中见二三标，乃送入营者，题曰"祈战死"三字，为之矍然肃然，流连而不能去。

日本国俗中国国俗有大相异者一端，曰"尚武与右文是也"。中国历代诗歌皆言从军苦，日本之诗歌无不言从军乐。常见甲午乙未间，日本报章所载赠人从军诗，皆祝其无生还者也。……以视此标上所谓"祈战死"者，何相反之甚耶？[1]

到了20世纪20年代后期，在我国教科书中正式出现了"打倒日本帝国主义"的表述（见商务印书馆于1928年出版的《三民主义教科书》）。

这些教科书在羡慕日本人爱国精神的同时，又介绍了日本实行国民教育的状况，向国人发出既学习日本、又防备日本的警示，最后到彻底与日本对抗。体现了中国知识分子和广大民众从最初的羡日、学日，到警日、

---

[1] 汪渤，何振武. 中华高等小学国文教科书：第七册 [M]. 上海：中华书局，1912.

反日、抗日的发展特征。这一特征是直接受中日关系的影响而产生的。

以近代以来中日国家间的政治冲突与文化摩擦为背景的教科书纠纷，绝非就事论事可以了断的。日本咄咄逼人的侵略野心一天不息，广大中国人的愤怒和中国教科书的反抗就一天不止。而日本咄咄逼人的侵略野心一天不息，它们也必然会通过教科书来反映和体现，扭曲的内容也就会层出不穷。当然这些也会越来越引起人们的警觉，新的不同形式的教科书交锋恐怕在所难免。几年后，几十年后，一个世纪后的事实都在不断证明这一点，而且还将继续证明。

触发外交交锋的教科书

▲《新式国文教科书》，中华书局，1916

距第一次教科书外交交锋仅仅几年，风波再起。这次教科书的外交风波起于中华书局的"新式教科书"系列。这可不是民间读书人自编的未经审定就悄悄流行于学堂的单一读本，这是经过教育部审定的正规教科书。如果说《高等小学论说文范》还有辅助读物的性质，那么"新式教科书"系列则是经官方认可进入课堂的正式课本。

这是适应中华民国新教育的一套教科书，自1916年1月起由中华书局陆续出版。该套教科书属于大全套，涵盖了民国初期中小学各学科。编撰者以范源廉、沈恩孚、陆费逵、沈颐、李步青、吴研蘅、戴克敦等为主。他们大多是当时的显赫人物。

范源廉（1875—1927），字静生，湖南湘阴人。1898年入梁启超任总教习的长沙时务学堂，后与蔡锷等赴日本留学。1904年，他在湖南选送12名女学生入东京实践女子学校学习，首开我国女子留学之先河。辛亥革命后，蔡元培为教育总长时，他是教育次长，后来还三次出任教育总长。1922年11月，在全校师生的积极努力下，教育部同意将北京高等师范学校改为北京师范大学，并任命正在英国商洽庚子赔款事宜的范源廉为校长。1923年11月，范回国就任北师大首任校长。

陆费逵（1886—1941），中华书局创始人，为中国文化建设事业做出了重要贡献，也在民国期间的中小学教科书建设历程中留下了难以磨灭的印记。

"新式教科书"不论是内容还是形式，都力求打破传统，有所出新。该套教科书虽然还用浅显文言编写，但在国文课本末尾附有四篇白话文体的课文，实为以后改用国语课本的先导，是白话文课本之始。这一创新之举，使得该教科书受到广大中小学师生的欢迎，被不少学校采用。

著名历史学家邓广铭先生对这套教科书在他接受现代化启蒙教育中的意义印象深刻，"我是在五四运动之后的一年，从乡村到县城中进入高等小学的。这所小学中师资的质量并不甚好，但所用课本则全部都是中华书局编印的：国文、英文、历史、地理、算术、理科（后来改称自然）、农业、修身，一律皆为'新式中华教科书'。这些教科书使我的耳目一新，扩展了我的视野，也开拓了我的思路。例如，这时我才知道世上的伟大人物并不只是尧、舜、三王、周公、孔子、孟子、朱熹等人，而英国的物理学家牛顿（课本中译为奈瑞）、生物学家达尔文，以及发现美洲新大陆的哥伦布、美国的首任总统华盛顿等人，也同样是一些伟大人物……"[①]

正当"新式教科书"被市场广为接受、一片看好的时候，纠纷来了，麻烦也来了。

在"新式教科书"发行后不久的1916年12月，日本驻福建领事齐藤良卫将教科书上的某些内容报告其驻华大使，由驻华大使向中华民国外交

---

① 邓广铭. 追怀中华书局总编辑金灿然同志 [M]// 中华书局编辑部. 回忆中华书局：下编. 北京：中华书局，1987：410-415.

部提出交涉（多种说法认为此事发生在 1917 年，但根据日本外务省记录，并不是 1917 年，而是 1916 年 12 月 27 日①），"中华书局印行新式小学校教科书中"，有"排日的记载"。还把这些课文抄录备案，不无夸张地说，"此种煽动对日恶感之教科书，不特有碍邦交，且恐将来国交上发生有害之结果，应请设法禁止发卖"，等等。②

正式外交交涉不是小事，中华民国外交部立即致函教育部，要求查实。教育部遂于 1917 年 4 月 24 日向中华书局去信查询（外交交涉出现后，为什么拖延这么长的时间才去信书局查询，仍然是个谜），提道，"查日使所称小学校教科书，煽动对日恶感等语。虽属言之过甚，惟查阅附件所开各节，固为激励国民起见，但措词稍欠含蓄，未免滋人口实"。③要求中华书局进行查核，并将结果上报教育部。

引起纷争被日方进而被中华民国教育部列出的课文，集中体现在"新式教科书"的国文科和修身科中，有《日本》《国耻》和《明国耻》等课文。其具体内容如下：

1.《日本》（国民学校用《新式国文教科书》第八册第三课）

日本，岛国也。自明治维新以来，国势骤盛。县我琉球，割我台湾，租我旅大，吞并朝鲜，殖民于奉天吉林，扩张航业商务于我国内地。胶州湾，我重要之军港也，昔租于德，日本乘欧战而夺之，旋复向我国强索权利。我国以力弱未可与战，乃隐忍承认之。夫日本以弹丸之国，朝野上下，并力经营，日以我国为的，伺隙而动，盖利我之弱耳。我国之人，苟能自强，则国耻有时而雪，国威有时而张，愿国人毋自馁也。④

---

① 砂山幸雄."中国排日教科书"批判源流 [M]// 并木赖寿，大里浩秋，砂山幸雄. 近代中国·教科书与日本. 东京：研文出版，2010：331-364.

② 中华书局编辑所. 新式教科书与日本 [J]. 中华教育界，1919，8（1）：13-16.

③ 同②.

④ 同②.

2.《国耻（一）》（国民学校用《新式国文教科书》第八册第十三课）

吾国对外交涉，清代失败最甚（中略）日本取琉球，并朝鲜，上国主权，委弃尽矣。①

3.《明国耻》（高等小学校用《新式修身教科书》第六册第十五课）

（前略）他若最近之中日新约，日本以哀的美敦书（ultimatum 的音译，即"最后通牒"——引者）迫我承认，尤为可耻之甚者。我国民而尚具天良乎？于此而不用吾耻，复恶乎用吾耻！②

除了上述由教育部附录的材料以外，实际上以对外国的不平等条约包括对日本的不满而生发的爱国主义教育内容还有一些。比如：

4.《国耻（二）》（国民学校用《新式国文教科书》第八册第十四课）

一日让地。……台湾澎湖，让与日本。……夫国之耻，即吾民之耻也，人人知耻，誓图自强，庶犹有雪耻之日。不然，将永受外人之侮辱也。③

…………

从上述所列内容来看，主要反映了几点：从日本发迹到对外扩张，涉及其侵略、掠夺中国及亚洲其他国家的大致过程；对中国失去对朝鲜的保护权而耿耿于怀；以大国心态，强调日本区区小岛、弹丸之地的现实。其根源是中国日益弱势而引发的屈辱感。④编者之用意，在于告诫学生勿忘国

---

① 中华书局编辑所. 新式教科书与日本 [J]. 中华教育界，1919，8（1）：13-16.

② 同①. 查原书，应是《新式修身教科书》（高等小学校用，第六册第十五课），中华书局出版，1917 年 2 月印刷，1921 年 6 月第 33 版。此处徐冰以为出自《新式国文教科书》，显然有误。参见徐冰《五四运动时期中日教科书纠纷考略》，《日语学习与研究》2006 年第 4 期第 55 至 57 页。

③ 新式国文教科书 [M]. 上海：中华书局，1916.

④ 在 20 世纪初期，大批学生留日之时对日本的描述要客观一些。比如商务印书馆的《最新高等小学东洋历史教科书》（1902）是这样描述日本的："日本在亚细亚之东，合众海岛而成国。人民属西伯利亚族，喜任侠，好清洁。王室一姓，相传至今。"（第 22 课）"日本历世重神，尚武侠，其文化多自外入，大抵唐宋盛时，多效法于我中国，时则汉字渐兴，及欧美诸国强盛，又事事趋西洋。于是兰学复起，由其善于变化，故学业之进步甚速。"这些课文中少有"区区岛国"之类的说法。

耻，奋发自强，以挽回利权。

整体上看，"新式教科书"在涉及国外关系问题上、在对待新思想观点方面，还是比较传统、比较注意方式的。就实际情形而言，教科书所反映的基本上是客观存在的历史事实，并无明显的夸大之辞。然而，此举却引起日本方面的不满与抗议。如今分析起来，在1917年的节骨眼上，日本政府更有可能是在为他们的侵略寻找借口，也便于他们给日本国内人民以足够理由出兵中国。

众所周知，从19世纪70年代开始，日本制造"台湾事件"，策划和发动甲午战争；借"瓜分狂潮"之机，将福建作为势力范围；参与"八国联军"侵华战争，强占我国东北地区。尤其是趁第一次世界大战爆发之际，悍然提出"二十一条"。还借口对德宣战控制山东，企图挑起更大规模的对华战争。日本咄咄逼人的侵略气势，不可能不引起广大中国人的警惕和愤慨。

面对日本咄咄逼人的野心，以及日本侵略中国而带来的各种危害，编者们在教科书中作出的一些反应实属正常，仅仅是国人各种反应中的一种而已（只不过教科书是一种特殊的文本，特别容易引起关注）。严格讲，"新式教科书"的有关内容旨在宣扬爱国主义精神，揭露日本的侵略罪行，号召国人奋发图强。这种教科书总体上是无可厚非的。即便是日本学者也认为，所谓"排日教科书"的出现是由日本的行为引起的。[①]

所以，总的来看，当时的教育部对这种教科书以及日本的所谓抗议也表现出较为理性的态度，并没有在日方的压力下一味地怪罪中华书局。甚至对日本的无理指责，以其矛攻其盾。教育部在给中华书局的函中指出："查国民学校教科书，必有历史的材料，国耻所在，编书者不能自讳。有如

---

① 砂山幸雄. "中国排日教科书"批判源流 [M]// 并木赖寿, 大里浩秋, 砂山幸雄. 近代中国·教科书与日本. 东京：研文出版，2010：331–364.

日本当美国以兵舰强迫开国，及三国干涉退还辽东半岛时，日本即引为国耻，编入中小学校教科书，要为自策自励之计，并非煽动恶感也。"教育部的申明有理有据，柔中有刚。就是说，中国的国耻、日本的侵略，事实终归是事实，措词有欠妥当，也仅仅是修辞上的问题，不能掩盖历史的真实。至于内容的遣词用语，"自宜再加斟酌，俾得益臻妥善"。[①] 事实上，即便是日本人也不完全认同是排外，日方驻厦门领事馆的报告也指出，对于中华书局的《新式国文教科书》第八册第三课《日本》以及第十三、十四课《国耻》，"有稍微不妥当的文字，是否称之为排日文字还有考虑的余地。"[②]

教育部的要求是基于只要不刺激日本，在相关文字上加以修改就行的程度上提出的。对中华书局的态度非常客气。顺便说一句，这个时期教育总长是范源廉。范是进步教育家，他自己就是"新式教科书"系列的重要编撰者之一，也是中华书局的重要撰稿人与支持者。

根据教育部的要求，中华书局进行了自查，并把结果报告给教育部。在回复教育部的呈文中，面对日本方面的无理要求，中华书局明确阐述了自己的立场，认为，"本局所编新式教科书，悉遵部章以提倡国民爱国心为主旨，揭示国耻俾资激励，亦提倡之一端。世界各国教育国民，其教科材料，虽不尽同，而宗旨则一，盖此不过为自策自励之计，并非煽动恶感"。[③]

中华书局的答复合情合理，也非常明确。但日本并不甘心，不接受中方的解释，于是通过驻上海领事再次向外交部提出"抗议"，要求对中华书局的教科书"力加干涉"。中方上海交涉员有点紧张，"深恐各省日领，群相误会"，表示了对教科书事件的担忧。但是，中华书局对于日本借此大做文章、故意挑起事端的行径表示了愤慨。一方面，中华书局再次严正声明，

① 中华书局编辑所. 新式教科书与日本 [J]. 中华教育界，1919，8（1）：13-16.
② 砂山幸雄. "中国排日教科书" 批判源流 [M]// 并木赖寿，大里浩秋，砂山幸雄. 近代中国·教科书与日本. 东京：研文出版，2010：331-364.
③ 同①.

"本局新式教科书中所叙国耻，皆系事实，并无挑拨之语"。另一方面，中华书局自然也担心自己销路正旺的课本被禁止，断了市场，所以他们向政府当局恳切指出，如对日本退让，"有损于本局之营业，关系犹小，使全国青年学子，从此遂忘国耻，关系实大"。① 中华书局呈复教育部，首先说明自己出版的"新式教科书"符合教育部提倡国民爱国的宗旨，所选材料都是事实；其次申明会遵照教育部公函的要求，以后编纂教科书时，在行文修辞上多加斟酌；最后因担心各省日本领事的干涉而损害书局的营业，希望教育部通咨各省以保证其教科书的发行销售，维护其利益。② 这桩中日教科书交锋以中方的明确态度、中华书局既坚持大原则又适当修改教科书文辞而告结束。

从事态发展看，中华书局坚持爱国主义教育、国耻教育的教科书宗旨并没有改变，只是也不像有些文章所写，中华书局无视这一切，完全"表现了毫不妥协的态度"；③ 也不像有些研究所认为的，中华书局不买政府的账、调侃政府、态度强硬。④ 毕竟，对没有政府支持的民间企业而言，市场仍然是重要的考虑因素。这可从事件的发生和事件的披露的时间差见到端倪。

"新式教科书"外交纠纷始于 1916 年 12 月，而教科书纠纷发生之时，中华书局似乎并不是那么义愤填膺或大张旗鼓地宣传，而是十分谨慎，除

① 中华书局编辑所. 新式教科书与日本 [J]. 中华教育界，1919，8（1）：13-16.

② 同①.

③ 周其厚. 论民国中华书局教科书与日本的纷争：兼评日本《新历史教科书》[J]. 山东科技大学学报（社会科学版），2005，7（2）：47-50.

④ 徐冰. 中国近代教科书中的日本和日本人形象：交流与冲突的轨迹 [M]. 北京：商务印书馆，2014：194.

呈复教育部之外，似乎并未在当时的新闻媒体上公开报道，多少还是担心其教科书销量受到影响。1919年五四运动之后，全国人民反日的民族主义情绪高涨，机会绝好，恰逢其时。7月，中华书局非常敏锐地在自己主办的杂志《中华教育界》第8卷第1期上爆出猛料：《新式教科书与日本》，该文回述了两年前的那次中日教科书纠纷，字里行间也彰显了自己的爱国举措。所以，有研究以为这一事件发生在五四运动后，① 其实有误。准确地说，事情发生在前，通过媒体宣传在后。中华书局的文章还若有所指地说："此次学界风潮起后，各界一再来函。略谓完全中华国民自办之书局，规模较大者，仅贵局一家。欲将国耻编入教科书，以策励国民，惟贵局是赖，望速将教科书改良云云。"② 文章隐约所指的是中华书局的竞争对手商务印书馆。商务印书馆曾于1903—1913年与日本合资（商务印书馆最有影响的教科书"最新教科书"系列就有日本专家参与编纂），1914年才收回日资控制的股份。1912年，中华书局就在报纸上多次刊登中国人须用中国人教科书的大幅广告，利用民族主义情绪来打击竞争对手。③ 这次公布两年之前的中日教科书纠纷，中华书局显然是一举多得，重要意图在于打爱国牌，赢民众心，从而在市场竞争中超出对手，占据优势，展现了商家的敏锐与精明。④

市场归市场，就教科书本身而言，中华书局在教科书问题上，确实坚持了爱国主义教育，他们一如既往地"将国耻编入教科书，以策励国民"，以无可辩驳的事实，应对日本方面的无理指责。因此，他们也赢得了社会各界的广泛同情和支持，鼓舞了教科书编辑人员的信心，同时，促进了中

---

① 王建军. 中国近代教科书发展研究 [M]. 广州：广东教育出版社，1996：292.

② 中华书局编辑所. 新式教科书与日本 [J]. 中华教育界，1919，8（1）：13–16.

③ 章锡琛. 漫谈商务印书馆 [M]// 中国人民政治协商会议全国委员会文史资料委员会. 文史资料选辑：第43辑. 北京：中国文史出版社，1986：55–93.

④ 吴科达. 中日教科书问题的最早纠纷 [J]. 近代史研究，2008（2）：125–127.

华书局教科书的销售。我们看到，在随后出版的一系列教科书中，中华书局更加注重对列强侵略、割地、赔款、不平等条约等内容的渲染，"以期养成中华国民高尚的国民性"。而且，在其所办刊物《中华教育界》上，多次向各地学校的教师发出"征文启事"，以讨论爱国教材的问题，并强调："爱国教材之功用，在启发爱国知识并培植爱国习惯与理想；要言之，则为爱国情操之发育"。①

在近代特殊社会环境下，救国必先爱国，爱国必先明国耻。针对当时日本指责中国教科书"民族思想太浓了"，认为是"仇日教育"，要求"修改小学教科书"的状况，著名学者吴研因指出："说现在的教科书是'仇日'，也是一种诬罔。一个民族有一个民族的独立精神跟光荣历史，我们要独立，我们亦是抵抗侵略，并不想侵略人家，我们只是根据历史事实立言，并非虚构叫嚣，如果世界上的公理还没有完全毁灭的话，谁可说我们不应如此呢。"② 从这个意义上理解，中华书局以事实为依据，不屈服于日本方面的压力，坚持教科书的编辑原则，尽管其中有商业成分在起作用，但维护和弘扬民族自尊心的努力是值得大加肯定的。

① 余家菊. 爱国教材在小学教育上的地位 [J]. 中华教育界，1926，16（1）：1–15.
② 吴研因. 清末以来我国小学教科书概观 [M]// 宋原放. 中国出版史料：第 1 卷　现代部分. 济南：山东教育出版社，2001：509–522.

以国联为战场的中日教科书交锋

▲《新主义国语读本》，世界书局，1926

教科书是最容易被武器化的文本。

1926年后，国民党政府全力推动三民主义教育。1928年世界书局出版以三民主义为宗旨的"新主义教科书"系列，包括《新主义国语读本》《新主义三民主义教科书》等。

就是这极具国民党政府意识形态的"新主义教科书"系列，以及其他一些教科书，被日本专门提出来做靶子，以攻击中国排日反日，为日本入侵我国东北甚至全面侵华找口实。

壹

早在日军大举入侵我国东北之前，日本当局便蓄谋找碴，组织人力对中国教科书进行调查，准备利用教科书来为其侵略找借口。1929年10月30日，日本东京的祖国社出版了题为《中华民国教科书中之排外记事》的小册子，该书直接使用中文原文，从当时的国语、常识、历史、地理、三民主义、党义、国耻读本等教科书中摘录出他们认为有排日、排外倾向的内容，用 70 多页的篇幅，分军事、政治、经济、社会等四大部分，对中国教科书中的所谓排外排日内容详加记录。几乎囊括当时各家出版社的教科书，特别是商务印书馆和中华书局的多种教科书。

1931 年 9 月 18 日，日本悍然出兵占领我国东北，爆发了震惊中外的"九一八"事变。

1932 年 1 月 21 日，联合国的前身"国联"应南京政府的要求，为调查所谓中日冲突之真相，成立了调查委员会，俗称李顿调查团。此前的 1931 年 12 月 9 日，日本驻国联代表恶人先告状，提出国联应调查：（1）关于中国各地的排外运动和抵制洋货运动的情况；（2）关于中国对外国人生命财产的保护能力及在华外国人的生命财产和安全状况；（3）关于中国履行现存条约的能力。①

1932 年 3 月 4 日下午，日本经济联盟、商业会议所、工业俱乐部在工业俱乐部内举行茶话会，欢迎国联调查委员，日本方面由团琢磨提出：中国废弃条约之实例、中国排外实状、中国之排外教化运动、中国赤化运动等资料，并答调查委员会的提问。②

这以前，为了向国联提供所谓中方实施排日教育的证据，日本国际联盟协会主事赤松佑之于 1932 年 1 月 22 日向日本外务省亚洲局局长谷正之提出了所谓搜集证据的请求：

关于中华民国之排外，尤其是排日之问题，本邦正从各方面进行调查，本协会希望获得最正确之材料，故此烦请照会在华各公馆：（1）搜集各地学校过去及现在使用的教科书中排外及排日之记事；（2）搜集政府及个人编撰及刊行书籍中的同样内容，若可能亦请将各书籍使用期间、学校名称、编撰者、发行范围、程度等相关内容急速报来。百忙之中，谨此拜托。③

---

① 陈觉."九一八"后国难痛史：下卷 [M]. 沈阳：辽宁教育出版社，1991：1365.

② 同①.

③ 日本外交史料馆：《满洲事变·排日教育调查》。

谷正之局长在接到请求函之后，立即向外务大臣报告，外务大臣芳泽遂于28日向在华各领事馆发出命令："前日国际联盟协会主事来函，急需关于调查排日教育事宜正确之资料，即便此前已提交报告者，亦需重新调查，再行报告。"①

接到外务大臣命令后，日本在华各领事馆迅速行动，先后有驻奉天总领事代理森岛守、驻张家口领事馆事务代理桥本正康、驻上海总领事村井仓等人发回报告，向外务大臣汇报调查情况，上海总领事馆还附寄了相关教科书目录一览。

1932年4月10日，谷正之复函赤松佑之，通报在华各领事馆的调查结果：

本年1月22日接到贵函，关于搜集中华民国教科书中排日资料事宜，已急速照会在华各领事馆，目前已收到大部分报告，计有单行本108部（也有说法为180册——引者），另有介绍若干，请查收。此外，关于该类书籍之使用时期、学校名称、书中排日字句等内容，俟日后寄上。②

正是依据这些所谓的"证据"，以及这之前日本东京出版的那些资料，日方不断向国联诬告中国政府和民间排日反日，并在一定程度上得到国联的认可。

贰

针对日方有组织的调查与指责，我国代表一刻也没有闲下来，他们积极准备，广泛取证，以事实反击日本的指责。1932年6月25日，参加国联调查委员会的中方代表、著名外交家顾维钧向国联提交了《关于日方所谓

---

① 日本外交史料馆：《满洲事变·排日教育调查》。
② 同①.

中国教科书内排外教育之说帖》，① 列举 15 条，逐一反击日方。说帖在开头就把意图清楚地表达出来：

> 对于中国教科书之批评，日方现从中国教科书内摘录若干节，译成西文，以力图证明中国之初等教育，系属排外性质。日方近印行关于此事之小册两种，其一为东京赫洛书店出版，名曰《中国之排外教育》，其二较为苦心架构，名曰《中华民国教科书内发现之排外记事》，为东京祖国社出版，此两小册均由日方递交国联调查委员会。本说帖特对其尤虚伪者，加以驳正。

接着，说帖依据中方调查的结果和掌握的资料对日本的指责逐一给予反驳和澄清，指出日方歪曲事实真相。如：被日方反复引述的内容，其原书并不见于教育部审定的教科书目录之内，也即它们不是教科书。多出自私人出版之书籍，甚至著者是否果有其人也很难说。

又如《辽东半岛两渔人》一课，"据称出自高级新主义国语教科书第三册第二十二课，但查原书，并无此项课文"。

此外，又举例说明日方向国联调查委员会提交的"牵强失真之译文"。

说帖第十四条，巧妙地反守为攻，严词批评了日本的教科书，认为日本教科书内容有"种种非常恶劣之态度，往往近于胆大妄言者"：

> 夫固当问今日责备中国之日本，当彼受中国所嗟叹之不平等待遇之时，是否亦用同样之方法。日本于明治时代之最初二十年间，不常培养该国现在所谓排外主义乎，其愤怒该国主权之受损害，非深刻如中国者乎。即在今日，日本虽已摆脱从前不平等条约之束缚，然于历史记事及该国报纸记

---

① 有研究显示，这一说帖是受汪精卫秘密指示准备的。汪曾与顾密谈两三个小时，汪指示顾"把与日本之间的纠纷包括排日教育问题一并提出说帖"（陈觉，《"九一八"后国难痛史：下卷》，辽宁教育出版社，1991，第 1365 页）。顾维钧后来指出，包括排日教育在内的十多个说帖，命题均由其提出，以其名义刊登，然其"并不是所有这些备忘录的作者"，但"每一份备忘录都须经我核准，有时需做适当的修改"，当然亦能代表其意见。参见《顾维钧回忆录》（一），中国社科院近代史研究所译，中华书局，1983，第 426 页。

载，亦常表示该国所责吾人缺乏之平心静气者乎。

关于此事，吾人已请我国教育部调查日本官立各学校现在所用之教科书，此项调查事宜，系匆忙办理，故仅能调查少数之教科书，然已见有不知若干段落，所插叙日本对外之历史及某某强国之政策，其措词立说，对于各关系国，殊非甚为恭敬也。

兹于附件中，载入所选此等段落力求直译之译文。窃以为日本教科书内种种非常恶劣之态度，往往近于胆大妄言者。贵委员会观之，当有感印也。[①]

当然，中方也并非绝对否认国内教科书中个别表述有欠缺的地方。说帖也表示注重对教科书的修改，在第十五条中，提到"将所必须修正之课文，加以修正"。在表示愿意加以修正的同时，立即反守为攻，回击对方，要求日方也"采取同样步骤，删除该国教科书内之排华课文"。[②] 有理、有利、有节，应该说显示了处理此类事件的高超水平。

在这一说帖中，中方代表还附列了日本教科书中的一些反华排华言论，一共七条，以攻为守，既驳斥日本对我国教科书的指责，也指出日本教科书中关于各主要国家的恶意表述，比如关于英国、俄国、法国、美国等。其中有些内容很能说明当时日本方面的狂妄和嚣张。比如：

（一）文部省检定三省堂编东洋历史教科书

第二十一章《中国之政变》

"南方政府总司令蒋介石及其部下暴兵占领南京之际，日本居留民为其屈辱。"

（二）书同上

第二十二章《日中之交涉》

"二十一条中，不拘何一条，均系当然之规定（即谓二十一条之要求，

① 顾维钧. 参与国际联合会调查委员会中国代表处说帖 [M]. 上海：商务印书馆，1932：207–210.

② 同① 210.

不但可以保全中国之领土，甚且能保持东洋之和平，中国人何以不悟我国之好意。中国无知之学生及专以煽动为职业之人等，竟以签订该条约日之五月七日为国耻日，每年于是日发狂骚动，实属可笑之至。）"

现在看来，侵略别国，竟然说是"当然之规定"，真正颠倒黑白，"可笑之至"恰是对日本的所作所为及其无理的解释。

日本的侵略野心在其他教科书中也多见。比如日本政府编的地理参考书高等小学第一学年用之《满洲》《满洲在殖民地上之价值》等课文是这么写的：

满洲面积既广，地又肥沃，有大平原、大森林，矿物到处皆有埋藏，为经营工业绝好之地。今交通骤见发达，此天然宝库，必可开发。因此作为日本之殖民地，最为适宜，不待言矣。

由这些课文来看，日本对我国的侵略野心昭然若揭。日本不顾自己的做法，对我国教科书的指责是完全没有道理的强盗逻辑。

不仅仅对中国，在称霸世界方面，日本也跃跃欲试：

文部省编国文读本卷一（新出版）

第二十八课《国民之抱负》

"日本对世界之所贡献，日本人不可不明了。应对其他各国，揭穿说破任何国家之欲行霸道者，或加讨伐，或予征服，以尽日本为世界各国代表之天职，然后于征服世界中骄傲无礼之国家以后，君临世界。"[1]

当然，很有可能当时顾维钧手上掌握的日本教科书中排外内容的资料还不是很多，多少影响了反击的力度。[2]其实，几乎与此同时（时间不能确定，但应该是在1931年后），由各方爱国人士组成的"日本研究会"梳理

---

[1] 顾维钧. 参与国际联合会调查委员会中国代表处说帖 [M]. 上海：商务印书馆，1932：215-216.

[2] 李欣荣. 抗战前中日关于排日教科书的争端与交涉 [J]. 近代史学刊，2016（2）：98-114，286-287.

编撰的《日本侵华排外之教材与言论》一书就出来了，^①该书针对日本祖国社的小册子，列举了一系列日本教材之排华反华的内容，采用日英文对照，显然是用以反驳日本对我国教科书的攻击。

通过上述交锋，我们可以看到，20世纪20年代末、30年代初的中日教科书风波，是继前两次中日教科书交锋之后，又一次因教科书而导致的中日关系之冲突。这场风波和冲突明显是由日本方面挑起的，为日本侵华政策服务的，是有组织、有计划的，一定程度上是由军方实施、驻华机构紧密配合的日本侵华战略构想中的一环。

首先，在枪炮与刺刀的威逼下，力图肃清中国教科书中民族精神、抵抗外敌的教育。"九一八"事变后，日本关东军迅速对我国东北学校的教科书进行审查，把所谓"排日"的章句删除，"对学校、图书馆、书店的书籍进行查阅，有排日内容的全部扣押，而且又进行焚烧销毁，现在，排日教科书及书籍的踪影全部消失"，^②并很快使用伪满洲版的教科书。

同时，日本当局也在为他们侵犯中国主权寻找依据：在日本国内制造侵略理由，把中国的排日看成是"日本不得已发动战争的根据"。^③

再则，在国际舞台上，他们的目的是欺骗国联和国际社会，污蔑中国

---

① 该书的编撰与出版者为日本研究会，该组织由一批中国学人于1929年5月成立于日本东京，1931年迁至南京。同年10月经南京市党部核准许可发证。会长陈大齐，副会长许寿裳，理事刘百闵、徐逸樵、雷殷、龚德柏、李贻燕。出版刊物有《日本评论》，"本会专研究日本国事，并发行定期刊物与日本研究小丛书"（蔡鸿源、徐友春，《民国会社党派大辞典》，黄山书社，2012，第49页；庄文亚，《全国文化机关一览》，世界书局，1934，第59页）。

② 砂山幸雄．"中国排日教科书"批判源流[M]//并木赖寿，大里浩秋，砂山幸雄．近代中国·教科书与日本．东京：研文出版，2010：331-364.

③ 同②.

是排外仇外的，使国际社会对所谓的中国排外政策产生抵触，增加对中国的不信任感，孤立中国，转而对日本产生亲近感，默许和容忍日本对中国的侵略行径（甚至在 20 世纪末 21 世纪初日本的历史教科书中，还对南京大屠杀等事件进行了歪曲的描述，对日本发起的侵略战争进行了美化，从而引起中国和韩国等国家的强烈抗议）。然而，日本当局聪明反被聪明误。国联与国际社会并没有相信日本的指控，国联完成了"李顿报告书"，要求日本从中国撤兵，不承认伪满政权。1933 年 2 月 17 日，国联正式发表了包含上述内容的裁决报告书，日本政府恼羞成怒，遂于 3 月 27 日宣布退出国联，这标志着自此以后日本将与整个世界的正义力量为敌。

这一事件也有值得思考的地方。利用教科书宣传救国图存是情理之中的事，但超出理性，仅仅以口号式内容进行灌输教育，特别是在国与国的关系问题上，未必是一个好的发展方向，完全有可能成为狭隘民族主义的土壤。当时国联虽然认定日本是在对中国进行入侵，但在排日教科书的问题上，实际接纳了日本的说辞，报告书指出：

（中国）因采取猛烈之排外宣传，致遭阻碍，并在两点特殊之处，肆意为之，以致助成发生现时冲突之形势。斯即利用经济抵制，及在学校内介入排外宣传是也。

试一翻阅各校课本，即使读者感觉著书之人，图以嫉恨之火焰燃烧爱国观念，又欲于仇害心理之上，建树人格。此种猛烈排外之宣传，初起于学校，继用之于社会生活上之各方面，其结果引诱学生参加政治活动，有时甚而发为攻击各部长及其他官吏之身体、家宅或衙署之行动，与推翻政府之企图。此种态度，既乏有效之内政改革，或国家程度之增进，以为之陪衬，徒使各国惊骇，对于现时藉为唯一保障之权利，更增不愿放弃之感。①

---

① 国民政府外交部. 国际联合会调查团报告书：英汉对照[M]. 2 版. 上海：世界书局. 1933：45.

此话显然片面，没有顾及前因后果，但个中道理还是值得深思的。事实上，国民政府也逐渐意识到不能让反日教育情绪化、扩大化。为了防止反日内容的扩大化，教育部于1935年3月密令负责教科书审查的国立编译馆，"以后审查中小学教科书时，对于国耻教材应注意正确事实之叙述，与健全的民族意识之培养，勿使有不翔实之记载，谩骂之字句，或单纯的鼓煽仇恨之言辞"。①

教育是人类文明的圣火，关系到一个国家、一个民族的盛衰兴亡。而一国的教科书，既是向后代传播文化、开启民智的工具，又是进行民族教育、培养爱国主义精神的最为直接和有效的材料。在教科书中提倡民族主义，培养爱国主义，是各国的惯例，特别是在国际矛盾日趋激化的时代，以民族主义整饬国体、统一人民，更是司空见惯，无可厚非。可以说，没有哪一国的教科书，不注重培养民族独立的精神与尊严。

对此，中日两国政府都给予高度重视，投入巨大的精力。从中国方面来说，早在1903年11月清政府第一个现代学制《奏定高等小学堂章程》里，就明确规定：课程要让学生"知晓中国疆域之大概，养成爱国奋发之心"。1915年5月，中华民国教育部又作出规定，教育"宜注意国耻，以增学生同仇敌忾，爱国强种之观念"。确保教科书能够宣传爱国主义、激励民族精神，实际上是维护国家政治体系，也就是维护国家的主权尊严。1928年在"济南惨案"后，蒋介石在给蔡元培的电报中明确指示，"国家危亡，至此已极""尤须注重小学教科书与小学教师，必使其有爱国雪耻之血心，

① 教育部关于我国中小学教科图书编审情形节略 [G]// 中国第二历史档案馆. 中华民国史档案资料汇编：第五辑第一编　教育（一）. 北京：档案出版社，1994：94-96.

而后方能任其为教师也。教科书之精神，其一即为国耻，而尤须注重胶东与辽东之耻辱"。① 可见，不论中央政府还是地方团体，不论是政治家、外交家还是教育家，都不敢因为自己的失职造成具有几千年历史的文明古国对子孙后代进行民族教育的割断与迷失。事实上，爱国主义成为我国近代史上发展的主旋律。当然，也没有人愿意因为自己而损害中外关系。因此，尽管当时的中国政府内忧外患、不堪重负，但每当日本方面就中国教科书向中方施加压力时，中国政府大多会以民族情和爱国心为大，尽力反击，同时，也会保持克制，以修改教科书的名义，做出一定的退让。

吴研因先生在《清末以来我国小学教科书概观》中指出当时的教科书状况：

> 对于现行的小学教科书，有两种极矛盾可笑的看法：一方面一部分名流要人，以为小学教科书只是些"鸟言兽语"，没有民族思想，不能养成国民的民族意识；一方面日本人却以为民族思想太浓了，认为是"仇日教育"，逼着中国政府，要求修改小学教科书。其实，我国的小学教科书，虽然有些"鸟言兽语"，和民族思想并不冲突，例如羊拒狗、狗拒狼等，就有隐喻弱者抵抗强暴的意识；至于彰明较著关于民族思想的教育，例如"李牧却匈奴""苏武牧羊""班超定西域""泗水之战""岳飞拒金""采石矶虞允文却敌""袁崇焕却满""戚继光平寇"等课文，在小学教科书中真是不胜枚举。国耻教材，例如"鸦片之战""中法联军之役""甲午之战"……"五三""五九""九一八""一二·八"等等也无不应有尽有。我以为说现在的教科书没有民族思想，是盲目的，说现在的教科书是"仇日"，也是一种诬罔。②

---

① 李国祁. 北伐的攻略 [G]// 北伐统一六十周年学术讨论集编辑委员会. 北伐统一六十周年学术讨论集. 台北："中央"文物供应社，1988：233.
② 吴研因. 清末以来我国小学教科书概观 [M]// 宋原放. 中国出版史料：第1卷　现代部分. 济南：山东教育出版社，2001：509-522.

日本学者大林太良认为，"自我民族中心主义的要义是：一方面，将同种文化的民族中心主义者纳入自己的范畴，同时，在具有异域文化的异民族之间制造了距离，有时便酿生出敌对意识。两种文化的相对的规模，如大国与小国；两个社会之间支配、从属关系的有无；两种文化各自威望的不同，比如 A 文化较 B 文化优秀等主观的文化优劣关系等，这些文化差异都易导致文化摩擦。"[1] 日本长期处于中华文化的巨大影响之下，体味了多年的自卑感与压抑感。到了近代，中国人又从日本学到了许多东西。在世界范围内，像中国与日本这样有着复杂关系的国家似乎并不多见。因文化差异而导致的文化摩擦，在民族和集团乃至个人的层面不断发生，浸透到中日交往的各个领域。历史的转折点是甲午战争。甲午海战以中国的失败告终。战争的失败，标志着中日在国际舞台上发生了角色转换。此前，中国在亚洲稳居大国的地位，尽管内乱不断，外扰不止，但绝大多数中国人还是沉迷于天朝大国的美梦之中，潜意识里或多或少有瞧不起这块弹丸之地的心理。甲午战争后，日本取代了中国在亚洲舞台上的位置，并且得陇望蜀，步步紧逼，侵略触角直接指向中国。这种国家之间政治、经济、文化、心理上的激烈冲突，是近代中日交恶也是教科书纠纷不断发生的重要原因。

———————————
① 　大林太良. 文化摩擦的一般理论 [M]. 东京：严南堂书店，1982.

附一：
引来多国外交批评的日本历史教科书

▲《新编历史教科书》，日本扶桑社，2001

小课本引发的大外交风波，从来就没有真正风平浪静过。

从 20 世纪初到 20 世纪 30 年代，中日教科书纠纷此起彼伏。40 年代中期，日本战败投降后，又因教科书问题被占领军盟国官方指责和禁行。日本教科书史上也是世界教科书史上最有名的家永三郎教科书诉讼案就是这个时期开始的。

········· 壹 ·········

20 世纪 80 年代后期（其实在二战后就有了苗头，只是 80 年代后期这一问题日益严重），教科书风波再次吹起，而且一阵又一阵，一阵紧一阵。不过这次不是日本对中国教科书的指责，而是中国和韩国等国家共同对日本教科书的批评，起因是日本公然对真实历史给予歪曲性的表述。日方的行为不但引起中国人民的抗议，也引起韩国和其他东南亚国家人民的抗议。

1982 年 6 月，日本文部省在审定下一年度中小学历史教科书时，把送审的历史教科书中表述侵略战争所用的"侵略"一词改为"进入"或"进攻"。把历史教科书中有关南京大屠杀的一段，即"在占领南京之际，日本杀害中国军民，并进行了强奸、掠夺、放火，这一南京大屠杀遭到国际上的谴责，据说中国牺牲者达 20 万之多"改为"在占领南京时，遭到中国军队的激烈抵抗，日军蒙受很大损失，由此激怒日军杀害了许多中国军民，受到国际上的谴责"。这段文字一方面荒谬地把南京大屠杀的起因归于中国军队的激烈抵抗，另一方面又以"许多"一词来掩饰杀害数十万中国军民的暴行。日本国内进步力量和国际舆论对此严加谴责，特别是曾经遭受日本法西斯侵略的一些亚洲国家反应尤为强烈。韩国政府向日本政府提出抗议，群众示威游行，抵制日货。中国外交部数次向日方提出正式交涉，要求日本政府采取切实有效的措施，纠正日本文部省审定教科书篡改侵华史实的错误。[1]

在亚洲各国和日本国内的强大压力下，日本政府许诺修改，作出把照顾同亚洲邻国关系作为审定教科书的基准之一的决定，即"邻国条款"。第一次教科书事件以日本极右势力的暂时受挫而落下帷幕。[2]

1986 年 5 月，日本文部省在审定"保卫日本国民会议"编写的高中课本《新编日本史》时，将这本多处歪曲历史的教科书审定为合格。该书中关于南京大屠杀的内容，只是在"首都南京陷落后"一句加了一个脚注，轻描淡写地提道，"南京攻坚战打得激烈异常，中国说在这期间日军对中国民众进行了大屠杀，要求日方反省。关于大屠杀是否确实发生过，在我国

---

①　李成健. 日本教科书事件 [J]. 历史学习，2001（6）：4.

②　刘海涛，秦霞，李莉，等. 日本历史教科书事件及其实质 [J]. 河北师范大学学报（教育科学版），2005，7（4）：52—55.

还有争论，在学术界难得出结论"。① 这样的教科书再次引起日本国内正义力量和亚洲有关国家的一致谴责。中国政府向日本政府提出严正交涉。日本文部省不得不对《新编日本史》做了一些修改，但仍然未改其歪曲历史真相的实质。

1997 年，日本一些右翼学者组成了"新历史教科书编撰会"，他们认为，日本国内现行初中历史教科书带有"民族自虐"性质，因此他们着手炮制一种新版历史教科书。这些人运用删除法和措辞替代法，编成了一本否认、淡化甚至美化日本那段侵略历史事实的教科书。由于此事涉及包括中国在内的亚洲各受害国人民的感情，并直接关系到日本对过去那段历史的态度和立场，所以引起上述国家的强烈批评，② 被要求修订。

2001 年初，"新历史教科书编撰会"把编写的《历史教科书》根据审定时提出的意见进行了修订，再次送审。即便经过了修改，该教科书的基本立场根本没有改变。该教科书仍然坚持右翼的观点，美化战争，歪曲事实。比如对南京大屠杀，该历史教科书修改后是这样写的，"东京审判认定日本军队在 1937 年的日中战争中，在占领南京期间杀害了许多中国民众（南京事件）。针对该事件许多资料的疑点已经被提出，见解也各种各样，目前有关争论还在进行"。对于亚洲独立等，修改后的教科书是这样描述的，"在大东亚共荣圈中强行实施日语教育和强行参拜神社使得当地人的反感增加。而且随着战争局势的恶化，也不时出现了日军强迫当地人从事残酷劳动的事件。……日本军队向南方的推进还成为加速亚洲各国独立的契机之一"。显然，教科书本质上是在美化日本侵略战争，为日军的战争罪行开脱。

2005 年 4 月 5 日，日本文部科学省公布 2006 年新学期（春季）开始使用的新教科书审定结果。其审定合格的教科书中，因历史观和对民主政

---

① 王智新，刘琪. 揭开日本教科书问题的黑幕 [M]. 北京：世界知识出版社，2001：106.

② 古平. 两种历史观的较量 [N]. 人民日报，2001-03-02（3）.

治及天皇问题的表述而备受批评的扶桑社的中学社会课《新编历史教科书》《公民》也包括在内。《新编历史教科书》所持的观点主要有：

突出强调皇国史观。着重记述了神武天皇，强调日本的历史就是天皇与国家统治者"辉煌的历史"。

坚持将对中国、韩国等亚洲国家发动战争、进行侵略的责任全部推给受害国家。把日本进行的侵略战争写成是为了"民族独立""保全亚洲免遭欧美侵略"等。①

该教科书的编者、极右分子团体"新历史教科书编撰会"到处宣传自己的教科书，在教科书审定结果出来之前的 2004 年 7 月，该会出版的会刊《史》就以"这就是新教科书"为题，开辟专栏，集中介绍了正在审定中的扶桑社历史教科书的修订内容。如：

大东亚战争促进了印度尼西亚、缅甸、印度、马来西亚等国独立，与他们摆脱列强统治有直接因果关系。我们的教科书对这一历史事实公平地加以记述，这在战后历史教科书中是前所未有的。

对于那些为敲打日本而捏造出来的谎言，如南京大屠杀，强虏朝鲜人，强行征集随军慰安妇等，本书一概不涉及，是一本完全不受敌对国家宣传影响的、百分之百自由撰写的新历史教科书的修订本。②

2010 年 3 月 30 日，日本文部科学省公布了第二年春季使用的小学教科书的 2009 年度审定结果。这是该省 6 年来首次对小学教科书进行审定。有两本小学五年级的社会学科教科书新表述了日韩两国存在主权之争的"竹岛"（韩国称"独岛"）问题。若考虑到地图上的记载，竹岛问题出现在所有 5 本已接受审定的教科书之中。竹岛是有争议的敏感话题。围绕竹岛问题，日本于 2008 年首次在初中新学习指导要领（教学大纲）的社会学科

① 王智新. 评 2005 年的日本教科书事件 [J]. 抗日战争研究，2005（2）：242–253.
② 同①.

解说书中提及两国的不同主张，并表示"和北方领土一样将加深对我国领土、领域的理解"。这一做法遭到韩国的抗议。在这次接受审定的5本教科书中，有一本在"日本所面临的领土问题"中提及北方领土和中国钓鱼岛，并称"存在岛根县的竹岛被韩国非法占领的问题"。一本教科书在展示日本与邻国的地图上未标明国境，将日本海上的一个岛屿记为"竹岛"。审定意见认为这将使学生"难以理解国境线"，要求在地图上标明日本与韩国的国境线。一名编撰新添加竹岛内容教科书的人士解释称："文部科学省也称（竹岛）是'日本领土'，迟早会在初中学习。"对此，韩国朝野都提出了强烈抗议。韩国外交通商部长紧急召见日本驻韩大使，强烈抗议记述两国存在主权之争的独岛的日本小学教科书通过审定，并要求日方撤回相关记述。韩国外交通商部发言人在声明中指出，独岛从历史、地理及国际法上来看显然是韩国领土，对这样的教科书将给日本年轻一代植入错误的领土观念和历史观、给日韩关系发展带来负面影响深表忧虑。①

　　日本的这些教科书对历史的歪曲和对侵略战争的美化不但使受害国人民强烈不满，在日本国内也受到进步人士的批评。

　　早在2001年2月21日，日本影响最大的报纸之一《朝日新闻》在头版报道了这种新版历史教科书的审定工作情况。指出鉴于新编历史教科书整体基调不好，围绕教科书问题，中朝韩与日本之间将难以避免新一轮历史问题的论战。

　　第二天，即2001年2月22日，日本右翼喉舌《产经新闻》发表一篇

① 日小学教科书将竹岛记为日领土获通过：韩国抗议. [N/OL]. 中国新闻网, 2010-03-31 [2021-11-08]. http://www.chinanews.com/gi/gi-yt/news/2010/03-31/2199626.shtml.

署名文章，题为《朝日新闻的教科书报道意味着什么？》，点名指责《朝日新闻》是故意诱导国外压力。文章称，日本在以往的教科书问题上总是最后退却，在教科书中加入丑化和矮化日本的表述，摆脱不了"一旦遭到邻国批判日本政府就政治介入"的恶性循环，叫嚷"教科书不应成为外交谈判的工具"，煽动日本政治家和政府官员这一次要顶住压力，不为外来批判所左右。滑稽的是，他们一方面叫嚣不应让教科书陷于政治介入的恶性循环，另一方面又嚷嚷要日本政治家和政府官员顶住压力，显然又依赖政治来庇护经不起批评的教科书。

《朝日新闻》随即也发表了一篇社论，题为《密切关注教科书审定动向》，旗帜鲜明地对教科书审定问题提出批评。社论引用新编教科书许多美化日本侵略史的表述后指出，新编历史教科书是在右翼团体主导下完成的，观点失衡，不仅肯定日本过去的殖民和侵略历史，而且丑化和攻击正确的历史认识是"自虐史观"，完全无视曾遭受日本侵略的受害者的感情及日本国民在战争中的苦难。向肩负未来的孩子们教授这种历史观是否有益，令人怀疑。社论强调，目前陷于政治和经济双重低迷、丧失自信心的日本社会，存在着容易被美化过去的历史观诱惑的空气。在艰难的时局下更应反省过去走过的道路。一味主张自己过去的那种历史观，无论在日本国内还是在与有关国家的关系上都只能产生无谓的摩擦，给学校教育带来混乱。社论还要求教科书的审定过程应努力做到透明和公开。

随后几天，两家报纸接连发表社论，进行激烈的论战。2月26日和27日，《产经新闻》还大规模刊登日本大分县中小学使用所谓的"民族自虐性"教材的报道，说学生在读后感中写道，"没想到日本人做过这样的坏事""日本军人残酷"，表明孩子们受到"强烈冲击"，"无助于培养学生的爱国心"云云。在这里，正视历史的教材被诬蔑为"民族自虐性"教材，主张"政治不介入"的《产经新闻》实实在在地大搞政治介入了。

这两家报纸的论战是日本国内进步史观同"皇国史观"的又一次较量。

从这场论战中人们可以看出，由于战后日本那段侵略历史没有得到完全清算，日本国内为"大日本帝国"招魂的右翼势力近年来有所抬头。与此同时，尊重历史事实、坚持和平民主道路的日本进步人士也坚持自己的道义立场，坚持正视历史、反省侵略的态度。①

由于有关受害国的强烈反对，以及日本国内进步力量的严厉批评，扶桑社出版的歪曲历史的历史教科书最后采用的结果并不理想，2001年版发行量只占学校使用的0.03%（根据日本文部科学省统计），实际上只有521本教科书被采用。采用率很低，和编撰会成员最初提出的10%（13万本）的目标相去甚远。但是这本教科书在正式采用之前曾经在市面上出版过，这在日本是绝无仅有的，而且据说卖掉了几十万本，尽管不是作为教科书来卖的。②

透过教科书纠纷的表象，我们可以窥视到自近代以来中日两国除了政治冲突之外的民族精神与文化传统激烈撞击的印迹。惨痛的代价并没有得到所有人的重视，更没有得到深刻的反思。正因为这样，随着时光的流逝，不是抹掉阴影，吸取教训，重塑双边关系，而是冲突随时间的流淌而不断被翻出，这里就包括教科书冲突。从20世纪初到21世纪初，百余年来，教科书纠纷没有消停过。显然，重新思考教科书的功能，重新"审查历史"仍然是今人的重担。

不要小看小小的课本，它牵动着国家大大的外交神经。教科书外交纠纷的发生，表明教科书不再是（而且它也从来就不是）一般文本、一般读

---

① 古平. 两种历史观的较量 [N]. 人民日报，2001-03-02（3）.
② 刘海涛，秦霞，李莉，等. 日本历史教科书事件及其实质 [J]. 河北师范大学学报（教育科学版），2005，7（4）：52-54.

物，更不是简单趣味的小孩读物。教科书作为一种具有特殊意义的文本，在整个国家、整个学校教育中具有不可替代的地位与作用。它已经成为民族主义、主流意识形态的传播工具。它是国家意志、民族精神、传统文化和学科发展水平的体现，是实现培养目标的基本手段。特别重要的是，"教科书是读者最多、最被信赖被依赖、最耗费读者精力和时间、影响最为深远的文本"。① 所以，各国政府对教科书都表现出超乎寻常的重视，远远超出对其他任何文本的重视程度。正因为这样，1932 年 1 月 28 日，日军突然进攻我国上海，作为一个文教的和平机构——商务印书馆被全面袭击，损失巨大。我们认为，这与商务印书馆是当时最大的教科书基地是相关联的，因为它同时也被认为是最大的排日印刷品基地。也正因为这样，1945 年日本投降后，在恢复教育、重新编撰教科书的过程中，以美国为代表的驻日盟军决定取消编撰日本历史教科书的几个编者的资格。他们认为，谁来掌控教科书是至关重要的。在他们看来，教科书是让年轻人了解历史（包括本民族那些不光彩的历史）、反思历史、吸取历史经验与教训，避免政府甚至国家重蹈覆辙的重要途径。

① 石鸥. 最不该忽视的研究：关于教科书研究的几点思考［J］. 湖南师范大学教育科学学报，2007，6（5）：5-9.

发生在朝鲜领土上的华侨教科书事件

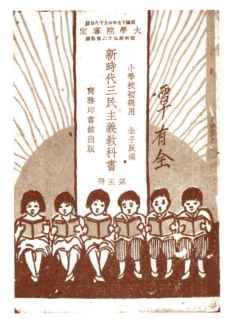

▲《新时代三民主义教科书》，商务印书馆，1927

教科书的影响力实在太大，小小的课本，甚至在异国他乡也能掀起外交风波，制造了教科书外交交锋事件。

教科书承载着一个国家和民族的文化精髓，是对年轻人产生最深远影响的文本。日本当局深谙此道，他们对中国教科书的敏感达到无以复加的地步。日本军部早在 20 世纪 20 年代就提出，"与抵制日货运动相比，排日教育才是根本的"。[①] 由教科书引发的中日外交冲突不但发生在中国，甚至发生在只要使用中国教科书的世界其他地方。朝鲜大地上，就曾发生过因中国教科书而起的中日外交交锋。

朝鲜华侨的教育事业起步于 20 世纪初，略晚于中国在日本的华侨教

---

① 砂山幸雄."中国排日教科书"批判源流 [M]// 并木赖寿，大里浩秋，砂山幸雄. 近代中国·教科书与日本. 东京：研文出版，2010：331–364.

育。朝鲜到 1902 年才建立第一所华侨学校。20 世纪 20 年代，中国在朝鲜的华侨教育取得一定的发展，不少城市建立了华侨学校，但基本上是规模较小的小学。1923 年起，华侨学校遵中国新学制改为"四二学制"，即按照国内 1922 年新学制实施。资料表明，朝鲜的华侨教育在教育目标、课程设置与教材方面基本上与中国国内相同。其中三民主义教育是随后几年国民党政府推行"训政"的教育方针，也成为"华侨教育的宗旨"。因为华侨学校处于海外，比国内学校更注重向学生灌输民族主义，强调祖国文化。中国驻朝鲜总领事馆曾奉教育部令，详细报告过 1930 年其辖区内教育发展状况：

本馆所辖华侨小学校课程，除斟酌当地情形酌加外国语钟点外，悉遵照部（教育部——引者）定小学规章办理。尚无自编教材，均系购用教科书。各校课程为国语、社会（公民、地理、历史）、自然（自然、卫生）、算术、工作、美术、体育、音乐、外国语等科。民国十七年加党义一科。民国十五年以前注重文言文，是后大都注重语体文。

本馆所辖华侨小学校关于训育及管理事项，悉遵部定规章办理，并注重于养成有国民教育之子弟，使回国后可升上级学校或在外可以自立谋生。训育之目标，发达德智体群美五育，灌输三民主义，发扬祖国精神，注重本国语文，并授当地应用之外国语。至其具体方法，均由教授或训话中实施之。[①]

中国在朝鲜的华侨教育本来有着良好和平发展形势，却突然风云变幻，受到日本政府的打压和控制。

早在 1910 年日本吞并朝鲜后，其对朝鲜的控制就一直非常严密，尤其对在朝鲜的中国人的监控更加严厉。1929 年 6 月，在平壤的中国国民党

---

① 陈红民. 民国时期发生在朝鲜的教科书事件 [J]. 南京大学学报（哲学·人文科学·社会科学），2008，45（3）：106–113.

党员姚春德等为加强对侨民的宣传教育，组织书报社搜罗有关书报，从上海购进有关宣传三民主义、建国大纲等内容的书籍，没想到被当地日本警察署以内容可疑为由，强行将其中的部分书籍没收。中国总领事馆命驻元山领事马永发"严重交涉，并据理取回原书"。事后马永发报告称："永发亲至元山警署交涉，据警察署长云，《三民主义浅说》内有朝鲜亡于日本一段，总督府认为有妨治安，是以将其没收寄往道厅转送总督府，碍难发还云云。永发与之再三交涉，均以该书业已寄出，无法送还相答。"① 显然书未能取回，这也许开了日本在朝鲜扣留中国书籍的先例。日本学者砂山幸雄注意到，1929 年春日本外务省为处理上年发生的"济南事件"，曾命令各地领事馆进行中国"排日教育"状况的调查。② 从时间上看，此次扣书事件也许与日本外务省的命令有关。

1931 年下半年，先是有万宝山事件引发了朝鲜的排华风潮，接着是日本发动"九一八"事变，侵占中国东北，中日关系降到冰点。在日本侵占我国东北、中国民族主义高涨的情况下，朝鲜的日本殖民当局对中国领事馆的动向非常敏感，教科书事件就是在此背景下迅速升级的。另一个相关的背景是，1932 年 1 月，日本的国际联盟协会主席赤松裕之，要求日本外务省提供中国"排日教科书"的详细资料，以便其在国联提出对中国的责难。至 4 月，各地领事馆共向赤松裕之提供了 108 种中国教科书。③ 由此引起的交锋我们在前面已经介绍了。

中日关系恶化的大环境下，日本政府自然更为关注中国教科书的宣传作用。1932 年初，日本警察当局获得情报，说在汉城的华侨小学内"张贴排日宣传海报"，京畿道警察迅速出动，进行密查。是年 4 月初，朝鲜总督

---

① 陈红民. 民国时期发生在朝鲜的教科书事件 [J]. 南京大学学报（哲学·人文科学·社会科学），2008，45（3）：106–113.

② 砂山幸雄. "中国排日教科书"批判的系谱 [J]. 中国研究月报，2005，59（4）：1–19.

③ 同②.

府警务局长将密查情况上报上级部门，"据京畿道警察部长所报，驻京城中国总领事馆内华侨小学校使用之教科书如附件，其内容排日侮日之记事甚多，着实令人惊叹，如此于本邦领土内公然宣传普及排日思想，不惟国际信誉上之不许，且于鲜内治安保持方面有甚多不便"。他要求外事课长向中国总领事及国民政府等提出"严重抗议"。几天后的4月8日，朝鲜总督府致函中国总领事卢春芳：

> 贵总领事馆内华侨小学校所使用之教科书中，其记事甚有关于排日侮日之内容者，在本邦领土内，似此努力于排日思想宣传之普及，不但为国际关系上所不能容许，亦为朝鲜内治安维持上之障害。希严加取缔，使右述教科书即时停止使用，并使日后无如是一切情事。并希查照，从速见复为荷。

此信明确要求华侨学校取缔有"排日侮日"内容的教科书。卢春芳接信后于次日令汉城华侨小学"迅即查明具报，以凭合办"。很快，学校回复：

> 本校以养成儿童普通知识普通生活，尚公博爱坚强毅勇之意志，及优美感情高尚情操，并灌输三民主义之思想，发扬祖国之精神为宗旨。以系设在国外，平时对于亲仁善邻之谊，凤已注及，所用教科书除外国语外，悉系教育部（或大学院）审定者。

随件还附呈了党义、国语、社会（包括公民、历史、地理三科）等可能涉及日本的教科书共44册。[①] 据此，卢春芳于4月13日复函朝鲜总督府方面，否定了日方的无理指责："查敝馆内附设之华侨小学校平时对于亲仁善邻之谊凤已注及，所用教科经详加考核，尚无贵函所开情事。"但是，对方并不满意，再次照会卢春芳：

---

① 陈红民. 民国时期发生在朝鲜的教科书事件 [J]. 南京大学学报（哲学·人文科学·社会科学），2008，45（3）：106–113.

华侨小学校现在是否使用以下之教科书，烦请答复。该教科书实有排日侮日之意识之记事，鼓吹宣传排日思想，不啻国际上不允许，乃至朝鲜内治安维持方面，甚多窒碍，且与贵总领事 4 月 13 日所答复之"亲仁善邻之谊"全然相背，此种排日侮日之记事，若限于下记之教科书，烦请即时停止其使用。且此后若再发生此类情状，将采行措施，严重取缔。

照会附有要求取缔的教科书书单：

商务印书馆出版由大学院审定《新时代三民主义教科书》（第 1 册、第 4 册，小学高年级用）、《新时代地理教科书》（第 3 册、第 4 册，小学高年级用），新国民图书社出版由大学院审定"新中华教科书"《历史课本》（第 2 册，小学高年级用）、《常识课本》（第 8 册，小学初年级用）。

中国方面似乎再无正面回应，不知道是在商量对策，上报并等待国内有关部门的指示，还是以拖延方法应付日方。5 月 19 日，朝鲜总督府外事课长致函学务局长：

府内明治町中国总领事馆内中国人小学校使用教科书中排日侮日之意识之记事……目下酝酿以警务局为主处理此事，中国总领事馆方面否认有如此记事，恳请贵局采取适当措施，予以取缔，方为适当。

日方要求由外交、警察与教育当局三方联手，解决华侨小学的教科书问题。其实，4 月收到日方要求取缔相关教科书的信件后，中国总领事馆相当紧张，卢春芳很快就致函朝鲜境内驻新义州、釜山、元山的领事，通报总督府外事课来函的内容，要求他们"将贵馆管内小学校名称及所在地，暨所辖道厅此次是否有同样之来照等情迅即见复"。幸而各地的回复分别是"读本均是 10 年前出版之旧教科书，并无排日侮日记载，所辖道厅亦未有同样照会"（元山）、"所在地政府对于校用课本并未陈述任何意见到馆"（釜山）、"平安北道道厅刻下尚无此项照会到馆"（新义州）。得到回复后，卢春芳致函外交部与驻日公使馆，"将办理经过情形检同来往公函抄件呈报钧部（馆）"。5 月，卢春芳再次向外交部与驻日公使馆报告，朝鲜境内各领事馆已先后回复，"尚无被要求取缔侨校教科书情事"。①

汉城警察何以会密查汉城华侨学校，且在中国总领事馆否认使用反日教科书后，又异常清晰地提出了具体教科书书单？原来是日本设在仁川的海关事先查扣了从中国运来的一批教科书。1932 年 3 月 23 日，《朝鲜新闻晚报》以《排日教科书恬然入鲜，发现后全部没收》为题，报道了一批从中国来的教科书被扣的事："京畿道高等课对于前此由上海经仁川入港之某船送来之各地中国人小学校使用教科书数百册施行内容调查，因全书满载奇怪之排日侮日抗日之狂激文字，业经付诸行政处分，而全部差押没收之。……总督府俟实状调查后详细报告外务省，将以之为中国国内抗日状况之一确状。"中国总领事馆大概是在数日甚至十余日后才注意到（也许直到收到照会才注意到）这篇篇幅很小的报道，因为 4 月 9 日才下令仁川办事处，查问"究竟有无"教科书被查扣事实。而前一天，总领事已经首次收到总督府外事课质疑华侨学校教科书的照会。

4 月 27 日，驻仁川办事处将进口这批教科书的仁川鲁侨小学校的报告转给总领事馆，报告称：

敝校本年二月间由烟台诚文信书局购买小学各科教科书数百册，随"利通"轮船捎来，当向海关提取，该关员声称此项书籍须经检查手续始可放行。经数日后再向海关领取时，该关员仅将公民、自然、算术等各教科书如数发给。所购之历史教科书八十册，仅将第一册共二十册发还。当被扣留者商务印书馆出版之《新撰历史教科书》四十册，又《中华高级历史教科书》二十册，《新时代地理教科书》二十册，《三民主义教科书》六十册。据云此书内中文句多有碍日本之处，须送总督府图书科审查办理。延迟多日。经海关发还《新撰历史教科书》四十册，凡内中有关联日本之

① 陈红民. 民国时期发生在朝鲜的教科书事件 [J]. 南京大学学报（哲学·人文科学·社会科学），2008，45（3）：106–113.

文句，均用红笔划一竖划，标明此处不得讲授。……该关员云，系总督府（云）该书中有抗日侮日文句，概行没收。

报告还解释了该校未及时向领事馆汇报的原因，似乎要替领事馆挑担子，不给领事馆惹麻烦，同时给领事馆留有斡旋的余地：

敝校当时曾拟恳请设法交涉，惟因鉴于往事，深知此书既经该总督府没收，不易办理。矧复际此时局，恐尤感困难，再三思维，以我官厅提出交涉，万一不生效力，反不若姑事容忍，以故未曾具报。①

得此报告后，中国总领事馆决定向日方交涉，要求归还教科书。1932年4月30日卢春芳致函朝鲜总督府方：

据敝馆仁川办事处呈称，仁川鲁侨小学校本年二月间由烟台书局购买小学各科教科书数百册，随"利通"轮船运至仁川，当向税关提取，除陆续收到者外，尚有《中华高级历史教科书》二十册、《新时代地理教科书》二十册、《三民主义教科书》六十册，合计一百册，查未发还，乞鉴核等情。相应函达贵课长，请烦查照，转请仁川税关迅予放行。

卢春芳5月7日还将此情况报告给外交部和驻日公使馆。

日本朝鲜总督府方面遂展开调查，仁川海关方面5月14日报告，查扣的中国教科书计546册，发现有80册为"违害公安"之书籍，依《关税定率法》之规定，"实行禁止输入之处分"。6月15日，对方函复卢春芳，依仁川海关的报告说明扣书情形。五天后，卢春芳去函驳斥日方的理由：

贵课长函，以仁川鲁侨小学校申告输入之书籍中，有八十册仁川税关认为"有害公安"之书籍予以输入禁止处分等因，并附书籍清单到馆。查单开教科书均经敝国教育当局之审定，且敝国侨民小学校设立多年。从未闻有因采用本国审定教科书而发生妨害所在地公安之事实，仁川税关此项

① 陈红民. 民国时期发生在朝鲜的教科书事件 [J]. 南京大学学报（哲学·人文科学·社会科学），2008，45（3）：106-113.

处置不得不认为显有误会。相应函达贵课长，仍希查照，迅予放行。①

日方紧接着函复卢春芳称，仁川海关查扣教科书"并无基于何等误会"，故中方的归还要求"殊不可能"。卢春芳还不甘心，再去函要求日方，"如仁川税关果认为（教科书有）妨害治安，其点安在，应行指出"。此前日本方面所述查扣教科书的理由是"妨害治安"一类，相当模糊。卢春芳的信要求其以实例说明，颇有针对性。

在韩国国家记录院的档案中，有仁川税关长致朝鲜总督府财务局长的信，又提出更详细的报告，提到从查扣的中国教科书中找到具体的"排日侮日"证据：

关于禁止输入处分之书籍，各课目教科书巧妙利用其课目特点，插入煽动排日思想之文意。例如强夺吞并中国领土或附属地台湾、琉球、澎湖列岛、朝鲜之马关条约，国侮二十一条之强迫缔结等，作为重点强调之宣传内容，以在国民教育上造就极端之排日思想。

8月下旬，中国驻日本公使馆参赞江华本在东京专程就教科书事拜会外务省通商局长，要求发还仁川被扣之教科书，遭到拒绝。

这可能是双方就此事进行的最高层面的会谈，因为这以后未见更高层面会谈的记载。

不久，日本官方致函朝鲜总督府，宣布日本政府的决定：

关于禁止中国教科书输入之件

本年三月二十二日仁川税关从中国输入之书籍中抽检左记八十册，根据《关税定率法》第十一条第三号，禁止该书籍输入。关于该事件八月二十二日驻京中华民国公使馆江华本参事官往访外务省通商局长，请准许输入前述书籍在仁川中国人学校所用。对此，该局长因该书籍内含有排日记

① 陈红民. 民国时期发生在朝鲜的教科书事件 [J]. 南京大学学报（哲学·人文科学·社会科学），2008，45（3）：106-113.

事，故禁止输入。

另，今后对中国方面之交涉场合，一应禁止输入（含该当记事类的其他书籍）。另据外务省照会，相关上述所施之措施，烦请至急相报。①

这个决定成了日本处理教科书问题的基本方针，中方要求发还被扣教科书的努力受挫，谈判的大门几乎关闭。从此，禁止输入成为日本政府的基本政策。

事实上，当时中国驻朝鲜领事馆并没有更积极主动的对策，只有被动的否认。和前两次教科书交锋的处理智慧相比，差距颇大。比如对《新式国文教科书》中的课文，"日本，岛国也。自明治维新以来，国势骤盛。县我琉球，割我台湾，租我旅大，吞并朝鲜，殖民于奉天吉林，扩张航业商务于我国内地。胶州湾，我重要之军港也，昔租于德，日本乘欧战而夺之，旋复向我国强索权利""吾国对外交涉，清代失败最甚。……日本取琉球，并朝鲜，上国主权，委弃尽矣"。② 我们该如何回答？难道这不是事实吗？当时不论是汤化龙，还是中华书局，还是顾维钧，都有礼有节地处置了。可惜，这样的处置智慧，在当时没有得到延续。当然，国内的处置和在他国的处置还是有根本区别的。这恐怕是主要因素吧。不过，华侨学校还是巧妙地应对着日方的刁难。比如有些学校把日本认为排日反日的内容，用墨涂黑，表面上文字删掉了，但墨黑的痕迹反而引起了学生的好奇，难道课下课上不会提起这类怪现象吗？这也就必然达到了教科书的目的，"最终还是养成了抗日的思想"。日方曾经为这类事很光火，但似乎说不上话。最后，当局只得下令，"今后这些教科书不管是否涂黑，以后绝对禁止使用"。

---

① 陈红民. 民国时期发生在朝鲜的教科书事件 [J]. 南京大学学报（哲学·人文科学·社会科学），2008，45（3）：106–113.

② 中华书局编辑所. 新式教科书与日本 [J]. 中华教育界，1919，8（1）：13–16.

朝鲜的华侨学校如此，日本的华侨学校呢？事件发生后，中国驻朝鲜总领事馆曾于 1932 年 6 月初向驻日本本土的神户、长崎和横滨三个总领事馆发去密函询问日本方面的情况：

> 近来朝鲜总督府对于鲜境内华侨小学校教科书异常注意，甚有被目为内多排日抗日文字，通过税关时竟予押收者，虽迭经抗议，尚未解决。贵馆管内华侨小学校教科书是否一律采用新学制？有无被日税关押收及受日地方政府取缔情事？……希查明，并将贵馆办理情形一并密示为荷。

得到的答复是，三地华侨学校均采用新学制与新版教科书，但都无被扣押或取缔之事，驻横滨总领事在回复中称，"本馆管辖内华侨小学教科书采用新学制者，年来选购课本，并无被扣及取缔情事"，他推测日本在本土与殖民地执行着不一样的政策，"想朝鲜与其内地办理情形不同也"。这说明，至少当时日本本土并未发生全面取缔中国有关教科书的事情。

那么，为何出现同样的教科书在日本本土的华侨学校里能用，而在其统治的朝鲜不能用这样政策不同的事呢？据我国学者的研究，日本学者的解释是，朝鲜总督府不属于日本政府，而是直属于天皇，实际上朝鲜总督在朝鲜有独裁大权，连明治宪法也只在朝鲜部分实行，犹如下戒严令，对民族运动非常敏感。而日本本土却还有所谓"大正德谟克拉西"的"政党政治"气氛，言论控制尚不严苛。政治体制的不同，或可解释在教科书问题处理尺度与方式上的不同。[①]

然而，事实到底如何，我们还不得而知。至少，这一乐观现象并没有

---

① 陈红民. 民国时期发生在朝鲜的教科书事件 [J]. 南京大学学报（哲学·人文科学·社会科学），2008，45（3）：106-113.

维持多久。几年后，日本对华侵略进入高峰时，也全面强化了对在日本的华侨学校教科书的监管和控制，取缔我国本土编撰教科书的事件不断发生。

1936 年 2 月 26 日，中国驻神户总领事在给外交部的函上称：1 月 28 日，一艘从上海发出的船只到达神户，船上运有部分中华书局的教科书（神阪中华小学采购），神户海关进行检查，结果以排日教材为由全部扣押。之后，兵库县和大阪警察署分别派人到中华小学以及神户的同文学校、大阪的振华学校，搜走各年级的教科书和教授书。对教科书进行详细检阅之后回复说，不适当的地方有三十多课。所谓不适当的地方，即有反日排日内容的课文。

该总领事同时指出，"对于在华侨学校中使用的教科书，当地的官厅从未有过检定，这次很突然"，他认为，"如果内务省对在日各华侨学校教科书的态度强硬的话，非常担心的是日本政府一旦禁止各海关教科书的进入，那么华侨学校的教育就变得很困难"。因此，请求中国外交部尽快想出应对策略。①

1936 年春天开始，从朝鲜到日本，日本对我国华侨学校教科书的监控进一步加强，形势进一步恶化。1936 年 4 月 8 日，中国驻日大使许世英提交给外交部的函提道，"在神户、大阪所引发的事态扩大到东京"。3 月 2 日，警视厅来到东京华侨学校，因为该校使用的中华书局版的教科书中含有排外内容，要求把所藏的书籍全部上交，并且为了防止再次使用同样的书籍，连老师和学生使用过的书籍都被没收。3 月 23 日，所谓包含排日内容的中华书局的教科书在日本被禁止出售，同时，告知神户、长崎等学校，"使用此种教材，即妨碍两国邦交，要求严厉禁止其发行"。② 被禁止的教科书主要由商务印书馆和中华书局出版，有"复兴教科书"系列、"新时代

① 大里浩秋. 一九三六、三七年华侨学校教科书监管事件［M］// 并木赖寿，大里浩秋，砂山幸雄. 近代中国·教科书与日本. 东京：研文出版，2010：416–446.

② 同①.

教科书"系列、"新中华教科书"系列、"新课程标准教科书"系列等。主要包括国语、历史、地理、常识、公民、社会等。

即便被禁止，且经常性处于高度严密的监控中，但事实上，不论是在朝鲜还是在日本，华侨学校使用的教科书中或显或隐，还是春风吹又生般不断出现爱国主义、明国耻的内容，也即日本所谓的排日内容。日本侵略在先，我国的教育抗争在后，日本有侵略的事实，怎么可能不允许中国有表述真相的教科书呢？典型的强盗逻辑！

前述几次教科书交锋，恰逢1914年日本乘第一次世界大战之机占领中国胶州半岛，1919年五四运动前后，1920年代末至"九一八"事变前后，以及卢沟桥事变全面抗战前后，四个中国民族主义高涨时期，爱国反日成为中国教育的重心，当然也成为日本特别敏感甚至反感的事情。令人意外的是，其中的一次教科书风波，竟然既不是发生在中国，也不是发生在日本，而是发生在第三地朝鲜，发生在学生数量不是很大的华侨学校，一些人对教科书的担心程度可见一斑。这也进一步印证教科书的意义与价值非同小可。确实，教科书培养了个人对社会、国家的认同感，这种认同感，能够较好地规范社会成员的行为，也能够极大地激发个体的爱国行为，整合政治力量，凝聚社会个体。所以，日本当局自然格外紧张。

附二：

日本漫长的教科书诉讼
——日本历史教科书编撰者家永三郎的诉讼

"我每每懊悔，以个人的微薄之力，未能阻止这场不义莽撞的战争，也未能促使战争尽早结束，可以说，我对这场战争也负有一定的责任。为了不使自己再度懊悔，我遂以法庭为基本阵地，通过广泛地评论社会问题，来阐述和宣传自己的信念。"① 家永三郎的信念就是揭露不义战争，尊重历史事实，追求学术自由，由此引发了长达 32 年之久的"文部省审定教科书违宪案"。家永三郎以自己的生命，谱写了教科书发展史上感人的一幕。而由于国内很少报道此人此事，引得张承志义愤不已。②

▲《审定不合格日本史》，家永三郎，三一书房，1974

---

① 家永三郎. 家永三郎自传：一个历史学家的足迹 [M]. 石晓军，刘燕，田园，译. 北京：新星出版社，2005：中文版序言.

② 张承志. 日本留言 [J]. 花城，1994（5）：76-80.

1945 年二战结束后，占领日本的盟军最高司令部全面废除帝国时代的出版法、新闻法，发布了有关课程内容和教科书的一系列指示，包括在学校禁绝军国主义和极端民族主义的教材。而就在 1945 年 7 月前，学校还在使用"忠君爱国、良民顺臣"的教科书，到处是"我们努力学习，做优秀臣民，为天皇陛下，献身报国"（小学六年级《国史课本》）之类的说教。这种旧课本必然被禁止，而新教科书来不及编写，于是，日本文部省要求把旧课本中的一些忠君报国的内容用墨水涂掉继续使用。学校里学生们每天就在使用涂墨教科书，这和两三个月前师生们还把这些教科书看成是金科玉律形成了鲜明的反差，对学生甚至对教师的刺激很大。[①]

1945 年 12 月 31 日，盟军最高司令部下令暂停讲授修身、日本历史、地理等课程，要求撤回这些科目的所有教科书和教师指导纲要，并要求编写新的历史教科书。此时，身为历史学家的家永三郎对此评价甚高，特别是对保障言论、结社、出版自由的《和平宪法》欢欣鼓舞。当社会舆论担心自由化过度、"坏书"泛滥时，他发表文章指出："仅仅以对青少年有害为由，就全面封杀所有的'坏书'，势必会由此引出一系列无法收拾的结果……在我看来，应该说只有战前的国定教科书等才是真正的'坏书'。正是此类书籍把我们带入了战争，并使我们对战争丧失了起码的判断和批判能力。"

根据盟军最高司令部的命令，一些日本历史学家，开始提出战后日本历史教育、编写教科书等问题，其中包括家永三郎。

---

① 家永三郎. 家永三郎自传：一个历史学家的足迹 [M]. 石晓军，刘燕，田园，译. 北京：新星出版社，2005：180–181.

家永三郎（Saburo Ienaga，1913—2002），日本著名历史学家、教育学家，东京教育大学教授。出生在爱知县军人家庭，父亲官至少将。家永三郎后来进入东京帝国大学攻读日本史学，1937 年从东京帝国大学毕业留校研究历史。1941 年离开大学进入一所高等学校任教。1944 年进入东京教育大学前身的东京高等师范学校工作，在这里，他成为研究日本思想与文化史的专家，成果卓著。1948 年，年仅 35 岁的家永三郎因《古代倭绘年表》及《古代倭绘全史》成果，获得日本学术界的最高荣誉——日本学士院奖。1999 年出版 16 巨册的《家永三郎集》，这还仅仅是他的部分成果。1977 年至 1984 年在日本中央大学执教，退休后一直担任东京教育大学名誉教授。

家永三郎早在 1946 年就编写完成了自己的历史课本《新日本史》，其基本观点是，教育应该基于经过核查的史实，应该体现民主价值和对和平的愿望。① 因为当时所有的教科书都需要国家批准。因此，家永三郎的《新日本史》只能由富山房作为普通书籍于 1947 年出版。此书日后有几次没有通过文部省的审定，所以成为日后"教科书诉讼"的最初蓝本。

日本文部省计划编写三本历史教科书（小学、初中和师范学校），每一本书均把日本历史分成四个阶段（古代、中世纪、近代、现/当代）。文部省选择了 11 位历史学家开始了编写工作。每个人都可以选择和组织内容，但是所有的人都要遵循三个原则：没有任何宣传；没有军国主义、极端民族主义或传播神道教；增加对普通人在经济、发明、学术和艺术方面的成就的论述，只有在天皇有突出的贡献时，才可以提到天皇。

家永三郎负责小学历史课本的日本古代历史部分，后来该书被命名为《我们国家的历程》。他根据考古学的发现从石器文明开始写起，描述了日

---

① SABURO I. The historical significance of the japanese textbook lawsuit [J]. Bulletin of Concerned Asian Scholars，1970，2（4）：2–13.

本国家的形成，但没有提帝国主义意识形态。家永三郎的合作者大久保利谦负责编写现代和当代历史，他对 1937 年南京大屠杀的叙述是："我们的军队……蹂躏了南京——中华民国的首都"，这句话简短但清晰地说明该事件是日本战时的一个错误行径。①

《我们国家的历程》于 1946 年 9 月出版，是战后第一本由国家编写的历史教科书，也是第一本列出了作者姓名的日本教科书。尽管这本书有许多进步，但它还是受到日本左翼和一些国外人士的批评，批评这本书没有彻底抛弃天皇本位的历史观。

从 1953 年起，文部省停止自己编写教科书，转而开始通过审查的方式来"编写"教科书，即审定教科书。

在实施教科书审查后，出版商三省堂请家永三郎编写一本高中历史教科书。这本教科书就是 1952 年家永三郎向文部省提交的《新日本史》的修订版。五位审查官中的一位给《新日本史》的文稿提出了极端恶劣的评语，因此文稿被驳回。当家永三郎再次提交——没有任何改动——给一个不同的审查委员会时，该书通过了审查（1953 年）。②

文部省答复家永三郎的一些驳回理由引起了他的忧虑。例如，文部省挑剔地认为，他在文稿中错误地描述了 15 世纪日本和中国的外交关系，特别是叙述了日方对中国朝贡的内容。根据文部省的看法，描述日本在政治上从属于中国的内容，将使学生受到"日本低人一等"的情绪的困扰。文部省还认为，论述太平洋战争的篇幅太长了。他们提出，由于学生亲身经历过这场战争，所以整个主题都应该跳过去不谈。其他人认为，文稿的错误还包括描述了古代和近代的妇女地位，以及叙述了 19 世纪早期贫困农民

---

① 赫茵，塞尔登. 审查历史：日本、德国和美国的公民身份与记忆 [M]. 聂露，译. 北京：社会科学文献出版社，2012：101.

② 同① 104.

的起义。家永三郎在《朝日新闻》上发表了他对这些观点的忧虑。①

家永三郎对历史教育的未来忧心忡忡——而他的担忧被证实了。

20世纪50年代，日本右翼，包括极端民族主义者卷土重来。日本教育政策发生了彻底的保守主义转向。

1955年，出现了战后对教科书的首轮批评，并成为后来各种批评的模板。是年，自民党抛出《令人忧虑的教科书问题》一文，掀起了史称"第一次教科书攻击"的浪潮。文部省组织修改了主导中学教育内容的《学习指导纲领》，将"侵略"一词改为"进入"。右翼分子对教育发起了批评，他们邀请了一位离任的日本教师工会失意员工石井一朝到国会作证，证明负责选用教科书的地方学校官员涉嫌贪污受贿。由于石井一朝的主要话题最终指向"充满偏见的教科书"，特别是社会学习课本，也包括历史课本，所以听证会变成了对教科书进行批判的大会。后来，石井一朝和自民党合作，编写了该党发行的小册子——《令人忧虑的教科书问题》。该册子提出的所谓四种"偏见"的教科书首当其冲地被批判：那些支持教师工会和政治活动的教科书，那些强调日本工人的贫困和促进劳工运动的教科书，那些赞扬苏联和中华人民共和国的、斥责日本的教科书，那些讲授马克思主义、共产主义观念的教科书。被批判的教科书主要集中在社会科，特别是周乡博编的小学教科书《光明的社会》（中教出版社）。

1956年3月，日本内阁向国会提交《教科书法案》，这是旨在加强教科书审定、统一教科书使用的一个退步的法案，立即引起广泛的批判和反对。东京大学等23所大学的校长发表反对声明，胜田守一等617名教授发表了

---

① DUKE B C. The textbook controversy[J]. Japan Quarterly，1972，19（3）：337.

《捍卫学问、思想的自由，反对教育的国家统制》的宣言。还有许多其他团体与个人加入反对的行列。在风起云涌的反抗声中，《教科书法案》最终被废止。但其他方面的反民主策略不断强势推进。

1956年后，文部省强化了教科书审查标准，吸收了更多的保守主义者进入教科书审定审议会（成员由原来的54人扩展到100人），加强了对教科书的管制。同年，文部省以"有偏见"为由驳回了八种社会科学习课本，并要求作者进行修改，包括删除对日本战时行为的负面表述。文部省也对教科书出版社施加压力，要求它们将某些作者从项目中除名。1958年，文部省再次将有关战争反省的内容完全删除，并称自甲午战争开始的侵华战争提升了日本的国际地位。依此纲领，文部省开始对教科书进行更显片面的审定。

20世纪50年代后期，文部省驳回了许多教科书，仅1958年就驳回了33%的教科书文稿，审查官不仅评估事实的准确性，还要衡量"爱国主义"的程度。1963年通过的一项法案使1~9年级学生可以免费获得教科书，但这更加强化了选用教科书的程序。在新的安排下，国家级的学校委员会（包括一些地方校区）才有权选择教科书。事实上，教师失去了对教科书的控制，国家对教科书生产过程的垄断得以建立。由于教科书品种锐减（比如从1959年到1969年，中学社会、历史等科目的教科书种类由30种锐减到8种），国家对教科书的控制越来越容易，越来越彻底。

总之，20世纪50年代末和60年代，教科书的生产和选用体制越来越类似于二战期间实行的国家编写教科书制度。包含南京大屠杀内容的历史课本不再继续使用，幸存下来的课本为了努力通过国家审查而留下"累累伤痕"（例如，描述原子弹轰炸造成的损害的文字大大减少）。家永三郎所编历史教科书的命运最能够说明问题。

1955年，当家永三郎向文部省提交修订后的《新日本历史》时，它被附加条件地审批通过，附加条件是它需要做出216处修改。家永三郎修改后，教科书于 1956 年出版。随着文部省颁布新的指导方针，他又不得不立刻修改教科书。1957 年，他的书稿被驳回，1958 年又被附加条件地审批通过。再次修改后，于 1959 年出版。几年后，家永三郎再次修改教科书，但是当他 1962 年提交时，书稿又被驳回。这次，文部省仅仅明确提出了大概 20 多条原因。家永三郎不得不猜测文部省没有明确提出的更多的批评（实际上，总共有 323 项批评，这是后来在庭审过程中才知道的事实）。他又一次修改教科书，1964 年再次有条件地通过，这次的条件是需要修改 293 处。他根据批评进行了相应的修改，教科书获得许可并出版。[①]

到这次为止，家永三郎对教科书审查有了新的认识。家永三郎相信，在反动的国家强化统制教科书的时代背景下，如果没有一场斗争，文部省不会改变现有的做法。一而再、再而三，克尽忍耐的家永三郎终于忍无可忍，除论明真理以外别无选择，只能向法庭起诉文部省、起诉政府。

1965 年 6 月，家永三郎第一次提出了对国家机关的诉讼。史称"第一次教科书诉讼"。

尽管家永三郎对审查过程造成的精神损害提出了经济赔偿的要求，但是他的主要目的是揭露国家的教科书审查制度违宪（例如，违反了表达自由和学术自由），并与《教育基本法》相抵触（例如，违反了保护教育免于不适当的控制的原则）。在他看来，国家通过教科书审定制度，把权力介入学术和教育，是违宪行为。正因为这样的对国家违宪的诉讼，教科书诉讼备受世人瞩目。

他在提出诉讼的声明书中表示：

现行教科书审定制，不仅践踏与蹂躏了《宪法》《教育基本法》，还试图从国民意识中剔除和平主义、民主主义的精神。对此，作为亲身体验

---

① 赫茵，塞尔登. 审查历史：日本、德国和美国的公民身份与记忆 [M]. 聂露，译. 北京：社会科学文献出版社，2012：108.

过那样悲惨战争的日本国民，决不能沉默宽恕。我作为该诉讼的原告，请求法院以公正的判断，昭明现行的审定制是僭越教育行政权限的违法行使权力。①

家永三郎的诉讼，掀开了教科书之争的新篇章。许许多多反对美化日本侵略历史、反对强化教科书审查的人，纷纷支持他的决定。起诉一提出，很快就收到全国200封以上的鼓励信和募捐资金。其中一封来自高中生的信件可以看到大家对家永三郎的支持：

在上日本史课时，方知历史教科书中，有……在教科书审定时被无理删除，教室里顿时响起一片愤懑不平的声音。……对教科书中盖有文部省的已审毕字样印，以前我们总是怀着崇敬欣赏这几个字，而此时的感觉却如同看见"政治家"几个字，产生一阵阵恶心。老师，请继续努力吧，我们也拭目以待，为不做随波逐流之辈而努力。……为何我们想了解正确的事实，却受到阻挠？连我们都清楚地知道，无知是多么危险！②

一些历史学家、出版工作者、律师也加入声援的行列。仅仅4个月后，"声援教科书审定诉讼全国联谊会"成立。在第二年召开的"声援教科书诉讼中央集会"上，家永三郎慷慨陈述：

我们饱经战争带来的灾难，许多朋友、亲人、邻居在战争中死去了。《宪法》建立在民众巨大的牺牲之上，和平主义、民主主义两大支柱是鲜血换来的唯一遗产。如果这一遗产不能很好地继承，我们内疚万分、愧对先人。③

为胜诉，家永三郎需要证明文部省在给他列出的大量修改要求中，侵犯了他的权利。其中的一些内容与亚洲太平洋战争有关。例如，家永三郎

---

① 家永三郎. 家永三郎自传：一个历史学家的足迹 [M]. 石晓军，刘燕，田园，译. 北京：新星出版社，2005：194–195.

② 同① 196.

③ 同① 195.

写道："大多数（日本）市民没有被告知战争的真相，他们只能积极地支持不顾后果的战争。"文部省坚持认为，称这场战争为"不顾后果的"是一个价值判断，而且关于当代事件作出这样的价值判断是不恰当的。文部省还声称，文稿包含了太多战争的"阴暗面"的图片，例如，空袭、一个城市被原子弹轰炸为废墟以及残废的老兵，所以要求删除一些图片。

同时，家永三郎试图恢复他 1967 年版的《新日本史》中对前一版作出的 6 处修订。文部省的回应则认为他希望恢复的修订之处不能被视为"改善"。家永三郎于是决定提起第二次诉讼。史称"第二次教科书诉讼"。

第二次教科书诉讼是行政诉讼，他要求文部大臣撤销文部省的决定，其理由是，文部省驳回家永三郎的修订版教科书是违宪的，并与《教育基本法》相抵触。第二次诉讼的主要目标和第一次相同，但它的优势在于：由于它是行政诉讼，所以法律程序比上次的"要求损害赔偿"更简单；它仅涉及六个具体的要点，这使得辩论有所侧重，使诉讼可以更快地走法庭程序。

第二次诉讼的具体要点之一涉及日本的早期历史，特别是与两本 8 世纪的书——《古事记》和《日本书纪》中对神话的叙述有关。家永三郎以前的叙述是，"一切（神话）都是在皇室统一了日本之后，为了合法化其统治的起源而编造出来的"。文部省以前命令他删除这些句子。结果是，教科书上叙述的神话就好像它们是事实一样。另一个内容涉及对 1941 年《日苏中立条约》的描述。文部省要求家永三郎增加如下文字，"在苏联的提议下，日本签署了条约"。并且要求删除如下注脚，"在德国入侵苏联后，日本在'关东军特别演习'的名义下，在日苏边境集结军队，准备在有利于日本的情况下入侵西伯利亚"。文部省的目的似乎是要造成一种印象，即苏联 1945 年宣布对日作战是单方面违反条约。①

① 赫茵，塞尔登. 审查历史：日本、德国和美国的公民身份与记忆 [M]. 聂露，译. 北京：社会科学文献出版社，2012：109.

尽管政府表示反对，到 1967 年底，第一次诉讼使教科书审查过程的细节以及驳回家永三郎教科书的具体理由公之于众。公众还知道了文部省保留着一些文件，这些文件可以用来解释为什么驳回家永三郎的教科书，但是政府拒绝将这些文件提交法庭，还坚持说是出于保密的需要。家永三郎申请了移交文件的法庭命令，法庭许可了其部分申请。但是，当政府就公开文件的法庭命令向高级法院上诉时，第一次诉讼被搁置。

　　第一次诉讼第一审东京地方法院于 1974 年 7 月 16 日作出判决（即高津判决，因由高津法官所判，故名）。该判决站在"国家教育权"的立场上，否定教师教育自由原则，承认国家可以相当程度地干涉教育内容及方法，否认原告主张的教科书审定制度是违宪的观点，而只是确认文部大臣在 1963 年作出的修改指示有一部分内容是违法的，因而判被告赔偿原告 10 万日元。这意味着家永三郎获得部分胜利。但家永三郎并不满意，接着上诉，第二审东京高等法院于 1986 年 3 月 19 日作出判决（铃木判决），确认教科书审定制度并不违宪，本案文部大臣所作的审定处分并没有超越行政裁量权范围，因而也不违法，故驳回家永三郎的请求。上告最高法院小法庭于 1993 年 3 月 16 日宣布维持二审，驳回上告。至此，第一次诉讼结束。家永三郎基本失败。

　　第二次诉讼进行得相对顺利。在主审法官杉本的主持下，东京地方法院 1970 年作出了对家永三郎有利的判决，法院尊重了国民的教育权力和自由，判决在家永三郎的教科书诉讼案中，政府明显超越了权限，并裁决，尽管政府审查本身只要其仅限于纠正明显的错误，就不应视为违宪，但是，当政府要求修改教材内容时，就有可能违宪。[①] 这一胜诉具有重大意义，它宣告教育权利为国民所有，极大地制约了教科书审定的行政权，沉重打击了文部省的政治意图，更重要的是，它给予了支持抗议、坚持正义斗争的

---

① DORE R P. Textbook censorship in Japan: the idnaga case[J]. Pacific Affairs，1970：548–556.

民众极大的勇气与希望。

文部大臣将杉本的判决上诉到东京高等法院。五年后，即 1975 年，在主审法官畔上的主持下，法庭驳回了政府的上诉，同时也没有对政府审查的合宪性作出直接的裁决。尽管法庭的裁决不够清晰彻底，但家永三郎毕竟胜诉了。但文部大臣不服，将该裁决上诉到最高法院。

家永三郎第二次诉讼的胜利立刻对学校教科书产生了影响。1970 年杉本判决之后，文部省不得不放宽审查标准，这为一些教科书编写者提供了适当的契机，因为他们希望在书中写入更广泛的涉及日本战时暴行的材料。对亚洲太平洋战争特别是日本错误行为的各种叙述的许多新研究，在 20 世纪 70 年代纷纷出现。例如，1971 年，本多胜一开始在《朝日新闻》上发表一系列报道，根据他对幸存者的访谈和在中国收集的数据，描述了南京大屠杀和日本在中国犯下的其他战争罪行。1973 年，家永三郎修订后的《新日本史》虽然更详细地描述了日本对中国的侵略，以及日本对韩国的殖民政策，但是仍然通过了审查。一些包含南京大屠杀内容的历史课本也通过了，其他课本同样先后通过。例如，在 1978 年版《新社会》（东京书籍出版社出版的初中历史课本）中，包含着这样的话："（日本军队）抢占了南京，杀害了中国各地的无数平民，对他们的日常生活造成了巨大的破坏。"而且，这句话还有一个注脚，注脚中写道，"刚进入南京市后，日本军队立刻开始杀戮和伤害不计其数的中国人，包括女人、孩子和士兵，这些士兵或者没有武装或者穿着平民的衣服。由于这个事件中的行为，（日本）受到了各国的批评，谴责其南京大屠杀的行为，但是，普通的日本人却没有被告知（该事件的）真相"。历史教科书也开始提到其他战时议题，例如，战争后期韩国和中国的强制劳工被带到日本。[①]

20 世纪 70 年代末期，尽管家永三郎的法庭抗争被一拖再拖，但是他的

① 赫茵，塞尔登. 审查历史：日本、德国和美国的公民身份与记忆 [M]. 聂露，译. 北京：社会科学文献出版社，2012：111.

抗争对法庭内外的影响已经非常显著。从一开始，家永三郎的诉讼就吸引了公众的强烈关注。这两个诉讼都针对教科书审查制度，而这项制度一直隐藏在公众视线之外。教科书通过的标准、两个部门压力的存在（"要求"和"建议"）、教科书评定的 1000 分的级别（得分 800 分及以上，该教科书就可通过审查），以及每本教科书都有一份官方档案，这些统统因该诉讼而为公众所知。特别是，政府被迫公开了审查家永三郎的教科书的实际过程，以及检察官的姓名和投票否决该教科书的委员会成员的姓名，被迫解释了驳回理由。文部省的文件向公众展示了审查制度的不民主的性质和独裁的过程，而这个过程充斥着权力的滥用。

在该案第二次诉讼被文部省上诉到最高法院后，文部省改变了策略，提出该案已经没有任何"益处"——问题已经不存在了——因为即便家永三郎胜诉，文部省也已经修改了指导原则，家永三郎 1965 年编写的教科书由于遵循的是旧的原则，因此将不再被使用。最高法院将该案退回东京高级法院，后者于 1989 年以"毫无上诉利益"为由驳回该诉讼，没有宣布任何具体的判决就终结了该诉讼。家永三郎决定不再上诉到最高法院，因为包括杉本判决在内的早先的裁决，具有判例的价值。

其实，到 20 世纪 70 年代末期，日本政府和自民党试图重新控制教育，特别是通过强调民族主义和爱国主义的课程来实现这一企图。例如，1977年的指导原则计划将《君之代》作为国歌，尽管这个行为并没有法律根据。在自民党的支持下，文部省一名高级官员直接在《君之代》前加上"国歌"二字。同年，文部省驳回了五种高中教科书（一种是伦理学 / 公民学，两种是日本历史，还有两种是世界历史）。大概在同一时间，文部省再次收紧了教科书审查规则，要求作者更严格地遵循指导原则。①

1980 年，在自民党以较大优势赢得两院选举后，保守主义政治家特

---

① 赫茵，塞尔登. 审查历史：日本、德国和美国的公民身份与记忆 [M]. 聂露，译. 北京：社会科学文献出版社，2012：112.

别是年轻的自民党鹰派，更加猛烈地攻击教科书。他们谴责杉本判决后大多数教科书修订版都受到了共产主义者的鼓励，所以他们开始致力于通过更严格的立法来控制教科书内容。石井一朝，这个 20 世纪 50 年代参与攻击教科书的人，在自民党的周报上又发起了一场恶毒的运动，攻击一些教科书编写者。他们的批评之一是针对一个俄罗斯民间故事——《一个大萝卜》，他们认为这个故事传播了共产主义话题。这个故事最初由亚历山大·尼古拉耶维奇·阿法纳西耶夫整理编写，讲述了一对夫妻、他们的孙女和家里养的小动物（狗、猫和老鼠）一起使劲儿从地里拔出一根巨大的萝卜的故事。这个民间故事曾经是（现在依然是）小学一年级学生非常喜欢的阅读材料。石井一朝和自民党认为这个故事是个苏联的民间故事，阿法纳西耶夫是个苏联的民俗学家。他们甚至解释说，也许没人想到这个故事讲的是工人、农民、学生和知识分子团结起来推翻资本家。右翼知识分子、经济学家和大企业家都支持这些批评者要求设置更多爱国主义课程的观点。

日本科学技术厅也加入行列。他们感受到民众反核运动的威胁，也参与了右翼对初中公民课本的批评。1980 年，科学技术厅批评教科书强调核能的负面影响，引发公众对核能安全性的担忧。科学技术厅对文部省施加压力，要求修改已经通过审查的课本中对核能的描述。

事态发展的结果是，日本政府加强了对教育的控制，日本战时侵略亚洲国家的描述也被掩盖。其中一个焦点，也是被国际媒体广泛报道的（尤其是在东亚和东南亚），是文部省要求用"进入"这个词代替"侵略"。7月，韩国和中国对日本政府表示正式抗议。到 9 月份，关于日本审查教科书的 2000 多份报道出现在 19 个亚洲国家的媒体上。

当 1978 年修改高中教育指导原则时，家永三郎修订了他的《新日本史》。修订本于 1980 年通过审查，附带大概 420 条评语。经历了后来家永三郎所说的从 1957 年以来的"最漫长的过程"后，该书得以出版。1982 年

10 月，日本政府对外承诺修改日本对外关系的内容后，家永三郎请求文部省允许他进行相应修改，但是遭到拒绝。1983 年，他再次提交修订后的文稿，文稿通过审查，附带约 70 项条件。

1984 年，家永三郎对政府提起第三次诉讼，要求对审查过程给他带来的精神损害进行赔偿。史称"第三次教科书诉讼"。

这一次，家永三郎的根本目的仍然是揭示国家审查教科书的违宪性。但是，在第三次诉讼中，他和他的法律团队决定侧重于文部省在要求或建议修改与具体历史事件有关的教科书内容时的"权力滥用"，也就是说，把法律斗争进一步转移到"历史事实"上。在这种诉讼策略下，他和他的历史学家顾问选择八个具体要点进行控辩（其中六个为文部省所"要求"的修改，两个为文部省所"建议"的修改）。其中，四个要点与日本侵略中国有关，一个要点与日本对朝鲜半岛的殖民化有关，另一个要点涉及二战最后一个月的冲绳岛战役，还有两个要点描述了日本国内对帝国政权的反抗。

第一个要点与用"侵略"这个词描述日本入侵中国有关。在 1980 年和 1983 年的协商中，家永三郎坚持这个用词是适当的，尽管文部省一再"建议"，他仍然拒绝修改文字。他还为使用两个与南京大屠杀有关的词语抗争。在审查过程中，文部省曾要求家永三郎将"占领南京后，日本军队立刻开始屠杀不计其数的中国士兵和平民"修改为人们在占领时死于"混乱"。文部省还要求家永三郎在描述南京大屠杀时删除和强奸有关的文字〔原文是"很多日本士兵（占领南京时）强奸了中国女性"〕，文部省提出，强奸是战时普遍现象，不独日本军队如此。文部省还要求删除书中提到的对 731 部队的叙述："该部队是一个生化战部队，对活的人体进行实验。"文部省还声称，对 731 部队缺乏有根据的学术研究，所以在教科书上提到这一点过于草率。

第五个要点涉及 1894—1895 年（甲午）中日战争时期朝鲜对日本的抵抗。家永三郎把该事件描述为日本殖民朝鲜半岛 50 年历史的开端，他写道，"在朝鲜半岛这个战争的主要战场上，民众的反日抵抗活动时有发生"。文部省不同意"反日抵抗活动"一词，认为这将使学生感到困惑。①

家永三郎和政府的争议源于两种截然不同的对待日本历史的态度。家永三郎试图批评针对日本二战行为的官方观点，以及此前导致其二战行为的历史。他对国内战场也表达了不同的看法，比如对冲绳岛战役就是这样。家永三郎将其叙述为大约16万名平民，包括妇女和儿童，殒命于此，其中很多死于日本士兵之手。家永三郎写道，"居民，无论老少，都被杀了"。他还特别指出，"很多平民被日本军队杀害"。文部省的回应是，"自愿的集体自杀"是冲绳平民死亡的主要原因，因为受害者宁愿为国家献出自己的生命（而不是被军队"杀害"或在军队"逼迫下杀害家人"）。简言之，文部省淡化了日本军队在冲绳的大屠杀。

第三次诉讼进度较快，家永三郎在数次判决中均获得局部的胜利。在1989年的判决中，东京地方法院认定政府要求修改某些观点的命令是不合法的，法庭判决家永三郎在这一点上没有受到公正对待，因此政府应支付他10万日元作为赔偿。家永三郎将该判决结果上诉到高级法院（文部省也上诉了），因为他希望在其基本观点上胜诉，即国家审查教科书是违宪的，就如同国家对教科书的其他内容的审查也违宪一样。这些要点包括南京大屠杀、731部队、朝鲜的抵抗和冲绳岛战役等内容。②

1993年秋季，东京高级法院在对南京大屠杀的描述上，包括提到的普遍强奸等方面，作出了有利于家永三郎的判决，认为在这些内容方面，文部省的审查超越了权限，因此不合法。但是，判决否定了家永三郎保留关于731部队和其他要点的请求。

---

① 赫茵，塞尔登. 审查历史：日本、德国和美国的公民身份与记忆 [M]. 聂露，译. 北京：社会科学文献出版社，2012：115.

② 家永三郎. 家永三郎自传：一个历史学家的足迹 [M]. 石晓军，刘燕，田园，译. 北京：新星出版社，2005：227.

在家永三郎又一次上诉后，最高法院在主审法官大野的主持下，于1997年8月29日对第三次诉讼作出终审判决。认定文部省做出的有关南京大屠杀、731部队等4处审定意见违法：判定日本教科书审定机构在教科书中删掉有关731部队的记述是违法的，同时认定教科书中关于南京大屠杀、日军的残暴行为等记述是合法的。这场长达32年的官司终告结束。

最高法院的判决虽然确认了政府审查教科书制度的合宪性，但是认为政府要求家永三郎修改教科书某些内容的命令至少在多处文字方面违反了法律。尽管家永三郎起诉国家的尝试落空了，没有使国家审查教科书制度因为违宪而被禁止，但是法庭采用了一个重要观点，即文部省的修改要求必须基于历史研究方面的各种观念或者普遍接受的观念。毫无疑问，这个判决必将限制日本政府未来的教科书审查范围。

"家永教科书诉讼"最终以家永三郎取得部分胜利而画上了句号。

1945年二战结束，但并没有结束日本人民对战争责任问题、"民主"和"自由"问题的追究与思考。学者们认识到普通日本人的战争经历有两个方面：作为（对外的）攻击者的一面和作为（内部的）受害者的一面。他们明确主张日本人民有必要通过自己的法官，去追究战争罪行和战争责任问题。

20世纪60年代以来，家永三郎同时进行了三场诉讼的抗争，所有的诉讼都进入了最高法院。

在三场诉讼中，第一次诉讼进行得比较缓慢，1965年起诉，1974年判决，家永三郎部分胜诉。花费了12年时间才进入第二次判决的阶段。1986年，在主审法官铃木的主持下，东京高级法院推翻了家永三郎早先在地方法院取得的局部的胜利。判决取消了下级法院的决定，宣布文部省没有

"过分的不合理"。家永三郎败诉，于是他将该判决结果上诉到最高法院。7年后，1993年3月，最高法院驳回了家永三郎的上诉，在他28年的努力后判给他一个彻底的败诉。

第二次诉讼为第一场诉讼作了了结，家永三郎部分胜诉，但最后没有作出适当的结论，以"毫无上诉利益"终结诉讼。

第三次诉讼，家永三郎取得了部分胜诉。

实际上，诉讼是家永三郎正视日本战争罪行和战争责任的方式。他的诉讼并非针对犯罪者个人的裁决，而是把帝国主义的、极端民族主义的政权的运作公之于众，这个政权允许那些人犯罪，现在又试图掩盖其罪行。家永三郎的立场与中国、朝鲜及其他亚洲国家的受害者的声音产生共鸣并非巧合。他于1970年胜诉（杉本判决）后即刻产生的影响，使其他教科书编写者有勇气在书中叙述日本战争暴行。家永三郎第三次诉讼的胜利是局部的，但无疑也是颇具意义的胜利（可能反映出的变化是，日本不得不倾听受害者的声音），而且从整体上看，他的诉讼激发了对日本军队战时行为的研究兴趣和公众兴趣。这为很多日本人接受或至少开始倾听亚洲的声音消除了障碍，那些声音要求在尚未了结的战争和殖民主义问题上进行听证。[①] 同时，也使许多日本人更加正视本国的历史，出现了不少呼应或支持家永三郎诉讼的声音。如声援"教科书审定诉讼"全国联络会及其编写的《"家永教科书审判"大全》（民众社，1998），"家永教科书诉讼"辩护团及其编写的《家永教科书审判》（日本评论社，1998），声援"教科书诉讼"历史学家联谊会及其编写的《历史的法庭——"家永教科书审判"与历史学》（大月书店，1998）等。

32年的漫长诉讼，拖垮了他的身体。一位中国作家曾描述其与家永三

---

① 赫茵，塞尔登. 审查历史：日本、德国和美国的公民身份与记忆 [M]. 聂露，译. 北京：社会科学文献出版社，2012：119.

郎见面的情景，他说：老人惊人地瘦弱，在一米五左右的瘦小骨架中，隔着衣服觉不出他身上还有肉。83 岁时的家永三郎体重只有 38 公斤。但家永三郎人老志坚，身体拖垮了却没有拖垮家永三郎的精神。"斜阳暮色重，乌云蔽日凶。法曹讨公道，光明存心中。"这是家永三郎在某次诉讼失败后，在一次群众集会上吟诵的汉诗。家永三郎的晚年生活是清寒寂寞的，长年为病痛所困。尽管如此，他还是不断地参加各种讲演集会，为阐述自己的学术观点而奔走。

家永三郎的那本在 1957 年被审定不合格的、引发"教科书诉讼"的《新日本史》，于 1974 年冠以《审定不合格日本史》之名，由三一书房出版，旨在将日本文部省教科书审定的歪曲做法昭示于天下，让天下人来审定这本被政府审定不合格的日本史教科书！

据传，2001 年，家永三郎被提名为诺贝尔和平奖候选人。次年 11 月 29 日，在经历长达 30 多年的官司后，日本著名历史学家、东京教育大学教授家永三郎病逝。次日，他的葬礼在只有其家人在场的情况下悄无声息地举行，一个为坚持历史真相而同日本政府斗争了数十载的史学家平静地走完了他不平凡的一生。他去世后留下了大约 2 万册藏书。如今，这笔宝贵的精神遗产已被命名为"家永文库"，正式捐赠给天津南开大学日本研究中心。有人评价说："家永三郎以一人之身向国家宣战，伟大之处不在他的勇气而在他坚持的正义。"其实，家永三郎并不是一个人孤零零地向政府宣战，他背后有大批日本民众。而且中国、韩国以及东亚甚至世界各国都以不同的形式和他做着相同的事业，坚决反对日本右翼的丑恶行径。从这个意义上来说，家永三郎又是幸运的，最起码他还生在一个让正义与希望存在的社会。

家永三郎启动的诉讼案件是日本宪法史上的重要案例，也是吉尼斯世界纪录确认的史上耗时最久的民事诉讼案件。家永三郎长达 32 年对国家的挑战提出了如下问题：谁的知识应该在教科书中呈现，并在学校讲授？他的诉讼引发的另一个相关疑问是程序问题：谁应该决定教育的内容以及其根据是什么？

历史学家家永三郎是以自己的生命誓死要在教科书中讲历史的也许不那么光明但极为重要的一面，谱写了教科书发展史上感人的一幕。

家永三郎的漫长诉讼所体现的日本历史教科书的局面，展示了不同制度下人们对教科书认识和处置的不同特点，它具有极为重要的认识价值。在家永三郎这场漫长的诉讼中，博弈的色彩更为突出，尽管个体还是那么渺小，但毕竟是一种立场的代表，有特定群体支持的体制安排，所以能够出现以个人之力与国家博弈数十年之久的壮观局面。弱小的个体如何面对强权？家永三郎在《教科书审判》一书中写下自己的心境："1937 年，我没有迎合、投机战争，埋头保护自己一个人的良心，没有为阻止那场悲剧做过任何抵抗性的尝试，旁观许多同龄人陷入悲惨的命运之中。我的良心因此深受重创。今天，如果我再次放弃，以保护自己一人的良心而告终，能不重复同样的后悔吗？"有这种勇气并将这种勇气付诸实践的人，是正义之士。难怪家永三郎去世时，有媒体把这位瘦小的男人称为"正义斗士"。制度给反制度者留下了空间，于是制度造就了正义斗士；制度极有可能碾过反制度的个体，于是制度最终埋葬了正义斗士。

研究教科书，忘不了家永三郎——这位教科书斗士。

第二篇

教科书版权保卫战

教科书既是文化产品，也是商业产品。我国新学堂发展的早期，教科书的市场表现或市场预期令不少商家跃跃欲试。但教科书的研发并不是任何人都能完成的，当时的各级审定也比较严格，大量教科书无法通过审定，这意味着不能进入学堂，对出版人而言，就是血本无归。于是，模仿、抄袭甚至盗版教科书的现象几乎伴随着新式教科书诞生而没有消停过，新式教科书的版权保护的努力与斗争也没有消停过。

我国教科书的版权保护从最开始的以出版机构为主的民间保护，逐步发展到借助官方保护和书业组织的保护，直到1910年，清政府才颁布了第一个版权保护法律《著作权律》。

要进课堂不容易
——从南洋官书局送审教科书的命运说起

清末民初，新学堂大量涌现，急需各种教科书，这一巨大的市场吸引了众多人士，有精明商家，有新老学人，有留学青年，有学堂教师。许多出版商迅速启动教科书项目，抢占教科书市场，突出者有商务印书馆、文明书局、中华书局，还有南洋官书局、彪蒙书室、乐群书局、新学会社等。但他们编撰的教科书并不能确保一定能够进入学堂，成为梦想中的学童们人手一册的"摇钱书"。所以当时的局面有二：一是自己编撰；一是自己不编，但瞅准了市场上销路好的教科书偷偷翻刻、盗印，以获不义之财。前者道路并非一帆风顺，有的一举成功，如商务印书馆的"最新教科书"系列，有的则没有被同意进课堂，甚至被禁，结局迥然不同。总体上，教科书要想大规模进入课堂必须经清学部审定通过，未经审定的教科书不能堂而皇之进入学堂（尽管事实上执行力度还不是很严格）。如此，要进课堂就不那么容易了。我们发现，报请学部审定，但不能通过的教科书在当时确实不少，而且对官方和民间出版物似乎没有特别的不同对待。比如，据不完全统计，显赫的江楚编译书局在 1907 年有 6 本教科书未能通过学部的"筛子"；浙江巡抚 1907 年呈送的教科书中有 2 本未能通过审定；四川提学使 1909 年呈送的教科书中有 3 本没有通过；广东提学使司 1909 年呈送的教科书中有 2 本未能通过；湖北荆州学务公所 1906 年呈送的教科书中有 2 本未能通过；甚至出版大亨商务印书馆，在其辉煌的业绩后面，也有说不出的苦衷，1909 年，商务印书馆有 17 本教科书没有通过审定。至于学堂、教员或学人自己编撰请求审定而未通过者，更是俯拾即是。中国机构出版的教科书如此，外国在华机构出版的同样被严格审定。如 1906 年，美华书馆就有 6 本教科书没有通过审定。[①]

不仅仅是民间小型书室，大的书局甚至官书局同样可能被"铁面无私"的老学究统领的学部驳回。南洋官书局就遭遇过教科书审查的滑铁卢。南洋官书局全称两江南洋官书局，总局设在南京中正街，在上海棋盘街设分局。南洋官书局创始人是陈润夫（1841—1919，字作霖，号润夫，江西清江人。1902 年当选上海商业会议公所议董、总董，1906 年起当选上海商务总会第三、四、五、六任议董。1911 年选为上海商务总会第七任总理。1914 年当选上海总商会议董，1916 年连任）。南洋官书局应该在 1905 年或之前创办。仅 1907 年，南洋官书局就有 30 本教科书没有通过学部审定，几乎全军覆没。可以想象当时编写和出版一本教科书的困难程度。一年内，30 本教科书没有通过审定，这是什么样的打击！这一年南洋官书局没有通过审定的教科书主要有：

《最新中等地文学教科书》

《最新初等小学修身教科书》

《最新中等生理学教科书》

《初等小学国文教科书》

《初等小学生理教科书》

《初等小学地文教科书》

《初等小学地质教科书》

《初等博物教科书》

《中等博物教科书》

《高等小学笔算数学》

《中等代数教科书》

---

① 以上数据来自《学部官报》相应年间的各期。

《初等小学中国历史教科书》

《最新中等中国历史教科书》

《高等小学西洋历史教科书》

《最新中等西洋历史教科书》

《小学唱歌教科书》

《初等小学游戏体操教科书》

《绘图女子修身教科书》

…………①

作为一家经营性质的书局，这么多的教科书没有通过审定，既错失了清末新教育发展的良机，经济损失也是惨重的，这也许成为南洋官书局没有在清末站稳脚跟、没有做大做强、没有得到良好发展的一个重要原因。

有些教科书虽然出版并侥幸进入学堂，但也很快被发现、被举报，然后被主管部门查禁。比如 1908 年何琪编的《初等女子小学国文》，因书中有"平等"等与官方意识形态相左的内容，而被学部下令查禁。1909 年，刘长城所著《历史》课本，也被学部以"措辞多不伦"等理由批斥。

这些教科书以及其他教科书没有通过审定的原因多种多样。主要有：

第一，有违统治集团的意识形态要求。

这是教科书审定中各国政府都严格关注的，也许是最严格的一条标准。在百年后的今日中国，教育部在中小学教科书审定中，符合社会主义核心价值观等要求几乎是不可违触的高压线。这就可以理解晚清政府对教科书在这方面的严格把关了。

新加坡侨商王联芳等曾向学部进呈地理教科书，因书中有"界分满汉为异等"字样，学部认为实属"妄分种族，致祸之萌"，不但不予通过，而

---

① 《学部官报》第 31 期，1907 年 8 月 29 日（光绪三十三年七月二十一日）。

且致电中国驻新加坡领事，"令所有侨商等将该教科书一律焚毁，俾不得遗传人间，并饬各书坊严禁出售"。①

我们今天无从知道这到底是什么样的地理教科书，足以引起学部如此严重的关切。但至少可以大致了解，因种族问题而起。张之洞执掌学部时，就明确指出：那些"各分种族，或以汉排满，或以满排汉"的教科书，都"有害公共安宁，不明事理，于世道人心大有关系"，函电各省督抚严行查禁，"以期弭患于未然"。②国学保存会著名学者黄晦闻编撰的《广东乡土地理教科书》也因为在处理客家人和汉人的关系时没有做好，而未通过审定。③

同理，彪蒙书室所出版的《最新初等小学地理教科书》及《教授法》，有"谓古时风俗男女皆束发，如本朝以来男子垂辫，女子喜缠足""尊孔不过籍收汉族之心"等内容，学部认为"倘以此教授儿童，流失败坏，不堪究诘"，故不仅审定不通过，还札饬各督抚予以查禁。④彪蒙书室的《绘图四书新体速成读本》被认为有传播新思想之嫌，被下令禁止流通使用，尽管该书很受欢迎。上海文明书局出版的《中等伦理学》，原作者是日本的元良勇次郎，由麦鼎华翻译，蔡元培作序，该书被学部认定"意在调和中西学说，牵合杂糅，于我国教育宗旨不合"，且该书"载有蔡序一篇尤多谬妄"，故令各省提学使"应即禁用"。⑤

因为价值导向或意识形态问题而不能通过审定的教科书还有不少。如广东乐平两等小学教员刘长城的《初等小学历史课本》讲清朝开国大略及

---

① 电饬禁毁教科书 [N]. 大公报，1906-09-19（光绪三十二年八月初二日）.

② 查禁教科书分别种族 [N]. 大公报，1907-11-12（光绪三十三年十一月十二日）.

③ 石鸥，李彦群. "要人命"的教科书：小论黄晦闻的"广东乡土教科书" [J]. 四川师范大学学报（社会科学版），2016，43（2）：69-74.

④《学部官报》第91期，1909年6月3日（宣统元年四月十六日）。

⑤《学部官报》第66期，1908年9月16日（光绪三十四年八月二十一日）。

列圣仁政，但"叙述本朝无一语及列圣仁政，殊失培养国民忠爱之意"，学部不予审定。① 邓佑祺所呈《伦理教科书》因"宗旨未纯，恐滋流弊"而未通过。② 杭州保姆学堂监督何琪所编《初等女子小学国文教科书》，被学部认定"宗旨纰缪，颇染平权自由邪说""殊于风化有碍"，从而咨令浙抚"严行查禁"。③

第二，不合我国教科之用，且出现错误。

因出现常识性错误而没有通过的教科书也不少。如沈宝霖所呈《地图》一册因错误甚多而未通过审定，书中图名不相应，粗疏处颇多。④ 徐承锦所呈《蒙学中国地志教科书》"错误纷见"，《蒙学教科书国文识字法读本》"多臆说误解"，⑤ 乐群书局所呈《初等小学格致新教科书》"各课文词及图多有未妥"，未通过审定。⑥

第三，说理太深，不合学生身心发展程度。

主要表现在深浅不合、难易不合、详略不合等方面。如广东赖振寰所呈《女学四五言合编》《蒙学分类韵言》二书因"未合小学程度"而不通过。⑦ 商务印书馆所呈《初等代数学教科书》因"过于简略"而不通过。⑧ 沈宝霖所呈《历史教科书》因"程度不合"被否定。⑨ 陈文哲所译《矿物界教科书》按中学程度"过嫌繁重"，⑩ 南洋官书局陈作霖所呈《小学唱歌教科

① 《学部官报》第95期，1909年8月9日（宣统元年六月二十四日）。

② 《学部官报》第26期，1907年7月10日（光绪三十三年六月初一日）。

③ 《学部官报》第66期，1908年9月16日（光绪三十四年八月二十一日）。

④ 《学部官报》第25期，1907年7月1日（光绪三十三年五月二十一日）。

⑤ 同③。

⑥ 《学部官报》第136期，1910年10月23日（宣统二年九月二十一日）。

⑦ 《学部官报》第5期，1906年11月7日（光绪三十二年九月二十一日）。

⑧ 同⑥。

⑨ 同④。

⑩ 同②。

书》"所选歌词未合小学程度"而未通过。① 还有南洋官书局陈作霖所呈《最新初等小学修身教科书》"说理太深"，《初等小学国文教科书》"浅深未能合宜"，均未通过审定。② 徐承锦所呈《蒙学地理教科书》"与蒙学程度不合"未通过。③ 上海美华书馆所呈《最新女子国文课本》"深浅未能合度"，《最新小学地理课本》"详略未能得宜"，皆未能通过审定。④ 新学会社经理庄景仲所呈《修身唱歌教科书》"深浅未能合宜"，⑤ 上海中国图书公司所呈《卫生新论》"理论甚浅"，也都未通过审定。⑥

第四，名实不副，译名多未妥实。

主要表现在语言文字不合适与译名使用不当等方面。语言文字均为教科书审定的重要因素。有些书满纸方言俚语，或用语粗俗，均不能被学部通过。农工商部吴达邦所呈《粤音快字音字贯通》因系粤东方言，难以推行"而被学部驳回"。⑦ 新学会社庄景仲所呈《速通文法教科书》"因间杂方言"未能通过。⑧ 徐承锦所呈《蒙学外国地志教科书》因"下语粗鄙"，⑨ 商务印书馆的《女子国文读本》"字句未尽雅驯"，《初等代数独修》"用语甚杂"等未通过；⑩ 一品命妇鄂卓氏所呈《女子必读》"书中间有俚语，未便用为教科书"。⑪ 上海中国图书公司所呈《简易理化课本》因"体裁未精，又多杂日本名词"未能通过；⑫ 商务印书馆所呈的《矿物学教科书》因"译名

---

① 《学部官报》第 31 期，1907 年 8 月 29 日（光绪三十三年七月二十一日）。

② 同①。

③ 《学部官报》第 66 期，1908 年 9 月 16 日（光绪三十四年八月二十一日）。

④ 《学部官报》第 11 期，1907 年 1 月 5 日（光绪三十二年十一月二十一日）。

⑤ 《学部官报》第 13 期，1907 年 3 月 5 日（光绪三十三年正月二十一日）。

⑥ 《学部官报》第 107 期，1909 年 9 月 11 日（宣统元年七月二十七日）。

⑦ 同④。

⑧ 同⑤。

⑨ 同③。

⑩ 《学部官报》第 134 期，1910 年 10 月 3 日（宣统二年九月初一日）。

⑪ 《学部官报》第 5 期，1906 年 11 月 7 日（光绪三十二年九月二十一日）。

⑫ 同⑥。

不尽允妥"，《中学教科书物理学》因"译名多不妥，译笔亦欠畅达"，[①]留日学生王其慎所呈《普通化学新书》因"译笔未能畅达"，南洋官书局陈作霖所呈《初等小学生理教科书》因"译名多未妥适"，均未通过审定。[②]

对翻译的教科书是否通过审定，学部没有明确的规定。但从实际审定结果看，如果与我国小学教育不是很合的话，纯译著、编译或主要内容只写外国内容的教科书不能通过审定的可能性大。如四川提学所呈《伦理学》因"系直译日人原文，不合中国之用"，[③]南洋官书局陈作霖呈《最新中等欧洲地理教科书》因"专详英国而略于其余各国，殊嫌失当"等原因而未能通过审查。[④]

第五，非独立科目，不合学校课程设置要求。

有些教科书没有通过审定不是课本本身的问题，而是与学校课程的对接等问题所致。不少送审图书甚至被学部认为"非教科书"而不予通过，尽管质量尚可。至于什么体裁可以用，什么才是教科书，学部的审定也没有明确的标准，这让教科书编撰者颇为犯难。如新学会社庄景仲所呈《初等小学简明物理教科书》，尽管"编辑颇具苦心，文笔亦甚条畅"，但因为小学没有单独设置物理课程，而此书"用于中学，又嫌太浅"，所以未能通过审定。[⑤]刘法曾、潘淮汉所呈《外史蒙求》被认为"与小学课程不合"，[⑥]陈作霖所呈《最新学校卫生学》因"专主日本制度，非我国教科书"，均未通过。[⑦]

① 《学部官报》第 107 期，1909 年 9 月 11 日（宣统元年七月二十七日）。

② 《学部官报》第 31 期，1907 年 8 月 29 日（光绪三十三年七月二十一日）。

③ 《学部官报》第 95 期，1909 年 8 月 9 日（宣统元年六月二十四日）。

④ 同②。

⑤ 《学部官报》第 13 期，1907 年 3 月 5 日（光绪三十三年正月二十一日）。

⑥ 《学部官报》第 5 期，1906 年 11 月 7 日（光绪三十二年九月二十一日）。

⑦ 同②。

第六，编辑无条理。

主要体现在课本呈现形式欠周到。如瞿应同所编的《简明生理学》因为"无图说，学者难于领悟"等原因未通过，[1] 黄云凤所呈《化学》因"体裁太旧，插图未精"未通过，[2] 彪蒙书室所编《最新私塾改良教科书》因"所绘各图尤恶劣，且多舛误"未通过。[3] 这类实际涉及图文并茂的问题，是教科书的物质形态或物质载体问题，教科书发展早期，这个问题的存在可以理解和接受。晚清在审查过程中对这方面不是很重视，因此类原因而不通过者较少。

第七，语言表述问题。

如所选歌词不适用于小学教学，不符合教科书体裁等。有些书全用韵文，使用歌括体裁，有的则用札记体裁，学部都不认同。一新书局周文治呈《蒙学镜》等书七种，就因为歌括体裁而未通过审定。这是学部审定原则，"凡歌括书以其与教科体例不甚相宜，概不审定"。[4] 当然，是不是教科书就绝不能全用韵文，今天来看，似乎还缺乏足够的依据。因为，这一规定对传统的《三字经》《百家姓》《千字文》等我国经典教材将是一个彻底的否定。

除了韵文体裁不用外，札记体裁也不用。湖北举人姚惟寅所呈《四书修身教科书》虽"颇有独抒己见之处"，但因为札记体裁而不予审定。[5] 浙江巡抚所呈《定海高等小学堂历史讲义》亦因"近于札记，不合体裁"而未通过审定。[6]

甚至地方志的体裁也不能用。余姚县诚意高等小学堂教习谢葆濂所编

---

[1] 《学部官报》第 140 期，1910 年 12 月 1 日（宣统二年十月三十日）。

[2] 同[1]。

[3] 《学部官报》第 91 期，1909 年 6 月 3 日（宣统一年四月十六日）。

[4] 《学部官报》第 137 期，1910 年 11 月 2 日（宣统二年十月一日）。

[5] 《学部官报》第 13 期，1907 年 3 月 5 日（光绪三十三年正月二十一日）。

[6] 《学部官报》第 31 期，1907 年 8 月 29 日（光绪三十三年七月二十一日）。

《余姚乡土地理历史合编》一书未能通过审定的原因是该书体裁"仅为邑志之节本"。①

还有详略不得宜，不合程度；各课之前后次第未能由浅入深，绘图尤多滞相；深浅未能合宜，教授法体例亦未尽合；习题太少，算式太旧，不合现时教科之用等因素。②

…………

除了前述原因外，晚清大量申请作为学堂正式使用的教科书的书籍没有被学部审查通过，还和审查者个人的素养相关。

总体上看，晚清学部对教科书审定之所以如此严格，应该与审定者的秉公审定、只审读教科书，不看其他因素、不受人情干扰等因素有关，当然也和审定者的学术观点与价值取向有关，同时和部分审定者属于传统学人，对新教育、新课程、新学说不太了解有关。比如，《国民必读》一书是清学部很看重的一本类似于国定本的读本，作者是大名鼎鼎的严复，即便由严复编撰，还是要不断向学部汇报，学部也经常过问此书情况，催促与审阅书稿。因此严复感到"责任颇重"，倾注了大量心血，甚至影响和加重了身体病况，终于于1909年12月交稿。学部斟酌后将书稿交给汤寿潜审读。汤当时是学部一等谘议官，兼江西省提学使。在给汤的函中，学部不无暗示地表示，此书先已经"承各员悉心编纂"，而后经学部大员细致审阅了的，并提出了删改意见且得到了修改；而且此书已经送交各省提学使征求意见，并在京师就近试验性地使用了。意思是，该书大体上是有把握的，是被学部大员认同的，且已经小范围使用了，审读时可以据此把握适当的度。当然，学部还是提请汤寿潜"悉心察验"，并把意见及时报送学部，便于修改。汤没有被严复这一大家所震住，在仔细审阅此书后，致

---

① 《学部官报》第31期，1907年8月29日（光绪三十三年七月二十一日）。

② 同①。

长函给学部尚书唐景崇，"痛诋该部新编《国民读本》种种不通，逐节指驳，几于体无完肤"。① 唐景崇考虑到事关重大，"谕令修订改正"，而严复认为，此读本本来就是自己分外的工作，"只因当日受荣相国之嘱托，故抽忙为之编定，今既不满人意，应请另派作家重行改订"，拒不修订。在此情况下，学部编辑员无人敢接手。他们"以严京卿为著作大家，尚不免为人评论，且此项读本已届预定颁行各省之期，一时实难措手"，故"均互相推诿，敬谢不敏"。② 从严复及其国民读本的审读来看，清学部的审定是很严格无私的，也是很个性化的，缺乏足够科学的可操作的审定标准。

当然，学部在审定教科书时，还有其他一些考虑因素。但主要原因如前述。正因为教科书只有进入学堂才能真正发挥社会效益，特别是赢得经济收益，而现实中学部对教科书的审定比较严格，不是任何课本都能够通过审定，要进课堂真的不容易，所以结局是：

第一，有些没有通过审定的课本，凭借各种关系，也凭借自身的质量（包括对新思想新知识的介绍）而进入学堂。毕竟，此时已经是清王朝的强弩之末时代了，朝廷往往对这类事情心有余而力不足。这就是为什么清末不少没有通过审定的教科书也颇受欢迎，也是一些被禁用的教科书实际上并没有禁绝、仍然在学堂流通的缘故。

第二，有些没有通过审定的课本，更是大胆盗用或伪装学部审定通过的资质，欺骗使用者，达到进入学堂的目的。如上海—新书局的《蒙学镜》没有通过学部审定，但其封面上却标注"学部审定"字样；武昌亚新铜版地图局所出各地图未经学部审定，却在上海的报纸上打广告，称都通过了"学部审定"。

---

① 汤寿潜痛诋《国民读本》[N]. 申报，1910-04-25（宣统二年三月十六日）(5).
② 汤寿潜吓退学部编辑员 [N]. 申报，1910-04-20（宣统二年三月二十一日）(5).

第三，直接照抄已经通过学部审定的教科书，既能保证基本质量，又能省力省钱，还能进入销售市场，一本万利。

当然，上述几种做法都是冒风险的，查到后定受处罚。只是利益面前，铤而走险的大有人在，即便清学部没有放松这一查禁工作，但此类做法在晚清防不胜防，直到晚清政府退出历史舞台，仍然未能真正解决。

层出不穷的教科书侵权
——试以清末"蒙学教科书"和《字课图说》的遭遇为例

▲《蒙学中国历史教科书》，文明书局，1903；
《字课图说》，澄衷学堂，1901

　　清末民初，新式学堂迅猛发展，对新式教科书的需求量很大，教科书市场充满着经济利益的诱惑。但如前所述，质量过硬的新式教科书并不是那么容易编写的。所以，当时的一些书商出现了多种投机取巧的行为，力争在教科书市场分得一杯羹。其中，照搬照抄、偷梁换柱的做法比较普遍。

清末，随着新式学堂的出现，对新式教科书的需求激增。此时，上海文明书局敏锐地抓住这一世纪性机遇，迅速启动教科书研发出版行动，第一时间把无锡三等公学堂的《蒙学读本》重新出版（1902），赢得了在中国近代最早的教科书市场上崭露头角的第一棒。文明书局紧接着于1903年开始陆续推出我国最早的一套分科教科书。

该套教科书抛弃传统教育经史子集的分类方法，按照西方的学科分类编撰出版。该套教科书主要由一批出国考察过师范教育的有志之士编撰（翻译），是中国人自编的第一套近代分科设学的教科书。到1905年5月，文明书局已经出版蒙学学科教科书25种37本，[①]囊括文法、修身、历史、地理、珠算、笔算、卫生、天文、化学、动物等：《蒙学经训修身教科书》《蒙学文法教科书》《蒙学中国历史教科书》《蒙学西洋历史教科书》《蒙学东洋历史教科书》《蒙学中国地理教科书》《蒙学外国地理教科书》《蒙学心算教科书》《蒙学笔算教科书》《蒙学珠算教科书》《蒙学天文教科书》《蒙学地文教科书》《蒙学地质教科书》《蒙学动物教科书》《蒙学植物教科书》《蒙学格致教科书》《蒙学化学教科书》《蒙学卫生教科书》《蒙学生理教科书》《蒙学体操教科书》等。这些教科书，有的一种一册，有的一种含上下册或多册。后种类不断增加，到1905年10月，达28种41本。

这套教科书的作者队伍由一批饱学之士组成。比如：《蒙学中国地理教

---

① 丁福保. 蒙学卫生教科书［M］. 8版. 上海：文明书局，1905：封三.

科书》等课本的作者是著名地理教育家张相文[①]；编撰《蒙学卫生教科书》《蒙学生理教科书》《蒙学心算教科书》《蒙学笔算教科书》等书的是著名学者丁福保[②]；编撰《蒙学体操教科书》的作者丁锦[③]谙熟军事兵操，是民初知名军事将领。

　　此时，商务印书馆早期最有影响的也是中国近代最有影响的"最新教科书"系列还没有面世（该套教科书自1904年起陆续推出），所以文明书局的"蒙学教科书"一统天下。文明书局的教科书如此受欢迎，自然令人眼红，侵权或盗版随即出现。早在1903年1月，书刚面世，文明书局就呈请直隶总督袁世凯保护版权，并得到批复，获准"该局编译印行之书，无论官私局所，概禁翻印，以保版权"。[④]但盗版仍然猖獗。1903年5月，文

---

① 张相文（1866—1933），江苏桃源（今泗阳）人，革新中国地理学的先驱，教育家。1899年，入南洋公学深造，专攻历史地理，同时兼教外院国文和地理等课，从此开始了地理教育事业的生涯。1901年他编著的《初等地理教科书》（2册）和《中等本国地理教科书》（4册）出版，这是我国最早的地理教科书。1907年秋，任天津最早的官立女子学校——北洋女子师范学堂之教务长，一年后升任校长。1908年出版中国最早的自然地理学著作《地文学》。1909年张相文与张伯苓等人在天津发起成立中国最早的地理学术团体——中国地学会，并当选为会长。次年创办中国最早的地理刊物《地学杂志》。张相文将国学大师章太炎、地理学家白眉初、历史学家陈垣和喜爱地理学的教育家蔡元培等人团结在地学会的旗帜下，组成了我国第一支地理学研究队伍。以后又陆续吸收了地理、地质方面的专家章鸿钊、丁文江、翁文灏等人。后辞去北洋女子高等学校（1912年北洋女子师范学堂改为此名）校长职务，专心办中国地学会。
② 丁福保（1874—1952），江苏无锡人，曾任俟实学堂教习。除治经史之外，兼习算术、代数、几何、三角等法，随华蘅芳学数学，编撰了《算学书目提要》，以及《笔算数学》《代数备旨》《形学备旨》等早期算学教科书。曾任京师大学堂译学馆算学兼生理卫生学教习。喜藏书，建"诂林精舍"，吴稚晖题写匾额，藏书总数达15万余卷。1938年捐入震旦大学2万册，5万余卷古今刊本，该校设立"丁氏文库"以志纪念。还捐1000余册古籍给北京图书馆，其中包括购自常熟"铁琴铜剑楼"的宋元古本10余种。
③ 丁锦（1879—1958），1905年毕业于保定北洋行营将弁学堂，后任北京陆军贵胄学堂教员，云南军事参议兼步兵统带。辛亥革命后赴日本帝国大学留学。回国后executed教于保定军官学堂，李宗仁、白崇禧均为其学生。后任陆军部教育科长，参加过讨逆军起义。1913年加升少将，1919年加授中将军衔。后与李济深等筹组中国国民党革命委员会。
④ 北洋大臣袁宫保为文明书局事咨各督抚文[N]. 大公报，1903-01-29.

明书局创办人廉泉直接上书管学大臣张百熙，请求中央政府出面保护其教科书版权，"嗣后凡文明书局所出各书，拟请由管学大臣明定版权，许以专利，并咨行天下大小学堂、官私局所概不得私行翻印，或截取割裂，以滋遗（贻）误而干例禁，则学术有所统归而人才日以奋迅矣"。① 很快，张百熙就对文明书局的申请给予肯定，"嗣后文明书局所出各书，无论编辑评述，准其随时送候审定，由本大学堂加盖审定图章，分别咨行，严禁翻印"。② 然而没有法律做支撑的版权保护是不可靠的。1904 年，文明书局发现袁世凯辖下的北洋官报局未经许可，公然盗版翻印了文明书局的《蒙学中国历史教科书》等四种书，遂提起申诉，却反被北洋官报局控告，说文明书局出版禁书（如《浏阳二杰文集》《李鸿章》《法国革命史》《自由原理》等），而且说翻印文明书局的书是为了供学堂使用，不对外出售，不能算是逐利的盗版行为。还说文明书局的书错误百出，是自己修改完善再出版的等等。③ 文明书局不但维权不成，反而被北洋大臣、直隶总督袁世凯撤销了以前批准的对文明书局的版权保护。④ 当然，面对北洋官书局的无理，文明书局还是进行了有礼有节的抗争与反驳，并引发了舆论的全面关注。《大公报》于 1904 年 4 月 17 日以"附张"头条刊登了文明书局创办人廉泉的答复申明。申明认为北洋官报局根本没有理由控告文明书局，它盗印教科书并不是慈善行为，还是要卖给学生，是收费的，与卖书没有两样。而且所举几种书都是翻译的，并没有说是禁书，甚至有些不是文明书局出版的，这些都是有案可查的。申明还提出要尽快立法保护版权，这才是最重要的。尽管结果不了了之，但已经引起了舆论的关注。当时的《中外日报》

① 廉部郎上管学大臣论版权事 [N]. 大公报，1903-05-22.
② 管学大臣批答廉惠卿部郎呈请明定版权由 [N]. 大公报，1903-06-04.
③ 查办书局咨文 [N]. 大公报，1904-03-03.
④ 同③.

就发文对北洋官报局给予了抨击。①

这真是，维权难，民告官的维权更难。

但市场的利益和市场良性运作的需要，使得维权的努力并没有因此而丝毫减退。官方的作为有限，民间就自发挑起维权的担子。就在1904年初袁世凯撤销对文明书局的版权保护之后，出版界便自发组织起来，欲设立版权公会，求得自我保护，"凡盗翻新书者，由会中自行查办，不复借重官场"。这以后，民间自我保护版权的活动迅速发展起来。1905年10月，又是文明书局，又是它的历史教科书，又被盗印。但这次文明书局的维权行动圆满收官。当时，文明书局在上海新闸路某装订作坊查到自己的《蒙学中国历史教科书》被盗印了3000余册，经交涉，盗印者承认有错，并甘愿认罚英洋400元。文明书局将这400元中的200元助作崇宝水灾赈款，150元助作上海私塾改良总汇经费，50元助作张姓学堂经费。所有盗印之教科书在新闸新马路巡捕房附近当众销毁。文明书局特别将这一事件登报告示，②既警醒了盗印之人，也为自己及自己所出的教科书做了宣传，真可谓一举两得。文明书局的教科书之所以被频频盗印，是因它们的质量总体不错，且多为新型的让人耳目一新的学科教科书。1906年夏，文明书局向租界和上海地方当局控告了一家叫简青印书局（疑为简青斋书局）的印书机构，后者盗印了文明书局的《初级蒙学修身教科书》。后上海地方当局及时处理了此事，不仅提简青书局局主毕春宝到案，还"令缴出已印各书及玻璃版片，当堂销毁"。文明书局再获全胜。1907年商务印书馆控告当时还算比较知名的乐群书局盗印其教科书，后乐群书局主人沈芝芳被判处"交保限十天"，交罚银一千两，赔偿原告亏耗，同时乐群书局被判处将已成未售之书销毁。③

清末因为新学堂雨后春笋般出现，新式教科书需求猛增，蕴含着诱人

---

① 论直隶督请撤销版权之谬 [N]. 中外日报，1904–03–08.

② 翻印文明书局书籍者看 [N]. 时报，1905–10–20.

③ 严惩翻印教科书 [N]. 申报，1907–03–07（7）.

的利益，反盗印也就成为大出版机构的重要工作。当然，清政府也在其中扮演了积极建设有序出版的角色，行业协会尤其没有放弃自己的定位，为教科书知识产权的保护作出了重要贡献。但是，利益的诱惑是不容易克制的，跃跃欲试的人太多了。并不是每个小作坊甚或个人可以轻易编撰出版新式教科书的，于是教科书翻刻盗印现象层出不穷。

澄衷学堂，由叶澄衷始创于 1899 年，落成于 1901 年。[①] 这是上海第一所由中国人创办的进行正规西式现代教育的学堂之一，即现在的上海唐山路第一小学和澄衷中学的前身。澄衷学堂最初以招收宁波贫家子弟为主，后来规模扩大，渐渐成了上海一所有名的私立学校。在澄衷学堂，学生学习的课程安排已体现现代学制的要求，设置了国文、英文、算学，还有物理、化学、博物、图画诸科，学生依照各科的平均成绩分班，"但英文、算学程度过低的都不能入高班"。胡适曾说过，"我在澄衷只住了一年半，但英文和算学的基础都是在这里打下的"。[②] 按澄衷学堂学生胡适的理解，这是该学堂重视西学、异于沪上其他学堂的一个特点。

胡适和竺可桢是澄衷学堂的早期学生，他们在澄衷学堂开始了接受近代新式教育的第一步。在澄衷学堂讲过学的有蔡元培、马寅初、章太炎、陶行知、马君武、章士钊、林语堂、杜重远、陈鹤琴、章乃器、夏丏尊等。蔡元培曾经做过澄衷学堂的校长。一百多年来，这所学校为中国培养了大量优秀的学生，包括著名学者胡适，著名科学家、教育家竺可桢，海牙国

---

① 叶澄衷（1840—1899），原名成忠，原籍浙江慈溪，生于镇海。我国早期著名工商业家，是著名的宁波商团的先驱和领袖。他做生意很有天赋，头脑清醒，乐观时变，为人处世既诚且信，热心公益事业，乐善好施，被称为"首善之商"。在宁波商帮中，一直流传着这样一句话："做人当如叶澄衷。"

② 胡适. 四十自述 [M]. 合肥：安徽教育出版社，1999：45.

际法庭大法官倪征燠等。

澄衷学堂不但培养了大批优秀人才，还积极参与新式教科书的编撰和出版，为新式教育提供了重要的保障。在 19 世纪末，我国新式学堂的教科书绝大多数译自西方或日本，在该世纪的最后两年里，我国学堂自编的教科书陆续出现。其中影响深远的是澄衷学堂的《字课图说》，这是澄衷学堂自编的语文识字教科书，也是我国最早的现代教科书雏形之一。

1901 年开学后，刘树屏是澄衷学堂第一任校长。但不久即因病请假，邀请比自己小 11 岁的蔡元培代理主持校务，所以，今天甚至有人认为蔡元培是第一任校长。但蔡元培也没有做多久，就去南洋公学了。有研究显示，刘树屏休假不久，当年下半年就又主政学堂了（这与蔡元培主持校务时间不长相印证），证据是，是年九月，清廷醇亲王载沣出访德国，途经上海时，曾经到澄衷学堂视察，校长刘树屏参与接待。[①]

《字课图说》共四卷，八册。全书图文并茂，选 3000 余字，有黑白插图 762 幅。封面是"澄衷蒙学堂字课图说"字样，而扉页则多是"澄衷学堂字课图说"字样。扉页还有"本学堂印书处印""苏州吴子城绘图"等字样。该书没有现代意义的版权页，从首卷的"凡例"（执笔署名刘树屏）看，编撰者似为刘树屏。但我们倾向于认为是集体成果，包括蔡元培都参与其事。[②]

1901 年夏，澄衷学堂的《字课图说》初版面世后即大受欢迎，海内风行，被多次翻刻。1901 年冬就有第二次大开本印刷。以后更是多次出版印刷，都由澄衷学堂印书处完成。该书出现过两种版本，一种是大开本（线装 16 开大开本），一种是缩印版（小开本，32 开）。大开本 1901 年初版，1905 年就出现第十二次印刷。缩印版是在 1905 年冬第一次缩印，1906 年

---

① 郦千明. 叶澄衷传：从舢板少年到商界巨子 [M]. 杭州：浙江大学出版社，2010：135.

② 石鸥. 百年中国教科书忆 [M]. 北京：知识产权出版社，2015：78-80.

4月就出现第四次缩印本。说明当时市场欢迎程度较高。该书质量高，成为清末又一套很有影响的新式学堂自编教科书。进入21世纪，还有不少出版社影印了该书。① 著名作家茅盾曾回忆说，他的母亲就是用澄衷学堂的识字课本来教他识字的。

《字课图说》大受欢迎，必然引来众多的模仿甚至抄袭。澄衷学堂为此申请了当时特有的"版权保护"——请地方行政长官明文告示，规定"翻刻必究"。告示提到了《字课图说》被环地福抄袭之事，并禁止了环地福的《字课图说》，"环地福，袭字课图说名目，就原书选用三千余字，移易次序，率脱稍加增删，抄撮攘为己有，工料务趋简陋，数字教？略同原书，厚薄广狭仅及原书之半。只求牟利，罔顾害人，虽非照样翻印，而鲁鱼亥豕，改头换面隐混之弊，更胜于依样画葫芦。既虑贻误学者，尤与学界版权大有妨碍"。要求"将环地福书讹谬之处一一签明呈请给示""一体查禁"。查禁时间是1905年六月初一。这在当时是影响很大的抄袭事件。

《环地福分类字课图说》由美租界内的环地福书局于1905年出版。环地福书局的老板是赵金寿，字铸伯（巨伯），江西人，1889年参加光绪己丑科殿试，登进士三甲134名。环地福的"字课图说"署名由赵金寿编撰。《环地福分类字课图说》也是八册，内容与澄衷学堂《字课图说》雷同，如"凡例"，"是书专为学堂训蒙而作也。选字均计三千有余，生僻字概不录用。其字体均从正写。凡字之间因附以图者，或从本法或仿西式，取其蒙童一见而知易开知识也"，与澄衷学堂的《字课图说》的"凡例"内容及其表达很接近。环地福的"字课图说"由储丙鹑（星远）校订，储是南洋公学教员，也编著过一些新式教科书。在1905年3月20日的校订说明（序

---

① 进入21世纪，该书再次掀起了一个再版重印的小高潮。据不完全统计，至少有13个不同的版本。

言）中，储说，"是年春天到上海，偶然下榻于环地福书局，即赵君辑书处，被请求校勘该书，复请名手绘图千幅"。看样子，储并不知此"字课图说"是对彼《字课图说》的抄袭一事。同时，值得注意的是，从他的话中，可以看到该书还不能完全算是盗版抄袭，至少也需要高手"校勘"和"绘图千幅"。尽管这里的"绘图"其实是"描图"，照葫芦画瓢。

后来，此书被官方认定为抄袭并禁止出版。但事实上，该书并没有被完全禁止，1916年该书还有出版，只是改为由上海普新书局出版，书名仍然为《环地福字课图说》。这个书局与环地福书局的关系有待考证。

闻所未闻的教科书版权保护措施

▲《初级本国历史》，金兆梓，中华书局，1923

《初级本国历史》（上下册），金兆梓编写，中华书局于1923年1月推出上册，8月推出下册。该书为"新中学教科书系列"之一，出版后在社会上享有盛誉，是中华书局中学教科书中畅销书之一，历年不衰。

金兆梓（1889—1975），出生于浙江省金华县（今处于金华市城区内）。曾执教于北京高等师范学校、上海大夏大学等学校。历任中华书局教科书部主任、编辑所副所长、总编辑，《新中华》杂志社社长，上海文史馆馆长，中华书局上海编辑所主任等职。20世纪50年代先后被选为苏州市人民代表、苏州市副市长、上海市政协委员。在古籍整理编校出版、历史文化研究等方面均有突出贡献。

金兆梓编写了不少教科书，且有些教科书很受欢迎，市场反响很好，当然也就成了人们"模仿"的对象。

比如金兆梓编写的这套《初级本国历史》就被人盯上了。当时知名的大书局世界书局出版的历史课本与《初级本国历史》在不少地方高度雷同，但似乎证据又不确凿。以什么办法来处理这个明知是抄袭但又难以应对的难题呢？这是令许多书局伤脑筋的事情。作为知识产权拥有者和首次出版者的中华书局这一次别开生面地来了一场"正面教育"，既给自己做了大量的广告宣传，同时又警示对手迅速罢手，停止侵权。这一办法用今天的话说，就是让侵权者自查自改。

中华书局非常清楚树大招风的道理，所以，对于"摇钱树"《初级本国历史》，中华书局高度关注。中华书局发现，世界书局出版的《初中本国史》中"历史之回顾"一节，与他们的《初级本国历史》"全书结论"一章十同其九；书中所附"三国鼎立图"及"太平军图"两幅图，形式内容完全相同，均有抄袭之嫌。随即，一场反盗版反抄袭的抗议开始了。只不过这是一场以败坏对手名誉、最终达到宣传自家产品为目的的抗议。

中华书局从 1930 年 8 月 14 日起，在上海《申报》《新闻报》《民国日报》《时事新报》等各大报上令人惊诧地"悬赏二千元"，请读者来评判、来查找抄袭者。

各大报上登出的中华书局"悬赏二千元"的启示中，含沙射影地指出世界书局不地道的做法：

有可能证明下列二项之一者各给酬金一千元。

（一）世界书局《初中本国史》"本国史的回顾"节与本局《新中学初级本国历史》"全书结论"一章十同其九，有能证明本局此章文字系从何局

▲ 中华书局登于《申报》的广告

出版的教科书抄袭而来以致与世界本不谋而合者酬金一千元（两书文字分别附于后方）

（二）世界书局《初中本国史》附图"三国鼎立图"及"太平军图"与本局《新中学初级本国历史》附图"三国鼎立图"及"清中叶及太平军图"形式内容完全相同，有能证明本局此两图系从何局出版的教科书或历史沿革图翻印而来以致与世界本不谋而合者酬金一千元（两书附图分别附于后方）。①

这种有理却也显得有点尖刻的做法，明摆着是一次广告宣传行为，同时把世界书局袒露在人们的视线中，典型的明褒暗贬。于世界书局一方而言，它理亏，不会有什么动静，而读者也肯定拿不走这二千元的悬赏。一个月后，中华书局再次强化，登出感谢赐教诸君的启事，谓一个月来，承纷纷惠函赐教，督勉有加，但无人证明本局有抄袭翻印情事，幸可告无罪于教育界，并称已函请世界书局于两个月内自行解决。以此办法来证明自己的教科书是原创的，反证世界书局的课本是抄袭中华版的。

在某种意义上，这一举动既是对版权的保护行为，也是今天的生意场上的作秀或炒作，进一步强化了社会对中华书局教科书的关注。

这都是比较早的教科书版权纠纷，民国年间另一场真正的版权官司那可是狂风大浪，一波三折。

---

① 中华书局悬赏二千元[N]. 申报，1930-08-14.

有你没我的教科书版权之战
——林语堂与林汉达英语教科书的版权争执

这场你死我活的版权之战，由上海两家民营出版机构打响。交战的双方，一是开明书店，一是世界书局，双方的斗士都姓林，大林为林语堂，小林为林汉达。

1930年，实力雄厚的世界书局出版了一套初中英语教科书（全三册），称为《标准英语读本》。作者是大学毕业不久的年轻的林汉达，他当时是一所中学的英语教师。为扩大该教科书的使用市场，世界书局在多家大报打出广告，称自己的教材"采取直接教授法，注重表演，学习者既循自然，又有兴

▲《开明第二英文读本》，林语堂，开明书店，1928

味"，而且"取材精审，体裁活泼，生字平均，成语丰富，文法简易，会话自然，语音准确，插图新颖"等，尽力宣传自己教材的优长。加之教科书本身也确实有它的特色，所以出版后市场前景看好。

但还没有过几天高兴的日子，世界书局的《标准英语读本》就被盯上了，与开明书店的一套教科书发生了冲突，双方展开了一场轰动上海滩乃至全国的版权纠纷。这场纠纷由私下谈判调解，进而发展到对簿公堂，最后还闹到了南京中央教育部。官司打得沸沸扬扬，最终结果让人唏嘘不已。

民国早期，学校使用的英语教科书主要是由商务印书馆出版的，其中最受欢迎的当是周越然编写的《英语模范读本》，该英语读本一段时期里几乎垄断了英语教科书市场。

其实，英语教科书这个市场已经被许多出版商家看中，奈何缺乏这样或那样的实力，只能望洋兴叹。1928年，对于早就觊觎英语教科书市场的开明书店来说，出手的机会终于来了。而且这个机会是送上门来的。

谁呢？大名鼎鼎的林语堂。

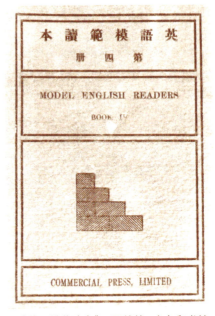

▲《英语模范读本》，周越然，商务印书馆，1921

林语堂（1895—1976），福建龙溪人。1912年林语堂入上海圣约翰大学，毕业后在清华大学任教。1919年秋赴美国哈佛大学文学系求学，1922年获文学硕士学位。同年，转赴德国进入莱比锡大学，专攻语言学。1923年获博士学位后回国，任北京大学教授、北京女子师范大学教务长和英文系主任。1924年后，为《语丝》主要撰稿人之一。1926年，到厦门大学任文学院院长。1927年任外交部秘书。1932年任《论语》半月刊主编。1934年创办《人间世》。1935年创办《宇宙风》。1947年，任联合国教科文组织美术与文学主任。1952年，在美国创办《天风》杂志。1954年，赴新加坡筹建南洋大学，短暂地任过校长。1966年，定居台湾。1967年，受聘为香港中文大学研究教授。1975年，被推举为国际笔会副会长。诺贝尔官网已公布的诺贝尔文学奖提名数据库显示：1940年，林语堂被1938年诺贝尔文学奖得主、美国作家赛珍珠和斯文·赫定同时提名；1950年，赛珍珠再次提名林语堂作为候选人。其代表作有《吾国与吾民》《京华烟云》《孔子的智慧》《生活的艺术》等。

当时林语堂先生正在北京大学任教。在北大教书期间，林语堂与鲁迅、孙伏园等人过从甚密。据说，在北大任教时，林语堂就很想编一套英语教科书，既能够提高当时的英语教育水平，也多少可以改善生活、发展兴趣（对此，林语堂还是比较在意的，后来在南洋大学做校长期间为经费而产生的小摩擦、自己对发明打印机的执着以至于千金散尽并最终向赛珍珠借钱而把关系弄僵就是证据），于是就着意托请孙伏园代他同出版商接洽。

当时，孙伏园最熟悉的书店有两家，一是北新书局，一是开明书店。二者都是比较进步的书局。北新书局由北大学生李小峰及其兄弟创办，得到鲁迅等人的积极支持，鲁迅和周作人的不少作品是由该书局出版的。于是，孙伏园先跟北新书局接洽，但未能成功，原因是林语堂要求签约后每月预支300元版税，北新书局认为风险太大，没有答应。北新书局万没有想到，这一拒绝，使得它丢失了一次发财的大好机会。

北新书局这边无戏，孙伏园转而与开明书店联系。那时开明书店的资本不多，孙伏园也没抱太大希望。但一经交流，开明书店的老板章锡琛竟毫不犹豫地答应了。开明书店正冥思苦想，力求从英语教科书市场分得一杯羹，与商务印书馆的《英语模范读本》决一高低，林语堂能够出马，胜数基本已定，开明书店怎能不高兴。林语堂当时的名气非常大。叶公超曾说过，在20世纪的中国，他最佩服两个人的英文水平，一为宋美龄，一为林语堂。可见由林语堂编撰的这套英文教科书，成功的可能性是非常大的。当然，孙伏园和林语堂更是大喜过望。

林语堂全力以赴，不负厚望，很快就编写出一套便于初中教和学的《开明英文读本》（1928年初版，全三册，第一册称开明第一英文读本，第二册为第二读本，第三册即第三读本）。按照双方的协议，林语堂以10%的版税获取酬劳。为达到内容与形式的最佳结合，促进教科书的影响，开明书店还特意请丰子恺配画插图增加活力，林语堂特允许从自己版税中拿出部分，给丰子恺作报酬。文优画美，几乎双绝。出版社对该书的装帧设计更是费尽心思。这一图文并茂的举措，成了该课本后来大受人们欢迎的又一重要因素。同时，林语堂还在教科书的宣传上做了一番努力。在编写教材之时，他在上海的《字林西报》上多次发表文章，对当时流行的几种英文教材予以批评，这也为自己的教科书出台埋下了伏笔，铺垫了基础，扫清了许多障碍。

正是由于这些精心策划与努力，以及作者和插图者的威望，《开明英文读本》一炮打响，全国各地的中学纷纷争购，销路大畅，没用多长时间，几乎把《英语模范读本》的市场抢占一空。《开明英文读本》持续发行达二十多年，林语堂得到的版税数额总共高达 30 万元，他也因此被称为"版税大王"。[①] 甚至有人初步统计，折算成 20 世纪 90 年代末中国的银行比价，林语堂 30 年代包括《开明英文读本》在内的各种版税收入每月达 4 万元，每年近 50 万元。[②] 开明书店也由不太出名的小出版机构一跃成为民国书刊界的巨头之一。

该套英语教科书影响深远，润泽几代，直到现在仍然被人称道。语言学家陈原回忆他学外国语的经历时写道，"我学过《开明英文读本》，也教过这部书——这部书的编者是林语堂。这课本的确给人带来了新鲜的气息。……要问这部课本'突破'了什么？我想大约有两点：一点是内容多彩，不呆板；另一点是插图美，编排新，注音用宽式国际音标，使人不觉得要哭。应当说，这部课本的编辑是同传统的翻译教学法决裂的"。[③] 开明书店资深编辑莫志恒在其回忆录中也有类似的描述，"林语堂编的这种中学英文教本一出版，……很多中学陆续采用……林编这个英文读本是请丰子恺

① 于保政. 开明书店与世界书局版权纠纷案 [M]// 张建安，金人. 民国名人诉讼案. 北京：群众出版社，2004：95–113.

② 施建伟. 林语堂传 [M]. 北京：十月文艺出版社，1999：248.

③ 李宝忱. 开明与开明英语 [J]. 出版史料，2008（2）：54–55.

先生给插图的，课本印刷版面确实清新活泼，吸引中学英文教师和中学生的喜爱"。① 语言学家、语文教育家吕叔湘先生也曾经指出，"20 年代末 30 年代初《开明英文读本》和《开明英文文法》的出版曾经在英语教学界引起一些震动。这两部书都是林语堂编写的"。② 1930 年《开明周刊》曾经刊发了郁达夫谈及该书的信，"我觉得是看过及用过的各种教本中最完善的东西"。郁达夫还特别在《中学生》杂志上推荐了该书。

该套教科书比较注重培养学生的口语能力。林语堂认为，"读英文时须耳目口手并到。耳闻、目见、口讲、手抄，缺一不可。四者备，字句自然容易记得。……'四到'中以口到为主要。英语便是英国话，如果不肯开口，如何学得说话"。③ 在书首编有八条"教授英语的基本原则"，其中的第一条明确指出，"在英语初学阶段，模仿和反复是学习英语最适合的方法"；第四条强调"在教学中要建立一种氛围，在这种氛围中学生能够自由交谈，并且不怕犯错"；第七条要求教师"鼓励学生交谈……要唤起他们对所说事物的兴趣……教师必须帮助他们，哪怕要用到课文中没有学过的词汇"；第八条则要求要教生活化的口语，即"受过教育的英国人在日常生活中所用的口语形式和内容"。④ 在总共八条原则中，有关口语的教学指导就占了四条，可见作者对培养口语技能的重视。

《开明英文读本》一炮走红后，让实力雄厚的世界书局老板沈知方着实吃惊不小，沈老板怦然心动后便跃跃欲试。为了在中学英文教科书这一领域分得一杯羹，沈知方很快找到年轻的林汉达，请他迅速编一套《标准英语读本》。林汉达当时大学才毕业不久，远不是可以和林语堂相提并论的人。为什么沈老板要选他，难道仅仅因为他也姓林，或者他已经显示出非

---

① 李宝忱. 开明与开明英语 [J]. 出版史料，2008（2）：54-55.

② 同①.

③ 林语堂. 开明第二英文读本 [M]. 上海：开明书局，1937：学习英文要诀.

④ 林语堂. 开明第二英文读本 [M]. 上海：开明书局，1937：教授英语的基本原则.

凡的能力？或者此时林汉达已经是世界书局的一员？还是仅仅要来一个市场效应？今天来看，我们不得不佩服沈知方的伯乐眼力。

　　林汉达（1900—1972），曾用名林涛、林迭肯，浙江镇海人。1928年任上海世界书局英文编辑，后任编辑部主任、出版部部长。1937年赴美国科罗拉多州立大学学习。1939年回国后，任上海之江大学教授。1941年之江大学内迁，留上海任华东大学教育学院院长。抗战胜利后，回之江大学任教育系主任、教务长。1945年底，与马叙伦、王绍鏊等共同发起成立中国民主促进会，当选为常务理事。1946年5月，上海人民团体联合会成立，被推选为常务理事。同年秋到达解放区，任辽北省教育厅厅长。1949年作为民进代表出席中国人民政治协商会议第一届全体会议。中华人民共和国成立后，历任燕京大学教授、教务长，教育部社会教育司司长，中央扫盲工作委员会副主任，中国文字改革委员会委员，教育部副部长，第一届至第三届全国人大代表。1956年8月当选为民进第四届中央副主席。所著

▲ 《标准英语读本》（1930）与《英语标准读本》（1931），林汉达，世界书局

《上下五千年》《东周列国故事新编》等书曾经轰动一时。

因为受学校开学时间的限制，在书局方的要求下，林汉达的英语教科书必须在很短时间内编成。年轻的林汉达不负众望，迅速编出一套《标准英语读本》（三册），该书模仿开明英文读本，也找了一个比较有名头的但还很年轻的画家插图，他就是庞亦鹏①。庞的插图令《标准英语读本》增色不少。1930年1月，该套教科书第一册开始推出，加入与老牌的《英语模范读本》，特别是与林语堂的《开明英文读本》的激烈竞争之中，且颇受欢迎（1930年7月即出第四版了）。

没有想到的是，信心满满的世界书局把林汉达编写的《标准英语读本》推向市场后，很快就与开明书店发生冲突，双方发生了一场轰动上海滩的版权纠纷。

林汉达的《标准英语读本》推向市场之时，恰是林语堂的《开明英文读本》销路正佳之日。对于开明书店来说，这套书几乎是他们的命根子、钱袋子，是他们"吃饭的书"之一。当钱袋子和饭碗受到挑战或威胁时，人们的警觉程度可想而知。开明书店对眼下冷不丁冒出来的抢占市场的《标准英语读本》，自然高度警觉，严阵以待。林语堂经过对世界书局《标准英语读本》的仔细审鉴，得出了重要结论：该书是抄袭的！抄他林语堂的。世界书局的《标准英语读本》与《开明英文读本》在内容和形式上有诸多雷同之处，有严重抄袭的嫌疑。结论一出，下一步就相对好办了。开明书店经过分析认为，必须进行坚决反击，维护自身利益，但对实力雄厚的世界书局又不可等闲视之，应先礼后兵。

---

① 庞亦鹏（1901—1998），浙江南浔人。13岁就读于嘉兴秀州中学。该校为美国教会所办，庞亦鹏的绘画天赋深受美籍校长赏识。1921年毕业后留校，在嘉兴秀州中学任美术教师。20世纪20年代中期移居上海，为大东书局、世界书局、商务印书馆及报章杂志画插图。抗战胜利后自组大鹏广告公司。进行了大量的广告设计。1979年旅居美国加州，1998年去世。他还曾经为林汉达的《东周列国故事新编》绘制插图若干。

于是，开明书店首先通过世界书局的编辑徐蔚南向世界书局老板沈知方交了一封书信，严正抗议《标准英语读本》对《开明英文读本》的侵权行为，并要求进行正式谈判，解决侵权问题。此时的沈知方自以为世界书局有后台，财大气粗，并没把开明书店真正放在眼里，对开明书店的抗议和谈判解决侵权的要求不予理睬。而开明书店早有准备，自然不会善罢甘休，于是委托律师袁希濂以《标准英语读本》侵权为由向世界书局提出严重警告，"要求世界书局停止侵权行为，停止发行《标准英语读本》，并赔偿损失"。按照当时著作权法的规定，法律救助侵权，就要首先停止这种侵害，然后再赔偿损失，这也是一种司法程序。沈知方这时还没有足够重视，认为著作侵权问题只是两本书作者之间的事，与世界书局无关。殊不知，世界书局作为出版单位，按法律规定，也是要负连带责任的。当然，沈知方这一次没有采取不予理睬的办法，而是交给在这方面毫无经验的《标准英语读本》的作者林汉达单方面负责，以为惹事的仅仅是林汉达。年轻的林汉达非常为难，毕竟他刚走出大学校门没多久。就在他不知该怎样应付时，恰巧世界书局名义编辑所长范云六与章锡琛共过事，范建议林汉达直接去找章谈谈。范还自告奋勇写了一封介绍信。在信中，范云六除客套话外，还提及"敝局出版之《标准英语读本》与贵店《开明英文读本》有雷同之处……"。写者无心，看者却有意，当林汉达拿着介绍信匆匆赶去拜会章锡琛时，章如获至宝，大为高兴。"雷同"两个字非常关键，这无异于世界书局"不打自招"。这一点在日后也成为世界书局被迫承认抄袭事实的有力证据之一。

也许是受"雷同"二字的启发，章锡琛又不露声色地建议林汉达去找林语堂。为表示好意，章还专门写了一张纸条。心情稍稍放松的林汉达又急匆匆地去拜访林语堂。林汉达登门两次，林语堂均以各种借口加以推拒。无奈之下，林汉达只好于 7 月 29 日（1930 年），留下一张名片，并在背后略微表述自己的意思："语堂先生，今为和平解决英语读本，讨教如何修改，以便答复三条办法，请于下午四时半在府上一叙，望勿外出。"

名片背面所言三条办法，是林语堂提出世界书局英文教材应修改的三个方面：一、文句抄袭者；二、一篇中雷同之数处者；三、编排中形式故意模仿者。这一次，林汉达犯了和范云六同样的错误。林语堂立刻把那张名片送给章锡琛，这些留言成为世界书局理亏的另一个证据。

当林语堂终于肯接见林汉达时，林汉达真的把林语堂当作了"老前辈"，向他虚心请教，说自己对编撰教科书毫无经验，难免会出纰漏，如有什么不妥当的地方，请他指正等。不料，这些虚心请教的话，以后也被林语堂拿来当作攻讦的话柄。

林语堂对自己所提的三条办法一一予以说明，要求世界书局修改。林汉达回去反映给世界书局后，书局以为如此修改下去，那该教科书就几乎没法存在，便想以拖延的法子将此事抵赖过去。当然，对于开明书店律师的来函交涉，世界书局也委托律师，给予回应。在他们的复函中，只承认课本第三册上，有一首诗系从林语堂所编教材中直接摘录，其他部分，辩称"不谋而合"，或"智者所见略同"云云，进行敷衍。[①]

见此局面，章锡琛、林语堂决定以他们手中已掌握的证据，公开向世界书局发动进攻。富有心计的开明书店得到范云六的信件与林汉达的留言以及林汉达与章锡琛、林语堂的谈话内容后，便以此为铁证，迅速将它们制作成照相锌板，把有关谈话内容和林汉达等在便条中的歉意词句、虚礼客套加以渲染，编写了一则大幅广告，以《世界书局承认标准英语读本抄袭开明英文读本之铁证》作为标题，于 1930 年 8 月 28 日在上海《申报》《新闻报》等各大报刊的显著位置刊登出来。

---

① 穆易. 林语堂《开明英文读本》的版权官司 [N]. 人民政协报，2011-03-24（07）.

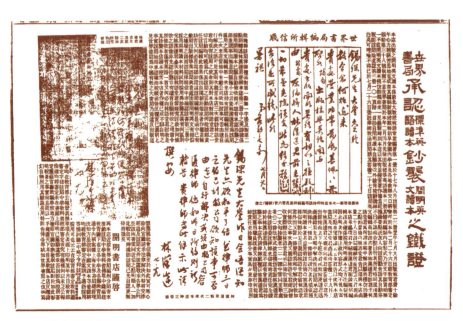

▲ 开明书店所登广告

开明书店如此做法，让世界书局始料未及，也让世界书局当家的很是恼火。① 世界书局的老板沈知方再也坐不住了。他不惜用重金聘请上海滩著名女律师郑毓秀，决定要和开明书店决一死战。

郑毓秀一出场，形势就变了。第二天，即1930年8月29日，世界书局登报警告开明书店。8月31日，开明书店再登一题为《开明书店再告各界并答世界书局代表律师》的广告文。9月1日，世界书局又刊登了《世界书局驳复开明书店再告各界启事》。双方反复刊登批驳对方的同类广告十多次。后来，世界书局即根据开明书店所刊登的题为《再告各界之启事》，由律师郑毓秀以"公然毁损名誉信用，有意妨害营业"等理由，向法庭提起诉讼，控告开明书店犯诽谤罪。郑毓秀何许人也？值得沈老板花重金聘请，

---

① 吴有定. 20世纪30年代开明书店与世界书局的一次版权纠纷[J]. 编辑之友，2004（1）：77–78.

又能够转被告为原告？事实上，沈老板在上海出版界长期拼搏并成为巨擘，这点眼力还是有的。郑毓秀可不是等闲之辈，是一个从民国到今天都颇有争议的角色，她在民国以能包打胜算官司而闻名上海滩。

郑毓秀（1891—1959），广东人。1905 年入天津崇实女塾教会学校，接受西式教育，1907 年东渡日本，1914 年留学法国，毕业于巴黎大学。是中国第一个法学女博士。在日本参加了孙中山领导的资产阶级革命党同盟会，号称"民国第一女杀手"，协助汪精卫刺杀摄政王载沣，组织刺杀袁世凯，并成功组织刺杀良弼。她是第一位参与起草《中华民国民法典草案》的女性，先后出任过上海地方审判厅厅长、监察厅厅长、上海临时法院院长等职，曾任上海法政学院院长、北京女子师范大学校长、教育部副部长等职。关于她，坊间留下许多神奇传说：据说，在 1919 年的巴黎和会上，郑毓秀因精通英、法两语，被任命为巴黎和会中国代表团成员，担任联络和翻译工作。会议期间，郑毓秀导演了戏剧性的"玫瑰枝事件"——用一根玫瑰枝，藏在衣袖里当枪，顶住中国出席巴黎和会的代表团团长、北京政府外交总长陆徵祥，说"你要签字就杀了你"，硬是迫使陆徵祥没有在不利于我国主权的条约上签字，保留了中国政府收回山东的权利。后来，郑毓秀还将这根玫瑰枝带回国，在客厅里悬挂多年。

据说，为了聘请郑毓秀，世界书局花了 3000 两银子的天价。郑毓秀被世界书局请为代理律师后，效果立见。她反过来以开明书店在上海各大报纸上刊登的那幅广告为证据，控告开明书店对世界书局犯诽谤罪。转瞬之间风云突变，这给世界书局陷入版权纠纷后十分不利的局面带来了转机。世界书局一下子由被告变成了原告。而且，法庭一审开庭，被告方的律师袁希濂只有招架之功，没有还手之力。一审下来，发展趋势对开明书店极为不利，袁希濂预感官司要输，直想打退堂鼓。开明书店老板章锡琛也意识到问题的严重性，如果败诉，就要判开明书店犯诽谤罪。那样，就得赔偿损失，甚至会把开明书店赔得破产。事已至此，章锡琛不能束手待毙，一方面，继续开展广告宣传战，争取舆论支持；另一方面，又谋划出奇制胜之策。因为在上海这里，官司非输不可。只有撇开上海，到南京中央政府教育部寻求支持，因为教科书的审定权在教育部。

出奇制胜之招，自然要由林语堂来挑大梁。林语堂这时也明白，如果不能和开明书店共渡难关，就会同归于尽。于是，他不得不拿出自己的看家本事认真对待。林语堂是蔡元培的亲信和下属（蔡元培时任中央研究院院长），又在外交部当过秘书，还是英语课程标准的研制者之一。他亲自起草了给教育部的呈文上书。遣词造句，颇费斟酌。文中鸣冤叫屈，招招攻击对手要害。他把自己的《开明英文读本》与林汉达的《标准英语读本》仔细加以比较，并逐条列出林汉达抄袭、剽窃之处，然后上书教育部，请求给予著作权保护。据林汉达的记录，一共列出了55条指责世界书局教科书抄袭的内容。但林汉达也给予了驳斥。[①]

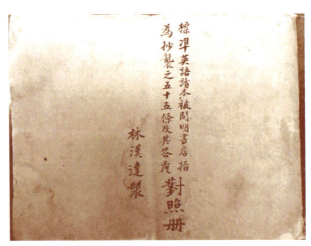
▲ 林汉达制对照表

林语堂上书教育部之时，正当南京中央教育部教科书编审处审查林汉

---

① 林汉达制《标准英语读本被开明书店指为抄袭之五十五条及其答复对照册》，未刊本。

达《标准英语读本》之日。对此事，频繁的回忆中，众说纷纭。

一说，林汉达所编的英语读本正处于由世界书局送请教育部审查的阶段，教育部里那些实际做审查工作的人，大多认为林汉达的《标准英语读本》确实比林语堂的《开明英文读本》编得好。甚至有审查者写了一篇称赞《标准英语读本》的文章发表在报纸上。但当时林语堂已有很大名气，又是中央研究院院长蔡元培的亲信，所以教育部编审处对林语堂的要求自然不会掉以轻心。加上两出版商名气差异比较大，世界书局既有后台又有实力，此事又早已闹得满城风雨，故教育部编审处非常慎重。为此，时任教育部部长蒋梦麟忙乱中频繁召开专门会议，反复讨论处理办法与方案，最终批准了开明书店的请求。据说是蒋梦麟亲发批词，断定《标准英语读本》确有抄袭、冒效《开明英文读本》的地方，不予审定，并禁止发行。①

一说，经过几次辩论，大多数人认定林汉达确有抄袭、剽窃行为。

也有少数人认为，都是外国人的作品，你林语堂可以引用，他林汉达也可以引用，要说抄袭，大家都在抄外国人的作品。争执不下，只能采取投票表决的方式。②

在林汉达整理列出来的55条指控中，我们统计发现，至少有16条（1-6、12-16、26、29、34、39、51）林汉达同意修改（55条指控的对照册，第45、46条撕毁，不知道林汉达的态度），其余的林汉达不同意修改，而且林汉达指出了不修改的理由，不断出现诸如"故不改""故不理"等表达。③

通过比较，我们认为，有些指控确实理由不充分。比如第二条（见下页图，左为世界书局的课本，右为开明书店的课本）：

① 于保政. 开明书店与世界书局版权纠纷案[M]// 张建安，金人. 民国名人诉讼案[M]. 北京：群众出版社，2004：95-113.
② 吴有定. 20世纪30年代开明书店与世界书局的一次版权纠纷[J]. 编辑之友，2004（1）：77-78.
③ 林汉达制《标准英语读本被开明书店指为抄袭之五十五条及其答复对照册》，未刊本.

开明书店林语堂这边认为，世界书局林汉达的这一课6句话都是抄袭他们的。林汉达显然不服气，认为招呼语中之"早安""晚安""再会"等为日常英语会话之最常用者，在中西课本里早已有之，并不是开明首创的。即便如此，世界书局还是接受并修改了（由李培恩修改）。今人看来，确实也谈不上抄袭。其他林汉达不接受、不同意修改的就更可见林语堂的尖刻了。比如这一课，开明书店控告世界书局的课本在排列方式上抄袭他们的（见下图）：

还有这一课，开明书店认为世界书局的插图也是抄袭的（见下图），开明书店认为这种"村景"插图为"开明所独创之列""世界效之甚"。林汉达的意见是"林语堂君亦太挑剔矣"。① 我们知道，林语堂的这套英语教科书是请了丰子恺插图的，丰氏风格确实明显。林汉达英语课本的插图者虽然也是有影响的人物，但显然不如丰子恺，该插图受丰子恺的启发也许难免，但硬要说是抄袭，就有点过了。

但根据最后的结果，林语堂这个大人物还是压倒了林汉达这个小年轻。最终是教育部作出对世界书局《标准英语读本》（三册）不予审定、禁止继续发行的决定。审定词全文为："该书查有抄袭冒效开明英文读本之处，应不予审定，并禁止发行。"② 该结论作出时间为 1930 年 9 月 9 日。

不管官司结局怎样，教育部的审定结果说明，《开明英文读本》与《标准英语读本》版权纠纷的结论已经很清楚，世界书局在南京教育部这个重要的战场上已经遭遇到根本性的失败。

① 林汉达制《标准英语读本被开明书店指为抄袭之五十五条及其答复对照册》，未刊本。
② 不予审定之教科图书表 [J]. 教育部公报，1930，2（40）：30.

与此同时，在上海方面，形势判若两样。《开明英文读本》与《标准英语读本》的版权官司还在唇枪舌剑地进行着，焦点是诽谤罪成立与否。但咄咄逼人方是世界书局。世界书局方面紧紧抓住开明书店的诽谤罪不放。迫使开明书店疲于奔命，不敢懈怠。就在临近法院判决之日，南京的审定结果出来了，开明书店连夜将教育部对自己十分有利的批示文件做成大幅广告，迅速交给各大报纸予以刊登。谁也没有想到，就在上海法庭对开明书店诽谤世界书局一案开庭宣判结案的节骨眼上，报纸上突然出现了教育部批件，不仅认为世界书局的《标准英语读本》有抄袭行为，还禁止了它的发行。上海方面的法庭一下子处于被动局面，也只好临时变通，仍然判决开明书店对世界书局诽谤罪成立，但予以从轻处罚，让开明书店交出罚金30元。对于世界书局《标准英语读本》抄袭《开明英文读本》的问题，只是在判决书中作为附带问题一笔带过。这样的判决，事实上是和教育部的判定冲突的，不过教育部判的是抄袭与否，法院判的是诽谤与否。这样做的结果是，不仅舆论界为之哗然，开明书店也因为手握教育部批件这一尚方宝剑，更是认为判决不公，表示不服判决。同时，开明书店利用报纸媒介对世界书局开展攻击（一种变相的广告战）的劲头更足了，进一步在报纸上刊登了题为《开明英文读本何以被抄袭冒妄》的大幅广告文字，一方面继续向世界书局展开攻势，大有不依不饶的味道，另一方面则乘机全面宣传《开明英文读本》的好处与优点。后来，开明书店还将两书的雷同之处，用红笔圈点批注出来，悬挂在当街门首，让路人观看。这样，进一步宣传了自己的胜利和不甘，同时加重了世界书局在道义上的失败感。

世界书局方面虽然在法庭上胜诉了，但事实上的挫败显而易见。在舆论方面的节节败退之中，世界书局清楚再这样下去于人于己都不利，遂提出双方重新调解的建议。由他们的编辑徐蔚南出面，又从南京中央请到民国政府教育部次长刘大白从中斡旋，定了城下之盟，握手言和。这样的结局，世界书局自然是要做出很大让步的，它不得不同意开明书店的要求，交出《标准英语读本》的纸型给开明书店负责销毁。① 为了向外界表明双方已经和解，两家书店联合在报刊上发表了一个《紧要声明》：

窃开明书店与世界书局因英文读本交涉一案，兹经友人调处，双方均已谅解，恢复同业情感，特此声明。

该声明在几家大报连续刊登三天，并采取一天开明书店打头，一天世界书局打头的方式，表达双方的谅解和诚意。事情终于解决，生意还需继续。为了不在旧事上过于纠缠，影响各自发展，这种和解结局，起码在形式上可以看作一个圆满的句号。

至此，轰动上海滩的这场版权纠纷官司才算结束。这以后，世界书局和年轻的林汉达，没有了《标准英语读本》，没有了赢利的"吃饭书"，经济损失肯定是有的。但他们的基础还在，民国出版人和知识人的精神还在，他们跌倒后又迅速站起来，在《标准英语读本》的基础上改编出《英语标准读本》，先后被内政部注册、通过教育部审定并投入学校使用。这套书后来也成为中学的重要教科书，甚至一直使用到解放初期（中华人民共和国成立后数次由中华书局出版发行）。此外，他们还很快编写出《初级英语标准读本》，也被教育部审定通过。

正因为这样，目前关于二林的英语教科书版权纠纷以及林汉达的英语教科书的各类研究文章和有关记载与报道，经常混淆《标准英语读本》和《英语标准读本》二书，前者是惹起官司的那套课本，已经绝迹于市，后者是经过教育部审定的公开发行的课本，目前还可以看到。但二书的英文名称是一样的，*The Standard English Readers*。世界书局巧妙地改了一个相似的名字，把它的产品稳稳地推向教科书市场。

林汉达本人受此打击，更加发奋上进。据说他去美国留学就是因为这

---

① 吴有定. 20 世纪 30 年代开明书店与世界书局的一次版权纠纷 [J]. 编辑之友，2004（1）：77–78.

次官司被人看不起而受气。后来他著有广为人知的《上下五千年》《东周列国故事新编》等书，并在解放后做了教育部副部长。林语堂也成果卓著，蜚声海内外。不过，到20世纪50年代初期，当林汉达的《英语标准读本》仍然摆满了书店、大量进入学校时，林语堂的《开明英语读本》已经基本退出市场，我们只能在个别地方看到它的身影。

教科书是一种特殊的文本，它需要承载和体现本民族甚至世界的优秀文化传统，它反映的是国家课程标准或教学大纲所规定的内容。所以，同一学科的不同版本的教科书之间，不会有像小说、诗歌间那样的太大的差别或独创性。正因为这样，我们认为，编写教科书是戴着镣铐跳舞。① 于是，问题就出来了，既然都是按照课程标准的要求编写，既然都要表达特定的历史或文化或知识体系，那理论上教科书之间的重复或类似就远比其他文本的可能性更大。比如，同样是鲁迅的作品，可能在很多不同时期不同出版社的不同版本的教科书中出现，这是极为常见的，也恐怕是由教科书特征决定的。如何认识这一现象？如何保护教科书的有序竞争和特有的知识产权？这些问题日益频繁地摆到教科书编撰者和出版者的桌面上了。

清末到民国早期，教科书市场由商务印书馆扩大到中华书局，再扩大到世界书局，到1926年开明书店也杀进教科书市场，竞争局面更激烈、更复杂了。1928年南京国民政府颁布著作权法和出版法。很快，相关纠纷就接二连三出现了。

这些版权纠纷也说明，在近百年之前，我国的教科书编著者和出版者，就已经意识到教科书知识产权的重要性，而且尤为可贵的是，更懂得用法律的武器来保护自己的知识产权。在这样的氛围下，教科书编写的创新价值就能够得到保障，教科书编写的创新精神就能够得到激发，教科书编写就不是简单的剪剪抄抄，就有可能不断产生一些比较优秀的、重在编创而

---

① 石鸥，石玉. 论教科书的基本特征 [J]. 教育研究，2012（4）：92–97.

不仅仅是选文的教科书来。

这些版权纠纷更给我们提出了一个值得研究的问题，民国时期之所以教科书版权纠纷不断，与教科书几乎都是作者独自担纲完成有关，如本章中金兆梓的历史课本、林语堂的英文课本、林汉达的英语课本，以及影响很大的叶圣陶的国语课本、吕思勉的历史课本、顾颉刚的历史课本等。中华人民共和国成立以后很长一段时间，教科书似乎都不能由个人编著，而只能是集体作品，知识产权不是很明确，不知道教科书的著作权属于谁。版权问题是出版领域的事情，我们更关注的是：到底教科书这一特殊文本是由个人完成更好，还是由集体完成更好？理由是什么？

第三篇

小课本的大是非

针对教科书这样一种具有持久和强大影响力且影响对象是年轻人的文本，官方审查本身并不完全是问题所在，因为这几乎是全世界范围内教科书研创机构需要面对的常态现实之一。比官方审查更让人感到惊心的是，民间无处不在的"相互审查"甚至"自我审查"。这种审查甚至来自教科书读者，或读者的家长，或教科书的相关利益者。

民族认同无小事
——清末广东乡土教科书事件

▲《广东乡土地理教科书》，黄晦闻，国学保存会，1907

壹

············ 壹 ············

在漫长的教育历史里，谁都无法轻视小小的课本。教科书的每一次"出格"都会立即引来高度的关注甚至焦虑。即便一本薄薄的、相对边缘化的乡土教科书，一旦它跨界乡土知识、触及乡民情感，就会惹出不小的麻烦。黄晦闻于1907年编著的广东乡土教科书即为一例。

黄晦闻（1873—1935），字玉昆，号纯熙，后易名为"节"，广东顺德人。黄晦闻与章太炎、邓实、马叙伦、陈去病、诸宗元、刘师培等在上海创立国学保存会，以"保种、爱国、存学"为宗旨，并创办《国粹学报》，阐发学术传统，宣传反清思想。曾在上海主笔《国粹学报》，与邓实创办《政议通报》，介绍西方文明，宣传强国观念。1909年赴香港，加入同盟会。1911年秋，黄晦闻出任广东高等学堂监督，应广东都督胡汉民之邀，草拟《誓师北伐文》。1913年，加入进步文学团体南社。袁世凯称帝后，黄晦闻致书国学保存会旧交刘师培（刘是主张恢复帝制、发起组织"筹安会"的所谓"六君子"之一），痛陈开历史倒车之悖谬，指出"斯议一出，动摇国本"。1923年，孙中山由沪返粤，被推举为大元帅，准备讨伐北洋军阀，任命黄晦闻为大元帅府秘书长。不久，黄辞职而去，回北京大学任教。1928年，应广东省省长李济深之聘，回粤担任教育厅厅长。后辞职复任北大教授和清华研究院导师。黄晦闻专心致力于学术研究和教育事业，先后执教于北京大学、清华大学等学校，授书终生。身为著名的北大教授，他一向教学认真。弟子萧涤非回忆，黄晦闻开过一门选修课，只有两个人选修，有时候一人请假，课堂上就只剩下萧氏一人，黄照讲不误，依然声如洪钟，隔壁教室也能听见。[①]黄晦闻于1935年1月病逝于北京，其追悼会以"国师"的规格在南京召开，追悼会由蔡元培等发起，行政院长汪精卫亲临主祭，北京大学校长蒋梦麟主祭，章太炎、胡适等撰写挽联，南京国民政府明令褒扬，将逝者生平言行著述，宣付国史馆立传。胡适在追悼会上说："我同晦闻先生前后共事二十多年，虽然没有个人交谊，今天我参加追悼会，是我心中有其人，敬仰他的学问和人品。"[②]事实上，黄、胡二人的学术观点和思想倾向冲突颇大。可就是这个名头响亮、严谨而极富个性的

① 萧涤非.萧涤非文选［M］.萧光乾,选编.济南：山东大学出版社,2006：5.
② 邓圻同.诗人黄晦闻在北京［M］//广东炎黄文化研究会,顺德市政府文体局.岭峤春秋：黄节研究论文集.广州：中山大学出版社,2003：282.

大学者，也有在阴沟里翻船、颜面尽失的隐痛，尤其令人难堪甚至想不通的是，起因竟是一本毫不起眼的乡土教科书，对他来说，也许会认为实在是牛刀小试的事情。

乡土教科书也称乡土教材，一般是以学校所在地的自然、地理、历史、政治、经济、文化、民族、民俗等为内容编写的补充教材。多由学校或者地方教育行政部门或个人编写。1904 年，晚清政府推行癸卯学制，仿照西方与日本，尝试在初等小学校开展乡土历史、地理、格致教育，以培养忠君爱国思想，由此掀起了推行乡土教育、编撰乡土教科书的热潮。

就全国而言，当时推动乡土教科书编纂最力者为颇有反清倾向的国学保存会。而在国学保存会的乡土教科书建设中，又数刘师培、黄晦闻等最为努力。有研究指出，20 世纪初年的乡土历史教科书约有 16 种，其中由国学保存会编印、乡土教科书发行所发行的有 7 种，刘师培编著了其中的 3 种（《江苏乡土历史教科书》《安徽乡土历史教科书》和《江宁乡土历史教科书》），都系 1907 年出版。[①] 其实，不论对国学保存会还是刘师培个人，这个数据都很不准确，即便刘师培一个人，编著的教科书也远不止上述 3 种。在乡土教科书的编撰数量上，除了刘师培，其次就算黄晦闻等人了。

1907 年始，推崇旧学的黄晦闻，先后编写出版了新式教育倡导的多种新式教科书——乡土教科书，包括《广东乡土地理教科书》《广东乡土历史教科书》《广东乡土格致教科书》等，均由国学保存会编辑印行。《广东乡土地理教科书》含沿革、总论、区划、海岸、山脉、河流、潮汐、人种、丁口、田赋、通商港、铁路、航路、驿路、电线、邮政、电话等内容。该教科书的绘图者是黄的好友、画家潘达微。这也是一个值得一提的人物。

潘达微（1881—1929），字铁苍，广东番禺人，同盟会会员，知名书画家、摄影家、记者。他是冒着杀头的风险收集 72 烈士遗体埋葬于黄花岗的

---

① 俞旦初. 爱国主义与中国近代史学［M］. 北京：中国社会科学出版社，1996：129.

传奇人物。1901年春，潘达微与黄晦闻等人成立"群学书社"，后易名为南武公学会、南武中学，潘达微与高剑父曾在此任教。后同盟会在广州成立支会，高剑父、潘达微分别担任正、副会长。潘达微1929年病逝于香港，南京国民政府国务会议明令褒扬潘达微"国府嘉奖令"。胡汉民、张学良、孙科、柳亚子等人撰挽联悼念。孙科的挽联云"碧血藏热黄花吐芬万代千龄足悲壮，行心所安杀身无悔高风亮节见生平"。柳亚子的挽联云"画师骑鹤出红尘，画笔长留太古青。莫道黄花岗上事，几人能保岁寒身"。也许是天意，也许是其他因素，潘达微的墓最后也从香港移到今日的广州黄花岗公园的烈士墓园里，和他崇拜敬仰的烈士们长眠在一起。

黄晦闻的《广东乡土地理教科书》"专备广东省初等小学第一、二年级第三年上一学期地理教科之用。谨遵奏定章程。初等小学第一、二年，讲乡土之道里建置，附近之山水以及本地先贤之祠庙遗迹等类。第三年上一学期，讲本县本府本省之地理山水，为编辑宗旨"。①

黄晦闻的《广东乡土地理教科书》似乎只出了第一册，尽管该书的广告页宣称该书的后几册即将出版发行，②但一直没有发现乡土地理其他几册的实物，我们推断其实并未完成出版，国学保存会的其他乡土教科书也多有这种情况，如刘师培的乡土教科书也说后几册马上出版，但事实上并没有出版。③

---

① 黄晦闻.广东乡土地理教科书：第一册［M］.上海：国学保存会，1907：1.
② 同①。
③ 石鸥.百年中国教科书忆［M］.北京：知识产权出版社，2015：215.

正当黄晦闻信心满满地推出自己的乡土教科书时，坏消息接踵而至。先是他编的《广东乡土地理教科书》《广东乡土历史教科书》遭到地方士绅的反对和上诉，再者是这两本书均没有被学部审定通过。不能通过审定，就意味着不能进学校、不能进课堂，而教科书不能进课堂简直就是教科书命运的终结，白花花的银子也就没了。他的教科书不但没有通过学部的审定，而且还被禁了，被禁则意味着连进图书市场零售都不可能了。进不了图书市场，该书还频频引出纠纷，越闹越大，最终竟然要了一个人的命。^①原因呢？

他的教科书中出现了敏感内容，即：客家人不是汉种！

黄晦闻在《广东乡土地理教科书》中介绍了广东的"人种"（第12课），把客家人说成是非"汉种"。书中写道：

粤中有单纯之汉种，则始自秦谪徙民处粤，自秦以前，百粤自为种族，旧有君长臣服于越，越为夏少康庶子无余之苗裔，故少康种族有分徙岭南者是为汉种，与百粤种混合之族名之曰獞。今犹有獞、猺、獠、黎、蜑族、客家、福狫诸种，散处各方。^②

课文最后用图表形式把"汉种"与"百粤诸种""外来诸种"并列开来。将客家人划出"汉种"以外，属于与"汉种"并列之"外来诸种"范围里（还有福狫、蜑族），也与其他带"犬"字旁的各少数民族并列（属于"百粤诸种"），如"獠""猺"等（显然这些都是对少数民族的藐视，但这

---

① 石鸥，李彦群．"要人命"的乡土教科书：小论黄晦闻的"广东乡土教科书"［J］．四川师范大学学报（社会科学版），2016，43（2）：69-74.

② 黄晦闻．广东乡土地理教科书：第一册［M］．上海：国学保存会，1907：6-7.

一点也不能责诸黄晦闻，这些字并不是他创造的）。①

黄晦闻的这些课文，涉及一个族群的身份认同的大事，必然引起极大关注。特别是引起了客家士子的极度愤慨，"粤中客属人士，闻之大哗"，部分客家士子对黄晦闻的乡土教科书反应之强烈，前所未有，甚至有客家士子为此慷慨激昂，气绝身亡。

当时的《兴宁县乡土志》述及当地一位客家士子胡曦（字晓岑），"岁丁未（1907）卒，先卒前数日，见广州某编乡土史，诋客族非汉种，群起与争，尚考证客族源流，洋洋万言。完稿后，与友人纵谈至夜半，旋瞑，年六十四"。② 这里"广州某编乡土史"就是指黄晦闻编著的乡土教科书。

历史学家罗香林为胡曦撰写的年谱上亦提到此事，"上海国学保存会顺德黄节晦闻，撰地理教科书，于客族源流，多所误解。粤中客属人士，闻之大哗，多为文与辩。并呈大吏，禁止刊行。经广东提学使，牌示更正。兴宁兴民学校诸教习，乞先生为粤民考，以示信将来。先生为文数千言，详实称最。未几即婴疾不起，盖绝笔矣"。③

黄晦闻恐怕也没有想到，自己一辈子著书讲学，思想广布，他的一本毫不起眼的乡土教材，竟然让人激愤而死，活活送了一条性命。

而当时的客家士的子，真的有那种如果不为客家人即正宗中原汉人正名就死不瞑目的气概。当然，也许落在任何一个族群，都会这样。因为这

① 关于本课的文字内容和图表，令人纳闷的是出现了两种不同版本，表述有显著不同，特别是在客家人等敏感表述上，以及图表上，但版权页显示均为 1907 年正月首版，且均为第 12 课"人种"，均为国学保存会出版发行。这是一个未解的谜。难道是为了逃避追责，而专门付印了若干"修订本"，只把敏感字眼和图表抽出，以应付审查？或者仅仅是印刷错误？怎么可能错得那么巧呢？这也许是部分学者的研究成果有误的重要原因。关于此书的出版时间、册数、课文内容，尤其是"人种"一课等的叙述，一直以来多有失误。
② 罗斧月.兴宁县乡土志［M］.广东省兴宁市政协文史资料研究委员会.兴宁文史：第二十一辑　罗斧月专辑，兴宁：〔出版者不详〕，1996：79.
③ 罗香林.胡晓岑先生年谱［M］//广东省兴宁市政协文史资料研究委员会.兴宁文史：第十七辑　胡曦晓岑专辑，兴宁：〔出版者不详〕，1993：163.

涉及"我是谁""我从何而来""我向何处去"等系列根本问题的回答，即身份认同的问题。身份认同给人一种存在感，它涉及个体的社会关系，关注的是个人或特定群体心理层面的归属感，其本质是心灵意义上的归属，强调情感依附与心理安全的保障。

有研究指出，"身份认同问题总是在身份或位置发生变化或者面对挑战时受到关注"。[①] 客家人的身份认同危机就是受到学者黄晦闻的冲击而产生的。黄晦闻的教科书显然是要打破或分解客家人的汉族身份的认同，通过外在的某种形式不承认他们是"汉种"，消解其属于"汉种"的合法性存在，而汉人（族、种）是能够为他们提供家园和根基感的共同体，他们对汉人也有着高度的民族忠诚和自我认同。黄晦闻这样做，也许并非有意为之，也许仅仅是当时一种学术认识的反映。客家学研究权威罗香林先生二十多年后，也相信"黄先生著乡土史时，当不至存有若何不良目的"。[②] 但后果却是一样的，因为这种冲击或造成这种危机的原因是以教科书的形式出现，即出现在学堂、在师生手上，这在中国文化传统中是非常严重的事情。学堂之书，圣贤之书，一言九鼎，只可背记，不可置疑，意义非一般书籍可比。罗香林对此是认同的，他认为，因为"其书为普通教科所用，故深为当时客家人士所不满"。[③] 于是，以死抗争就在所难免。

因了这本薄薄的乡土教科书，除了生命抗争的极端情形，其他形式的抗议，更可谓一波接一波。

当时广东法政学堂的客家子弟邹鲁是抗议队伍中的主要代表。

邹鲁（1885—1954），幼名澄生，广东大埔县客家人。十九岁赴潮州韩山书院读书。历任国立中山大学校长，国民党中央特别委员会委员、中央常务委员、国民政府委员、国防最高委员会常务委员、国民党中央评议委

① 黎熙元著《澳门的社团网络与国族认同》，未刊稿。
② 罗香林.客家研究导论［M］.兴宁：希山书藏，1933：27–28.
③ 同②.

员、总统府资政、监察院监察委员。孙中山过世后，邹鲁任中国国民党中央三常委之一，1925年11月，参与发起西山会议，后在国民党二大会议上被开除。1927年，蒋介石进行清党，邹鲁曾退出政坛、出游欧美。

当时身为学子的邹鲁，看到黄晦闻的乡土教科书后，非常气愤，联合其他客家士子包括丘逢甲等，成立了"客族源流调查会"，以证明客家人确属"汉种"无疑。邹鲁在回忆录中写道：①

> 入学不久，看到黄晦闻先生所著的两本书：一本是《广东乡土历史》，一本是《广东乡土地理》，里面竟有客家和福佬都非汉族的言论。我认为他抹煞史实，有伤同胞感情，便挺身出来作文辩斥，同时请客家和福佬的知识分子注意。结果所有客家和福佬主持的劝学所，都一致附从，竟得到了全省的大半数。于是共同推举我领衔交涉，引起了一场轩然大波，直到把那错误的言论修正了才罢。

1910年，邹鲁与张煊更是出版《汉族客福史》一书，申明客家人和福建人汉族源流的纯粹性，该书有丘逢甲的序，力陈以黄晦闻为主的乡土教科书作者将客家人和福建人划为非汉种的荒谬。②此书后来在1932年邹鲁任职中山大学校长期间，由中山大学再次出版。邹鲁作序时又重提黄晦闻一事。可见此事的意义。此外，张资平、古直、罗霭其等人分别从语言、起源等多角度申明客家人来自中原，论证客家人与中原汉人同祖同宗同源。

---

① 邹鲁.回顾录［M］.长沙：岳麓书社，2000：18-19.
② 程美宝.由爱乡而爱国：清末广东乡土教材的国家话语［J］.历史研究，2003（4）：68-84.

由于黄晦闻在《广东乡土地理教科书》中将汉人和獞、猺、獠、黎等少数民族做了划界，把这些少数民族排除到"纯种"的汉人之外，对于当时身为客家人的各路学者、官僚而言，简直就是挖祖坟的事情，群起而攻之就势所必然。

　　当时的轩然大波先在学校闹，再到地方闹，一级一级闹，最后一直闹到清学部。由于问题敏感，有关各级教育当局不能不介入，都对此事给予了极大关注。因为此书是上海国学保存会出版的，所以苏省学务公所图书课在审查时就认为部分内容"因种族之别致启争竞之风""甚非和平之福"，因此呈案提学司，要求"书肆更正，方准售卖采用"。这些建议得到了提学司的同意，当即要求更正。[1] 时任广东潮州府大埔县劝学所总董饶熙向广东提学使提出申诉，由广东提学使将此事汇报给学部，而且把问题性质说得很严重：用该书教学，"几酿事端"，于是学部查禁了该书。[2] 其理由是"考证固疏，且因种族之别致启争竞之风，甚非和平之福"。这是很严重的程度了，"甚非和平之福"，还引起民族纠纷，"启争竞之风"，事关重大，焉能通过。学部审查不予通过完全可以理解。这与百年后的今日教科书审定时强调民族团结高度一致。

　　尽管《广东乡土地理教科书》《广东乡土历史教科书》是由国学保存会的知名学者亲自编撰的，且确实有独特价值，但事关族群团结，故均没有被学部审定通过。

　　这一乡土教科书风波的发生，是有其历史背景的。广东地区广府人和客家人长期在经济和政治上存在冲突，有关客家人族群身份的讨论，历来

① 牌示更正乡土历史教科书［N］.申报，1907–05–12.
② 咨江督请劄上海道饬国学保存会改正广东乡土教科书文［N］.学部官报，1970–09–07.

比较突出。

这一乡土教科书风波的发生，也许还与国学保存会这一机构的定性和组成这一机构的人员有一定关系。国学保存会的定位与目的就是保存国学精粹，其代表人物刘师培等人在清末是力主排满兴汉的，他通过自己的历史研究想方设法证明满人和汉人不是一家，满人非中国之臣民，清朝是外族满人夺权，汉人应该奋起反抗。由于对当时执政不满，他还曾参与实施对当时的执政者的暗杀行动，后来在安徽避难于中学，授学之余编撰乡土教科书，不久又逃亡日本，受日本社会思潮的洗礼，辛亥革命之后思想转而保守，反对革命，这是后话。至少从清末的历史节点上来看，国学保存会及刘师培等人的民粹主义是有历史渊源的，他们将这种种族对立的思想带进了乡土教科书。了解了这一段历史也就理解了为什么他们的教科书在族群问题的处理上是那样的态度，以及他们的教科书为什么无法通过清学部审定。

旗帜鲜明的国学保存会和黄晦闻本人后来也不得不修改《广东乡土地理教科书》，避开了这个敏感的内容，将图表上有关客家部分全部删去。只是它再难全面进入广东学堂了，因为清政权的崩溃即将到来，蔡元培主掌的民国教育部废除了一切清教科书。

清末社会，强弩之末，山雨欲来风满楼，知识分子可以痛快谩骂，指点江山的文字俯首即拾，然而黄晦闻万万没想到，他的乡土教科书竟然惹出了这么大的风波。社会上不一直有这些说法吗？！是的，社会上可以说，著书立说可以说，就是教科书不能说。黄晦闻忽视了教科书这一特殊的文本，和他一样低估了教科书引起的震荡、一定程度栽在教科书上的学者还不少，比如吕思勉，比如顾颉刚……

黄晦闻的乡土教科书风波说明当时的学生对教科书有很大的发言权，该教科书是被学生掀开抗议帷幕的，而且这种抗议的表达一路升级，言路至少是畅通的。

大学者黄晦闻，如此写作乡土教科书，如此对待所谓少数族裔，可能与他不了解教科书这一文本的独特性有关，以为学术自由，文责自负，作者自己以及他的团队——国学保存会及章太炎、刘师培这样的人物——以为他们的如椽大笔既然可以指点江山，可以横扫千年，荡涤一切，怎么就不能够任自己在教科书中尽情挥洒展示呢？黄晦闻忽视了一点，几乎所有教科书，包括乡土教科书本质上都是经典、都要求正统。这导致教科书比其他任何文本都更能够引起关注，教科书作者比任何作者承担的风险都大。这一特性被阿普尔总结出来了，"教材编者们承受着巨大而持久的压力"。①如果不了解这一文本的特殊性，他们只能失败。恰如二十年后戴季陶批评顾颉刚的教科书一样，"民族问题是一个大问题，学者们随意讨论是许可的，至于书店出版教科书，大量发行，那就是犯罪，应该严办"。②这实际就是教科书的学术性（科学的求真标准）和意识形态性（在正面程度上包括道德的求善标准）冲突的标志或表现。黄晦闻和国学保存会恐怕没有预计到小小的乡土课本，竟然能引起如此大的骚动并让自己栽倒于此：

学部审定不予通过，禁止发行，要求国学保存会和黄晦闻进行修改。但新教育兴起了，乡土教科书市场需求已经搅动起来了，它不会等待，也不能等待。还等不及黄晦闻修订的教科书面世，新的《广东乡土地理教科书》（至少有黄培堃和蔡铸两个版本，最早的黄培堃的版本就在1907年黄晦闻教科书被禁当年面世）迅速推出，抢占性地填补了这一市场。而且多次重印再版，满足了学校的需要。教科书的文化属性和商品属性在这里淋漓尽致地展露出来。黄晦闻和国学保存会失去了一个宝贵机会。

① 阿普尔，史密斯.教科书政治学［M］.侯定凯，译.上海：华东师范大学出版社，2005：12.
② 顾颉刚.古史辨：第一册［M］.上海：上海古籍出版社，1982：我是怎样编写《古史辨》的19.

中国需要三皇五帝
——民国顾颉刚教科书风波

▲《现代初中教科书·本国史》，顾颉刚，
商务印书馆，1923

一本理当带来荣耀和财富的《现代初中教科书·本国史》，差点让日后大名鼎鼎的作者顾颉刚及如日中天的出版者上海商务印书馆赔得精光。因为，该书如同黄晦闻的乡土教科书一样，也在民族问题上陷入舆论的漩涡。

1920 年，顾颉刚从北京大学哲学系毕业，留在北大图书馆任助教做编目工作，时年 27 岁。人虽年轻，且刚毕业不久，却受到胡适的器重与赏识。胡适毅然推荐年轻的顾颉刚参与商务印书馆一套统称为"现代教科书"的编撰工作，具体负责编写其中的中国历史课教科书，即《现代初中教科书·本国史》。

顾颉刚（1893—1980），原名诵坤，字铭坚。江苏苏州人。1913年考入北大预科，1920年毕业于北京大学哲学系，留北大图书馆做编目工作。后历任厦门大学、中山大学、燕京大学、北京大学、云南大学、中央大学等校教授，中山大学历史语言研究所主任，中央研究院院士。中华人民共和国成立后，任复旦大学教授，中国科学院历史研究所研究员，中国民间文艺研究会副主席，全国政协委员，民主促进会中央委员等职，第二、第三届全国政协委员，第四、第五届全国人大代表。是现代古史辨学派的创始人，也是中国历史地理学和民俗学的开创者，中国近代学术发展史上有着重要影响的一位学者。

年轻的顾颉刚在编写《本国史》教科书的过程中，显示了后来成就他的学术声誉的疑古思想，开始萌发了对中国古史的一些"既定"结论的怀疑。他发现很多古代历史是把传说传来传去，传成事实了。他说，"上古史方面怎样办呢？三皇五帝的系统，当然是推翻的了。考古学上的中国上古史，现在刚才动头，远不能得到一个简单的结论。思索了好久，以为只有把《诗》《书》和《论语》中的上古史传说整理出来，草成一篇《最早的上古史的传说》为宜。我便把这三部书中的古史观念比较看着，忽然发现了一个大疑窦——尧舜禹的地位问题！……《诗经》和《尚书》（除首数篇）中全没有说到尧舜，似乎不曾知道有他们似的；《论语》中有他们了，但还没有清楚的事实；到《尧典》中，他们的德行政事才灿然大备了。因为得到了这一个指示，所以在我的意想中觉得禹是西周时就有的，尧舜是到春秋末年才起来的。越是起得后，越是排在前面。等到有了伏羲神农之后，尧舜又成了晚辈，更不必说禹了。我就建立了一个假设：古史是层累地造成的，发生的次序和排列的系统恰是一个反背"。①

---

① 顾颉刚.古史辨：第一册［M］.上海：上海古籍出版社，1982：自序51-52.

顾颉刚提出的"层累地造成的"中国古史说概括起来主要有三点：第一，"时代愈后，传说中的古史期愈长"；第二，"时代愈后，传说中的中心人物愈放大"；第三，"我们在这上，即不能知道某一件事的真确的状况，至少可以知道某一件事在传说中的最早的状况"。这一疑古、辨古的"层累"的学术观点的提出，为顾颉刚赢得了巨大的名声，从1926年《古史辨》第一册出版至1941年，《古史辨》共出了七册，汇编350篇文章，计325万字，是史学界一大盛事。《古史辨》的出版，正式奠定了顾颉刚作为古史辨派创始人的地位，顾的学术地位至此可谓一鹤冲天。在从北大毕业后不到6年的时间里，顾颉刚从一个默默无名的助教一下子擢升为研究教授，成了史学界一颗最闪亮的新星。①

但找顾颉刚麻烦的也大有人在，特别是来自现代学术圈以外的、传统的学者士人，他们将矛头直指顾所编撰的教科书。

"古史是层累地造成的"是顾颉刚著《本国史》教科书对于"古史"若干问题的基本论点，也是他荣誉鹊起的基点。但是当时即便是初生牛犊不畏虎的顾颉刚，也多少意识到学术著作和教科书的异同之处，他似乎已经有预感，预感到历史教科书中出现这样石破天惊的观点或多或少会带来一些不利的后果，因而他在教科书出版前还是有所忧虑与顾忌的，便向当时商务印书馆史地部主任朱经农请教。朱经农对顾颉刚说，"现在的政府大概还管不到这些事，你只要写得隐晦些就是了"。②朱经农的话多少说明，当时的北洋政府对于学校教科书的编写与审定是比较宽松的，在个别敏感历史问题的立论上学术专著与学校历史教科书之间似乎并没有严格的界限。这给顾颉刚定了心定了调。后来顾颉刚编的《本国史》顺利地在蔡元培主持大学院工作任期内通过了政府的教科书审定，在中学得到广泛使用。

---

① 汪修荣.史学大师顾颉刚其人其事［J］.党员干部之友，2013（1）：38–39.
② 顾潮.历劫终教志不灰：我的父亲顾颉刚［M］.上海：华东师范大学出版社，1997：79.

关于他的争议最多的学术观点，顾颉刚在《本国史》（上册，商务印书馆 1923 年初版）中是这么表达的：

> 太古时代的景象，只凭相传的口碑，附会的记载。所谓洪荒之世，一切太古的传说，只好看作神话，决不能取为可靠的史乘。（第 18 页）

> 什么仓颉、隶首、大挠，都只是集合了无数无名创作者积成的成绩，才显出较有统系的效用的，决不是突然而来的创始，更无所谓首出群众的圣人！大概古代传说的帝王，都只可说是文化史上几个重要变迁的象征。……这些理想人物，也许并无其人，只是当时社会背景里的一种精神。（第 24 页）

> 那黄帝的传说便是代表这造成国家雏形的时期。……不能完全相信这班半神体的圣人！（第 25 页）

> 尧、舜的传说，为后世所崇信。我们看惯了，遂以为古代真有一个圣明的尧、舜时代了。其实，尧、舜的故事，一部分属于神话，一部分出于周末学者"托古改制"的捏造。（第 30 页）

> ⋯⋯⋯⋯⋯

这样的观点既是大胆的，也是新奇的，所以教科书一出来，就大受欢迎，一再翻印，发行量猛增，四五年间发行 160 万册（上册 1923 年初版，1927 年就出第 55 版了）。商务印书馆自然喜滋滋的。

这样大胆的观点也是冒风险的。果然，顾颉刚在北洋政府时期的"预感"和"忧虑"在南京国民政府成立后迅速变成了"现实"。商务印书馆的这本《现代初中教科书·本国史》载着顾颉刚的观点很快引起了轩然大波。

贰

风波主要由孔子家乡、儒家发源地山东的知识界、教育界人士于 1929 年发动（为什么 1923 年初版的教科书在几年后才被选出来"示众"，仍然是一个未解之谜。也许是国民党为了统一全国，在思想上开始实行三民主义、党化教育的全面控制；也许更因为中日关系迅速恶化，日本对中国的侵略持续升级，"济南惨案"又爆发不久，东北张作霖也在不久前被炸死，人们反日情绪高涨，此时特别需要民族精神、国家观念）。

首先，山东参议员王鸿一提交了专案要弹劾此书，认为它"非圣无法"，要求查禁。

王鸿一（1874—1930），名朝俊，山东鄄城人。1900年考入山东省城高等学堂，旋即被选送留学日本，入东京宏文学院师范科。在日本时加入孙中山的同盟会。辛亥革命前夕，王鸿一发动十一县的进步人士成立"尚志社"，鼓励各校学生分赴上海、徐州等地参加国民革命军，并在城内起事响应，以推翻清政府。辛亥革命后，任山东提学使，山东议会副议长，兼省立第一中学校长，同时任省长公署顾问。袁世凯称帝后，王鸿一辞职回曹州办学，号召倒袁。五四运动爆发，他以巴黎和会拒签问题，领导全省民众团体，开展大规模请愿活动，争取国家主权。1921年，北大教授梁漱溟来山东济南讲演东西方文化和哲学，王鸿一对其甚为钦佩，结为好友，与其商榷昌明中国文化的措施，认为厉行村治为最有效的方法。他提出的"村本政治"思想影响了梁漱溟，并由此引导了全国性的"乡村建设运动"，对当时的中国产生了重大的影响。在韩复榘的支持下，经过几年的筹备，王鸿一同梁漱溟在曹州办起了重华书院，办学经费全靠王筹措。后来王鸿一又在北平办《中华日报》《村治月刊》，在百泉设村治学院。他认为华北人稠地少、生计艰难，建议省府向西北移民，并亲自联络冀豫两省，组办西北垦殖公司，在垦地设置新村，菏泽和郓城去的人最多。1925年，孙中山出师北伐，王鸿一与吕秀文在曹州组织国民革命第五军进行声援。王曾被张作霖悬赏10万元缉捕。直至张宗昌失败，张作霖死后，才得以公开进行政治活动。1930年春，国民政府任命王鸿一为内政代次长，1930年7月病故于北京。

山东教育界名人、王鸿一的朋友、被鲁西南民众称为"丛圣人"的丛涟珠也对顾颉刚的教科书提出强烈的否定意见。

　　丛涟珠（1875—1939），字禾生，山东文登人。与王鸿一关系密切。1902年乡试落榜，遂投考并进入山东省立师范馆，学习西方科学课程。1903年留学日本宏文学院，在日本期间，逐渐形成从事教育的思想。"余在日本时，即发生一种思想，以为欲建立新国家，必先培养人才。"① 丛涟珠在日本时加入同盟会，与孙中山、黄兴等都有接触，1905年回国。回国后基本上以从事教育事业为己任。重宋明理学，要求学生克己复礼、修身养性。曾任登州各县劝学员、省视学员、省立第二师范学校校长、省立六中校长，主持省立六中长达十二年，使该校教育质量优异，蜚声省内外。中华人民共和国水利部副部长、中国近代水利事业开拓者张含英（丛的学生）在自传中称，"受丛校长的影响，明白了一点治国平天下的道理"。② 教育家何思源在1935年为《山东省立六中一览》一书作序时写道，"长江以北能与之相颉颃的学校，只有保定的育德中学，北京的师大附中。以学校为单位，每年每次升学人数与考取人数之比率，在长江以北各中学中，我们的学校占第一位"。③ 丛涟珠为山东，特别是鲁西南教育事业的发展做出了积极贡献。

　　就是这个人称"丛圣人"的丛涟珠，和他的志同道合者王鸿一共同发起了对顾颉刚教科书的责难。主要是要求禁止该书的发行和阅读，同时建议处以巨额罚款。

　　《顾颉刚日记》于1929年3月1日记载了此事，"伯祥告我，谓上月国民政府根据山东曹州府人丛涟珠呈文，禁止现代初中本国史发行，且拟罚商务印书馆一百万元或一百五十万元。商务大怖，急请吴稚晖先生去函争

① 赵宏林.清末民初山东知名教育家研究［M］.北京：中国社会科学出版社，2013：105.
② 中国水利学会.张含英纪念集［M］.北京：中国水利水电出版社，2003：318.
③ 王强，马亮宽.何思源：宦海沉浮一书生［M］.天津：天津人民出版社，1996：10.

之，乃仅禁止发行而已。……其请禁理由，为书中不承袭尧舜禹为实事，足以败坏中国人道德云云"。①

顾颉刚还说道："那时山东参议员王鸿一就提出专案，弹劾此书，说它'非圣无法'，要加以查禁。"②

虽然责难由山东士人发起，但更为强势的责难来自国民党元老、理论家戴季陶。③他是最重要最有影响力的重量级反对派。戴季陶之所以坚决反对顾颉刚的观点，可能主要有三个理由：除了与他的理论家身份、要为国民党思想舆论统一做工作有关系外，也许还与他是一个"日本通"有关。当时日本对中国已经是咄咄逼人，侵略野心昭然若揭，此时亟需全国人民精诚团结，一致对日。第三个理由是，理论家戴季陶发现我国民族自信力在近代正一步步消退，恢复民族自信力已经成为一个重要问题。正因为戴季陶清晰地看到这些问题，了解民族观念、国家观念的重要性，容不得顾颉刚对他心目中的民族、国家观念进行贬损，容不得对正在消退的民族自信力给予更让人担忧的有理论依据的促退。④

据说，戴季陶直接给教育部写信，认为顾颉刚的历史教科书竟然怀疑禹有无其人，实在是太过荒唐，容易误导学生，不应作为中学课本，应坚决予以取缔。⑤当时的国务会议上还有人提议应对这样的书予以重罚。该书发行了大约160万册，以一本一元罚款计，要罚160万。⑥

---

① 顾颉刚.顾颉刚日记：第二卷［M］.台北：联经出版事业股份有限公司，2007：257.
② 顾颉刚.古史辨：第一册［M］.上海：上海古籍出版社，1982：我是怎样编写《古史辨》的18.
③ 戴季陶（1890-1949），中华民国和中国国民党元老，中国近代思想家、理论家和政治人物，也是中国马克思主义最早的研究者之一。曾先后担任黄埔军校政治部主任、国立中山大学校长、国民党中央宣传部部长、考试院院长等职。1949年自杀身亡。
④ 钱穆在《国学概论》中的最后一章，就专门写三民主义、写戴季陶。这些内容确实不怎么"国学"，但钱穆写了，写在《国学概论》中，因为这涉及民族自信力。
⑤ 石鸥.民国中小学教科书研究［M］.长沙：湖南教育出版社，2019：156-157.
⑥ 汪修荣.史学大师顾颉刚其人其事［J］.党员干部之友，2013（1）：38-39.

在 20 世纪 20 年代，这可是天价罚款，如果真的被执行，对商务印书馆将是灭顶之灾。

总经理张元济听到这个消息后"大怖"，连忙直奔南京，找国民党元老吴稚晖斡旋，终于化险为夷。①

钱没有罚，但书还是被禁了。南京国民政府第十七次国务会议决定由教育部查禁。

当时很多报纸也报道了这一事件。如 1929 年 5 月 16 日北平《新晨报》以《国府严禁反动教材发行》为题报道了此事。

在顾颉刚看来，对他的教科书的禁令和罚款，是一场"文字狱"。相呼应的是，在自由主义知识分子胡适看来，这是国民党压制思想自由的证据。他说，"一个学者编了一部历史教科书，里面对于三皇五帝表示了一点怀疑，便引起了国民政府诸公的义愤，便有戴季陶先生主张要罚商务印书馆一百万元！一百万元虽然从宽豁免了，但这一部很好的历史教科书，曹锟、吴佩孚所不曾禁止的，终于不准发行了"。②这确实符合胡适愤世嫉俗的自由主义性格。况且顾颉刚就是在胡适的推荐下，着手编写这本历史教科书的，而《本国史》的校订者恰恰又是胡适本人，自己推荐的人选和校订的历史教科书遭受如此命运，自然激起了胡适的极大不满和愤慨。胡适也许意识到，对顾颉刚的否定背后有对他本人的不满的表达。胡适在 1929 年的日记中粘贴了这么一篇讽刺南京国民政府的小杂文，题目是《近事杂评》。其中写道："戴季陶这一天神色仓皇，一手握着这几本教科书，一手抵在桌

① 汪修荣.史学大师顾颉刚其人其事［J］.党员干部之友，2013（1）：38-39.

② 胡适.新文化运动与国民党［M］// 胡明.胡适精品集：第 10 集.北京：光明日报出版社，1998：53-66.

上，在会议席上大放厥词"，认定这本历史教科书"是一种惑世诬民的邪说，足以动摇国本"。① 胡适日记中的这张剪报，文章的小标题是《一件比蒋桂战争还要重要的事》。当时为了湖南问题，蒋桂双方闹得紧张万分，而把禁止顾颉刚编写的教科书看作比蒋桂战争还严重的事，可见当时该教科书引起的爆炸性效应。该文从三个方面讨论了此事。第一，分析为什么戴季陶要坚决反对此书。第二，该文还就蔡元培没有勇敢地站出来抵制戴季陶之流而对蔡提出了批评，认为既然蔡元培主持的大学院审定通过了该教科书，就应该站出来支持该书，否则当初就不应该审定通过。当然，该文认为是在蔡元培斡旋下才使得该书免遭罚款的，而不是一般所说的是吴稚晖斡旋的结果。第三，该文分析了如果广大学者们不站出来讲话的话，发展下去，会有更严重的后果。

　　站在胡适一边，支持顾颉刚的论点，认为学术上的开明观点应该得到尊重的学者还是大有人在的。前述杂文，冷嘲热讽，就是直接挺顾颉刚的。史学家张荫麟（笔名素痴）也曾替顾氏"喊冤"。他希望政府应该尊重专家的"开明意见"。他说，"好几年前有一位很适宜于编历史课本的人，编了一部至少在当时算是比较高明的历史课本，但因为其中有些意见和一位未曾读过多少历史，也不肯运用神经系统的达官不合，那部书便在出版界突然绝迹了，而且替他出版的书店也几乎受累。这样的情形是很足以使有志于编纂历史课本的人灰心的"。② 这些人认为，教科书和其他任何文本一样，也应该坚持并表现真实的历史与事件。教科书讲的内容必须是真实的、已证实的、客观的。

　　站在反对者一边，对顾颉刚历史教科书中怀疑甚至否定"三皇五帝"的做法提出批评的人也不少。戴季陶认为，"中国所以能团结为一体，全由于人民共信自己为出于一个祖先"，所以"民族问题是一个大问题，学者们

① 　胡适. 胡适日记全编：第5编［M］. 曹伯言，整理. 合肥：安徽教育出版社，2001：380–386.
② 　素痴. 关于"历史学家的当前责任"［N］. 大公报，1934–09–28.

随意讨论是许可的，至于书店出版教科书，大量发行，那就是犯罪，应该严办"。这里提出了一个问题：学术争鸣与教育观念需不需要有所区分？应当说是对应着当时人们的认识水准的。虽然南京国民政府对教科书案的处置，特别是对商务印书馆的处置确实过于严重，但是戴季陶的意见也尚有其清醒理智之一面。① 至少，他认为，无论如何大的问题，学者们是可以进行学术讨论的。他没有禁止学术讨论的思想。

弹劾者、批评者纷纷指责顾颉刚"不承尧舜禹为实事"，"解散"了"全国人民团结为一体的要求"。"现在中学历史教材，显然有歧误的观念，足以遗患青年的，不在少数：疑古派因着'年湮代远于古无征'，遂举历史通质上先民史料加以否认传疑，这是史学上怀疑精神的产物，不可谓不是现代新颖的史说，但是加入中学教材范围，则仅受中学教育为止的青年，将得一太古荒邈黄农禹稷均无其人其事的概念。不是自斩历史的差误么？……书买稗贩，骛新炫异，哪知这些歧误的观念，影响在民族青年不浅。选取学术内容为教科材料，原属文化继承和传播的必要的手段，但学术上的一切发见新说，不尽能，也不必要尽入国民教育的范畴。"② 该学者的观点很明白，学术归学术，学术不应该和教科书内容相混淆，学术上可以坚持的观点不一定适合在教科书中讲述。一定程度上，甚至官方的意图也是，在民族问题上的观点和立场，中小学历史教科书与学术著作应该有区别。

这里提出了学术思想和教科书文本的关系这一至今仍然没有得到很好解决的问题。教科书应和学术著作有所区别——今天有很多人也是这么认为的。

从教科书政治学的角度看，教科书承载着传播社会主流意识形态的重要职能。在这种情况下，"不载三皇五帝"的疑古史学教科书与南京国民政

---

① 张京华.古史辨派与中国现代学术走向［M］.厦门：厦门大学出社，2009：42-45.

② 张圣瑜.中学历史教学的职能和革新［J］.江苏教育，1935，4（3）：47-53.

府提倡的民族主义历史教育旨趣难免发生严重冲突。在南京国民政府以及部分学者看来，"三皇五帝"背后隐藏着中华民族的珍贵的信仰和崇拜，是维系国家和民族凝聚力的象征，而这也正是很多人和南京国民政府所注重和强调的。他们担心在国运衰微的特殊时期，历史教科书如此论述会不利于增强民族凝聚力。

实际上人们的担心并非多余，南京国民政府在这一问题上的动机并不见得完全是"恶意"，亦不一定是要限制学术观点的自由表达，因为对待教科书，几乎没有哪个政府会掉以轻心。它这样做即便按今天有些人的认识，也还是有一定的合理性与正当性的。后面将要论及的教科书"岳飞事件"的某些同仇敌忾的论点不就是这样的吗？重要的是，不仅仅南京国民政府如此认为，这种立场基本上也代表了当时社会的一种"民意"，是社会"认知"的大致体现。

在今天看来，南京国民政府统治下的历史教育更多的是一种"思想宣传"甚至"思想控制"的工具，而非纯粹的"学术研究"或知识传授。事实上，教科书，尤其是历史教科书也不是纯粹的学术研究或知识传授。因为中学历史教育承担了培养学生民族意识的重要功能，所以只有那些与思想宣传相一致、与人们理解的"培养学生民族意识"相一致的学术观点才能进入历史教科书之中。正因如此，南京国民政府统治下的学校历史教科书在一些敏感历史内容编写上，被"管理"和约束的力度大大加强了，即绝不能任由学者的笔头信马由缰。最突出的表现便是，南京国民政府成立不久便迅速确立了教育宗旨，还制定了详细的八条教育宗旨实施方针。其中第一条就与学校历史教科书有关，"各级学校之三民主义教育，应与全体课程及课外作业相连贯。以史地教材阐明民族之真谛"。可以说，南京国民政府通过采取直接和间接的方式，对中学历史教育给予了高度的重视，从另外一个角度看，也给予了高度的"控制"。

意识形态如果成为一切社会行为的指导原则，无论对错，都是不容教科书商榷的。在这种情况下，顾颉刚及其《本国史》教科书的命运，也就可想而知了。作为学者的顾颉刚和胡适，一方面坚持自己的学术观点，另一方面还要介入中学历史教育，这本身就很难达成一种"和谐"。实际上在当时很多学者看来，这确实是一件很无奈的事情。吕思勉不断修正自己早期提出的关于秦桧、岳飞的观点就是明证（后面我们将要分析此事）。即便到了 21 世纪，学术性与政治性之间的冲突，在历史教育中亦明显地存在着。

所以，这场冲突已经不完全是历史的"正确"与"错误"的冲突，不是历史的真实与否的冲突，而是双方对历史学与历史教育、对历史学著作与历史教科书认识不同的冲突。

顾颉刚意识中的史学是有独立性的，应实事求是地反映历史的客观面貌。但是在南京国民政府（甚至许多人）看来，历史是为特定社会服务的，必须以作为意识形态的民族主义为指导。所以官方教科书对此段历史又是一种表达。① 而且这种表达越来越成为今天的教科书共识。

对这件事，顾颉刚一直耿耿于怀。在他的一生中，曾屡屡提及此事，而且饶有兴味的是，似乎越往后态度越挑剔了，正与顾颉刚先生的学术发

---

① 教育部国立编译馆编写的《初级中学历史》，第一册第 29 页至第 33 页，传说中的黄帝、有巢氏、燧人氏、神农氏、尧、舜、禹等传说故事，都当作信史叙述。比如描述了黄帝的种种"创制"，并给予他很高的评价："黄帝不但是中华国家的开创者，而且是文明制度的发明人，上而至于政治组织，下而至于食、衣、住、行之所需，可以说大致都是他创造改进的。他的子孙辗转蓄衍，现在布满了中国，他创造的文物制度，也为后世所流行，至今不变，他真配中华民族开国的元勋了。"（国定中小学教科书七家联合供应处 1947 年 1 月出版），这似可看作民国官方在这一问题上的立场。进入 21 世纪，教科书的叙述则更谨慎地接近科学认识：在"炎帝、黄帝和尧、舜、禹的传说"的节目下展开，明确表达为"传说中的尧、舜、禹时代"（见人民教育出版社 2003 年出版《中国古代史：选修》）。

现类似——是层积的。

　　顾颉刚的教科书是在 1929 年初被禁的。听到被禁的事情时，顾颉刚的反应并不强烈。《顾颉刚日记》记载（1929 年 3 月 1 日），"伯祥告我，谓上月国民政府根据山东曹州府人丛涟珠呈文，禁止现代初中本国史发行，且拟罚商务印书馆一百万或一百五十万元。商务大怖，急请吴稚晖先生去函争之，乃仅禁止发行而已。又谓此案固根据丛禁呈，闻实系李济深上次北来时带到之梁漱溟、黄节提案（梁、黄等倡导国学，对新派学者胡适、陈独秀等素有看法，且多有交锋，顾这么认识是有其合理性一面的，但是否还有其他内幕，暂不得而知——引者注），彼辈宗旨在于打倒我及胡适之先生二人，已我为编辑，胡为校订者也（按梁为曹州中学校长，故丛氏此事当即梁所指挥）。其请禁理由，为书中不承袭尧舜禹为实事，足以败坏中国人道德云云"。①

　　顾颉刚 3 月 19 日的日记，"闻现代初中本国史教科书已由教育部行文各教育厅，禁止采用，各学校已接到令文矣"。3 月 22 日的日记，"今日云五先生来，予首道编本国史之歉，谓以中山大学同事攻击我个人之故，殃及商务馆"。②此时，顾颉刚正在中山大学工作（1927—1929），戴季陶于1926 年至 1930 年任该校校长。1929 年 5 月，顾颉刚离开中大，受聘于燕京大学。

　　5 月 16 日的日记，"今日《新晨报》将'严重反动教科书'一条新闻登出，事历数月而忽然见此，其吓我耶"。

　　9 月 15 日的日记，"得梁漱溟先生来书，知教科书之被禁系王鸿一之主意，陈亚三（北大同学）为之执笔，与他及莘田无关"。这里，梁漱溟似乎是在给自己也给罗常培澄清"误会"（估计社会上有流传，顾颉刚教科书事件与梁漱溟以及罗常培有关），把责任推给了王鸿一和陈亚三（陈亚三，山东人，中学时是王鸿一的学生，在北大读书时是梁漱溟的学生。毕业后受王鸿一邀请，随梁漱溟来山东菏泽创办了重华书院，后任院长，1930 年在山东邹平县随梁漱溟办乡村建设研究院；莘田即罗常培，时任中山大学教授，著名语言学家，中华人民共和国成立后任中科院语言研究所第一任所长）。①

上述"首道其歉""其吓我耶""中山大学同事攻击""打倒我与胡适"等语，似乎有点自责、担心和埋怨人际的味道，并没有就自己的学术观点和学术表达本身提出理由。

第二年也即 1930 年的日记记载也不算严重，但随着事件或对事件的看法持续发酵，严重性开始逐步加剧。

1930 年 6 月，顾颉刚抱怨说，"试看去年商务印书馆的中学本国史教科书因不载三皇五帝而被禁……可见这种迷信的势力还是很大"。②

1930 年 7 月 27 日的日记，"览报，悉王鸿一昨日在北平逝世。此后予《古史辨》陆续出版，倘不至被禁乎？"③对手已逝，总不至于再查禁我的书了吧，多少有一种"俱往矣"的心态。

1935 年，他在《三皇考·自序》中说到，自己曾因为编中学本国史教科书受到南京国民政府弹劾。但此文并未提戴季陶之名，只说"主张禁的达官"。这以前的日记或其他记载，都没有点戴季陶的名，事实上，在中山大学时，二人的关系还是挺正常的。

到 20 世纪 60 年代，情况明显变化。

1963 年 1 月 25 日，顾日记又载"予在国民党时代为戴季陶所压制，谓

①　李辉. 老人与书［M］. 南京：南京师范大学出版社，2013：133.
②　顾颉刚. 中国上古史研究讲义［M］. 北京：中华书局，1988：自序 17.
③　顾颉刚. 顾颉刚日记：第二卷［M］. 台北：联经出版事业股份有限公司，2007：423.

予'离经叛逆'"。①

当时，顾的表述是，"我替商务印书馆编教科书的时候，我用了'所谓'二字谈三皇说五帝。戴季陶是国民党要人，知道了以后，说是这样取消了中国民族的信心。为此，他要罚商务印书馆 160 万元，后来托人说情了结此案。这是民国十三年的事情。我一气之下，到了南京大学，连续发表了数篇文章，详细阐发三皇、五帝的考证及结论"。②

此时，顾颉刚已经无所顾忌地不断点名戴季陶了。因为，戴季陶已经是共产党的死敌，也确实成为死了的敌人，而顾颉刚已经是共产党领导下的著名史学家了。

到 20 世纪 80 年代，首次出现了"文字狱"的说法。

1982 年，顾颉刚说道，"那时山东参议员王鸿一就提出专案，弹劾此书，说它'非圣无法'，要加以查禁。……戴季陶就利用这个提案做文章，说中国所以能团结为一体，全由于人民共信自己为出于一个祖先；如今说没有三皇、五帝，就是把全国人民团结为一体的要求解散了，这还了得！又说：'民族问题是一个大问题，学者们随意讨论是许可的，至于书店出版教科书，大量发行，那就是犯罪，应该严办。'话说得这样激烈，传到上海，商务印书馆的几个当事人大为发急，由总经理张元济赶到南京，与'党国元老'吴稚晖商量解决办法。当时国务会议所提处罚条件甚为严酷，说'这部教科书前后共印了一百六十万部，该罚商务一百六十万元'。商务出不起这笔罚款，请吴稚晖出来说情，免去了罚款，只是禁止发行，了结此案。这是我为讨论古史在商务印书馆所撞出的祸，也是中华民国的一件文字狱"。③

① 顾颉刚.顾颉刚日记：第九卷［M］.台北：联经出版事业股份有限公司，2007：618.
② 顾颉刚.中国史学入门［M］.何启君，整理.北京：北京出版社，2002：27.
③ 顾颉刚.古史辨：第一册［M］.上海：上海古籍出版社，1982；我是怎样编写《古史辨》的 18-19.

从反应不甚激烈到逐步激烈，从不点名到公然点名，从禁书到文字狱，随着时间的推移，当事者的态度"层累性"地升级。"层累说"的创始人恐怕也没有认识到这一吊诡结局。有意思的是，当事者对反对者的反对随着时间升级，而对事件本身性质的评判则随着时间而淡化。

1926 年，顾颉刚在写《古史辨》第一册"自序"中说道：在上海商务印书馆编中学本国史教科书时，面对的问题是，"上古史方面怎样办呢？三皇五帝的系统，当然是推翻的了"。① 好一个"推翻了的"，而且推翻的是"三皇五帝的系统"，尤其是要进入学生们的课本，简直是石破天惊。

当时顾颉刚似乎对历史教科书中出现这样石破天惊的观点有些顾忌，他预计到自己的观点一出，可能会带来严重的后果，这说明顾颉刚一定程度上也意识到学术著作和教科书的异同之处，意识到自己"推翻三皇五帝"的严重性。于是才出现他向当时商务印书馆史地部主任朱经农商量一幕。

但顾颉刚在晚年追忆这件事时，将他对教科书的处理说得十分轻淡，只是"不提'盘古'，对'三皇、五帝'只略叙其事，加上'所谓'二字，表示并不真实"，并不比夏曾佑的《中学历史教科书》写得激烈。② "不提""略叙其事""所谓"等说法，而且还把夏曾佑的历史教科书拿出来对照，认为不如夏的激烈，显然在晚年的评判中，其严重性不如当年编写该书时的心理判断，"推翻了的"。而晚年时对受的委屈则看得严重多了。

当然，这件事还可能涉及（或主观上认为涉及）复杂的学术观点及其派系。难免也掺杂着个人恩怨。

阿普尔认为，"教材编者们承受着巨大而持久的压力，他们需要在教科书中加入更多的内容"。③ 这实际就是教科书的学术性（科学的求真标准）

① 顾颉刚.古史辨：第一册［M］.上海：上海古籍出版社，1982：自序 51.
② 顾颉刚.古史辨：第一册［M］.上海：上海古籍出版社，1982：我是怎样编写《古史辨》的 18—19.
③ 阿普尔，史密斯.教科书政治学［M］.侯定凯，译.上海：华东师范大学出版社，2005：12.

和意识形态性（在正面程度上包括道德的求善标准）冲突的标志或表现。

编写教科书第一要素是求真还是求善？如果是求真，对"真"的追求应该是第一位的。如果教科书首先是国家意志的体现，是具有浓厚意识形态性质的文本，其次才是教学文本或其他文本，那么，作为高度政治化的产物，它们承载着传播支配集团和强大的传统文化的历史使命，因而其传授科学知识的意义显然就要兼顾于这个使命。[1]

从古至今，谁都无法轻视教科书。教科书在经典内容上的变更，即便是表述方式的变更（如清末彪蒙书室用白话文来写经典而招致的关张结局[2]），都会引起社会神经的痛，从百姓到官方。

---

① 石鸥.教科书概论［M］.广州：广东教育出版社，2019：123-133.

② 石鸥.百年中国教科书忆［M］.北京：知识产权出版社，2015：175-177.

什么样的岳飞
——民国吕思勉教科书事件

▲《白话本国史》，吕思勉，商务印书馆，1923

《白话本国史》，商务印书馆 1923 年初版。就是这本今人看来很正常的教科书，却让作者一辈子耿耿于怀。而这个作者，就是后来大名鼎鼎的史学家吕思勉。

1952 年，吕思勉在《三反及思想改造学习总结》中，在那种敏感的政治氛围下，还愤愤地提起此事：

此书系将予在中学时之讲义及所参考之材料，加以增补而成。……此书在当时，有一部分有参考之价值，今则予说亦多改变矣（是由于研究的深入，真的认识变了，还是不得不变？——引者）。此书曾为龚德柏君所讼，谓予诋毁岳飞，乃系危害民国。……然至今，尚有以此事诋余者。①

---

① 吕思勉.吕思勉遗文集：上册［M］.上海：华东师范大学出版社，1997：435–452.

此书够烫手的了，"然至今，尚有以此事诟余者"，竟然给作者带来了三十年的麻烦。三十年的心理压力和不平确实够折磨人的。

也许今人很多已经不知道，学界很熟悉的史学大家、华东师范大学一级教授和终身教授吕思勉先生，年轻时曾经惹发了一场大风波，并因此而多次对簿公堂。难以想象的是，这场风波因小课本而起，这个官司因岳飞而起。

吕思勉（1884—1957），字诚之。江苏常州人。我国著名史学大家。先后在苏州东吴大学、江苏省立第一师范学校任教。又在上海中华书局、上海商务印书馆任编辑。1926年起，任上海光华大学国文系、历史系教授兼系主任。1951年院系合并后，任华东师范大学历史系一级教授和终身教授。

吕思勉先生的教科书引出的风波应该追溯到1923年。该年9月上海商务印书馆出版了吕思勉撰写的《白话本国史》。《白话本国史》是吕思勉的史学成名作，是中国史学界第一部系统的新式的通史，[1]是中国历史上第一部用白话文写成的中国通史，也是我国历史上最早以白话文写成的历史教科书之一（严格意义上说这不是经教育部审定的真正的学校教科书，而是自学课本），曾长期被用作大中学校教材和青年自修读物。无论是在学术界，还是在教育界，该书都颇受好评。顾颉刚认为，该书"为通史写作开了一个新的纪元""书中虽略有可议的地方，但在今日尚不失为一部极好的著作"。[2]著名史学家杨宽曾经回忆说，"我对中国古代史的钻研是由这部书引起的"。[3]史学大家金毓黻甚至认为该书堪称"中国史之第一名作"。正因

① 李水圻，张耕华.吕思勉先生年谱长编：上［M］.上海：上海古籍出版社，2012：286.
② 顾颉刚.当代中国史学［M］.沈阳：辽宁教育出版社，1998：77.
③ 杨宽.历史激流中的动荡和曲折：杨宽自传［M］.台北：大块文化，2005：47.

为是一本难得的好书，因而初版后不断得以再版，到 1926 年就重印了第四版。①

全书分四册，上起远古时代，下至 1922 年华盛顿会议的召开。然而这本好评如潮的教科书，却惹出了大麻烦。

问题出在《白话本国史》"南宋和金朝的和战"一章，在这一章，作者认为：宋金的和议在当时本是件必不能免的事，然而主持和议的秦桧却因此而大负恶名，真是冤枉极了。而和议之所以不能避免，是因为当时并无一支可靠的军队。

他认为，宋朝南渡之初，情形是很危险的，其原因是当时并无一支可靠的军队。在宋徽宗执政时期，蔡京等利用诸军缺额"封桩其饷，以备上供"，北宋的兵力，本靠不住；这一来，便连靠不住的兵力，也没有了（靖康时入援，以陕西兵多之地，竭力搜刮，只得万五千人）。南北宋之际，"大将如宗泽及韩、岳、张、刘等，都是招群盗而用之，既未训练，又无纪律，全靠不住。而中央政府又无权力，诸将就自然骄横起来，其结果，反弄成将骄卒惰的样子""秦桧一定要跑回来，正是他爱国之处，始终坚持和议，是他有识力、肯负责任之处""岳飞只郾城打了一个胜仗，郾城以外的战绩，都是莫须有的，最可笑的。宗弼渡江的时候，岳飞始终躲在江苏，眼看着高宗受金人的追逐"。

作者引用了《文献通考》的史料说：

建炎中兴之后，兵弱敌强，动辄败北。以致王业偏安者，将骄卒惰军政不肃所致。张韩刘岳之徒，……究其勋庸，亦多是削平内难，抚定东南

---

① 吕思勉的这本教材是一本影响深远的史学大作。2005 年上海古籍出版社收入《吕思勉文集》新版重印；2008 年新世界出版社将其改名为《中国通史》出插图珍藏版；2008 年中国社会科学出版社将其改名为《中国史》并收入"大国历史"丛书重印；同年，又被改名为《吕思勉讲史》由长征出版社出版；2010 年中国言实出版社再版重印；2010 年改名《中国史》由中国华侨出版社重印。

耳，一遇女真，非败即遁；纵有小胜，不能补过。……这种兵，好靠着他谋恢复否？

《白话本国史》出版后不断地再版，因此，这一看法也就随着该书的出版而在社会上广为流传。"九一八"事变后，因国家形势有变化，开始有人议论《白话本国史》宋金和战的论述不当，商务印书馆便要求作者对这一节文字作适当修改和删节，要求改褒秦桧贬岳飞为贬秦桧褒岳飞，作为国难后的修订版继续发行。虽然作者有所修改，却并没有完全按照普遍的观点进行表述。至1935年，修订本（国难后版本）已发行到第4版，市场上各种旧版本仍在流行。

1935年3月5日，号称"民国第一清官""布衣市长"的南京特别市市长石瑛签发训令第2315号，严禁吕思勉的《白话本国史》在没有修改上述观点前在南京销售。[①]并签发第2316号函致国民党中央宣传委员会，函请查禁该书：

武穆之精忠与秦桧之奸邪早为千古定论，该书上述各节摭拾浮词，妄陈瞽说，于武穆极丑诋之能，于秦桧尽推崇之致，是何居心，殊不解。际此国势衰弱，外侮凭陵，凡所以鼓励精忠报国之精神，激扬不屈不挠之意志，在学术界方当交相劝勉，一致努力。乃该书持论竟大反常理，影响所及，何堪设想，拟请贵会严饬该书著作人及商务印书馆限期将上述各节迅即删除改正，在未改正以前，禁止该书发售，以正视听而免淆惑。除令本市社会局严禁该书在本市销售并通饬各级学校禁止学生阅读外，相应函请查照核办……

很快，上海市接到国民党中央宣传委员会的指令，要求上海禁售该书（商务印书馆当时在上海，该书也在上海出版发行）。1935年3月，上海市国民党党部命令商务印书馆修改该书，并指明必须修改的要点，在未改

---

① 南京市政府.南京市政府公告第151期［Z］.南京：南京市政府，1935：50-51.

正以前，禁止该书发售。国民党上海特别市执行委员会在训令（执字 1584
号）中称，"中央宣传委员会密函第 787 号内开准南京市政府密函开查商务
印书馆发行之吕思勉著自修适用白话本国史第三编近古史下第一章南宋和
金朝的和战""撷拾浮词，妄陈瞽说，于武穆极丑诋之能，于秦桧尽推崇之
致"，该当修改，修改前必须禁止等等。

　　禁令一出，反响迅速。当时，既有支持国民政府查禁该书的，也有力
挺吕思勉的。时任北平师范大学教授的熊梦飞撰文抨击吕思勉，认为历史
教科书应以"陶铸民族精神，训练公民道德为任务"，而吕氏教科书对民族
英雄的事迹"或略而不述，或述而不详，或详而不加宣扬，反加曲解"，这
是不利于完成教育使命的。[1]1935 年 3 月 13 日，南京通讯报道，南京市政
府呈请教育部通令查禁吕思勉著《白话本国史》，因其诋岳飞而推崇秦桧。
同一天，上海《新闻报》以《白话本国史之怪论：岳飞是军阀秦桧爱国》
为标题，支持政府查禁《白话本国史》，并称该书的持论是有害民族性的。
其时报纸杂志，评论其事者甚多，有攻击的，也有辩解的，有些报刊甚至
借以勒索贿赂，如不应允，便要发表污蔑性文字，吕思勉均置之不理，亦
不辩答。年仅 25 岁的进步青年、南京《朝报》主笔赵超构即是其中力挺吕
思勉的代表。该青年的进步也确实在日后得到回报或强化，不过日后他也
许另有许多感想。

　　赵超构（1910—1992），笔名林放，浙江瑞安人。1929 年去日本，1934
年毕业于上海中国公学大学部政经系，后任南京《朝报》编辑。1938 年任
重庆《新民报》主笔。1944 年参加中外记者团访问延安，受到毛泽东的接
见，发表系列通讯《延安一月》，向大后方人民介绍延安真实情况。1946
年，参与筹建《新民报》上海版晚刊，任总主笔。1947 年 5 月，《新民报》
上海版被勒令"永久停刊"。1948 年冬，赵超构遭国民党当局迫害避居香

---

① 　熊梦飞 . 评吕著高中本国史［J］. 教与学，1935（1）：239– 240.

港，次年进入解放区。上海解放后返沪，继续主持《新民报》晚刊工作。1958年报纸改名《新民晚报》，赵超构任社长、总编辑。先后被选为全国人大代表、全国政协常委、上海市政协副主席、中国民主同盟中央常委、上海市委员会副主任委员和中华全国新闻工作者协会副主席等职。

年轻的赵超构有感于南京市政府禁止了吕思勉的书，在《朝报》老板王公弢的支持下，即于《朝报》上第一时间以"沽"的笔名发表《从秦桧说起》一文，为吕思勉辩解。文章写道，"现在的国势，自然不能与南宋时相提并论，但岳飞与秦桧如果生在现代，其功罪恐怕也是不容易判断的罢！岳飞之主战论当然易于哗众媚俗，秦桧之有勇气主张宋金提携，打开宋金间之僵局，其忍辱负重的精神，即在目前看来，也未可厚非"。[1]紧接着，《朝报》自3月20日到26日，连发文章，支持吕思勉。

当时，周作人也写文论述了此事，表达了自己支持吕思勉的看法。他认为，吕思勉"所说与群众的定论比较的确有点'矫奇立异'，有人听了要不喜欢，原是当然的"。然而，其"意思并不全错，至少也多有根据，有前人说过"。接着周作人列举了俞正燮、朱子的一些说法，与吕思勉的意思大致相同的观点。结论是，如果我们要根据现在的感情去禁止吕思勉的书，那么对于与他持有同样意见的朱子等人的观点"非先加以检讨不可"。周作人分析说，"现今崇拜岳飞唾骂秦桧的风气我想还是受了《精忠岳传》的影响，正与民间对于桃园三结义的关公与水泊英雄的武二哥之尊敬有点情形相同"。[2]其实，胡适也有近似的看法。他在1925年《现代评论》第一卷第四期上发表《南宋初年的军费》一文，写道："宋高宗与秦桧主张和议，确有不得已的苦衷。……秦桧有大功而世人唾骂他至于今日，真是冤枉。"曹聚仁先生后来回忆，比较认同当年《白话本国史》一书对岳飞的看法，"当

---

① 沽. 从秦桧说起［N］. 朝报，1935-03-12.

② 钟叔河. 周作人文类编：中国气味［M］. 长沙：湖南文艺出版社，1998：710-712.

年吕思勉先生的《白话本国史》（商务）刚出版，对于岳飞生平，说得更近事实"，认为岳飞是很难成功的，"最重要的，是他们的部队不行，军风纪很坏（朱熹、王船山都是这么说的）"。①

报纸上的笔墨官司虽酣，还不能算是动真格的。不过它已经酝酿着事态的进一步升级。当年 5 月，事态上升到罪与法的高度，开始进入诉讼阶段，且卷入事态的人更多了。诉上法庭的原告是南京《救国日报》资深报人龚德柏，也就是赵超构在《朝报》自 1935 年 3 月 20 日到 26 日连发文章支持吕思勉所驳斥的那个龚德柏，如《辟某报汉奸论》《用真凭实据证明龚德柏诬陷吕思勉》《杂驳某报》《龚德柏之真凭实据，原来只有天晓得！》等。

龚德柏可是个狠角儿。

龚德柏（1891—1980），湖南泸溪县人，1908 年就读辰州中学堂。1910 年因鼓动学潮被开除学籍，乃转入长沙明德学堂。1915 年 9 月入日本东京第一高等学校特别预科。翌年秋转入正科，攻读政法、外交。留居日本期间，受聘《中日通讯社》编辑，并兼任《京津泰晤士报》驻东京通讯员，自此专心研究日本问题。1922 年回国，在南京从事新闻工作。历任《国民外交杂志》主编、《东方日报》中文版总编辑、《中美通讯社》总编辑等职。1923 年执教于法政大学。与成舍我合办《世界晚报》，后兼《世界日报》总编辑，创办《大同晚报》。因抨击时政，涉及当政者多，数度被捕入狱。这是一个想说什么就说什么，想骂谁就骂谁的角色，故新闻界称其为"龚大炮"。他自我评价说，"胆大妄为"四字，生是他的美评，死是他的嘉谥。

---

① 曹聚仁.湖上杂忆［M］.济南：山东画报出版社，2002：26-28.

连孙科都被他连轰数"炮",搅起轰动。1927年,任南京《革命军日报》总编辑。1928年任中华民国外交部特派湖南交涉员。1931年"九一八"事变后,出版《征倭论》一书,主张对日长期作战,轰动一时。1932年初,于南京创办《救国晚报》《救国日报》,被蒋介石聘为国民政府军事委员会少将参议。1935年当选为国民党五大代表。日本投降后,蒋介石指派张治中和他作为高级顾问参加受降仪式,赴芷江、南京受降。1946年,《救国日报》复刊于南京。1949年去台湾,以文字贾祸,失去自由7年之久,后补选为"国大"代表。

这位龚大炮又开炮了,这次对准的是史学家吕思勉等人。龚德柏以《白话本国史》中宋金和战一节的议论极为不妥为由,向法院控告商务印书馆及《白话本国史》著作人吕思勉,以及《朝报》经理王公弢、主笔赵超构等犯外患罪及出版法。法院竟然受理了龚大炮的起诉,并进行了审理。1935年5月12日,吕思勉与商务印书馆代表李伯嘉、商务聘请的律师徐百齐到南京听候法庭审判。这恐怕是大教授吕思勉一生中第一次也是唯一一次站上法庭被告席。5月20日,江苏上海地方法院宣布判决:不予起诉。判决书称:

……吕思勉所著《白话本国史》不依据确定正史推崇岳飞等,乃称根据宋史本纪、金史、文献通考、赵翼廿二史札记以褒秦桧而贬岳飞等,其持论固属不当,无怪人多指摘。但在民国十二年初版及民国十五年、民国二十二年、民国二十三年各续版皆然,有初版及各续版书可证其间未曾修改,其就古人之臧否加以评论与以现代事实推想古代事实之说,虽未适当,要皆在我国东北之地未失以前,与现在情形不同,自非别有作用,既系个人研究历史之评论与见解。以法律言,即非破坏我国三民主义,损害国家利益,妨害善良风俗,不构成出版法第十九条、第三十五条之罪。

判决书同时宣判:商务印书馆印刷人、发行人李伯嘉当然一样,不构成犯罪。至于王公弢、赵超构等人,他们见南京市政府禁止该书,有不同见解，即于《朝报》发表《从秦桧说起》一文，为吕思勉辩者，亦不过系私人之见解，"谓盖棺定论之难，岳飞、秦桧等之毁誉难定，并有同时誉此人同时毁此人者。有意弄文，非藉抗令。均不成立违反出版法第十九条罪刑，应依刑事诉讼法第二百四十四条第二款为不起诉处分"。

对这种判决，龚大炮自然不满，他以不达目的不罢休的气势，向江苏高等法院申请再议。结果，法律还是扛住了"大炮"。6月4日，江苏高等法院签署《再议处分书》，称"声请再议于法不合，应予驳回"。①江苏高等法院终裁认为《白话本国史》的议论虽未适当，但出版在东北失地之前，即1931年"九一八"事变前，所以吕氏并非别有用心，没有触犯法律，决定"不予处分"。这一年，吕思勉先生已年过半百，任光华大学教授，学术影响力已经很大了。

江苏高等法院在判定吕思勉的《白话本国史》时，不难想象判决的背后也有相当大的苦衷，因为这本历史教科书确实是在1931年前出版的，然而在日本法西斯势力在华肆意扩张侵略的形势下，《白话本国史》竟然否定了岳飞抗金的英雄主义和合理性，容易在国人，尤其是在涉世不深、思想意识尚不健全的学生中产生消极影响。因为一般民众和学生往往是不会从学术的角度去分析问题的。且赵超构等人在政府禁令下达后还公然撰文并在自己主办的报纸上刊文反对政府禁令，在政府看来，也容易涣散大敌当前需统一思想和行动一致抗战的民心。然而难能可贵的是，江苏高等法院对待这样一个主体上是学术问题的案子，并没有作出服从纯政治需要、政权需要或大众声音的评判，而是作出了"不予处分"的裁定。当然，江苏高等法院也认为这种评价"未适当"。"未适当"虽说照顾到了起诉方的意见，但在很大程度上不但是当时官方立场的反映，更是社会大众立场的反映。

---

① 张耕华.吕思勉：史学大师［M］.上海：上海教育出版社，2000：50-53.

后来吕思勉接受了各种批评意见，对相关的论述作了修正。本来，1933 年 10 月，他的《白话本国史》出了修订版（国难后版本），对引起争议的内容作了一定的修改。但很多旧版本仍然见于市场，遂引起上述官司。他于 1940 年出版的《吕著中国通史》，虽然是大学讲义，似乎不会太受历史教科书的约束，但在如何评价"宋金和议"上，也作了适当的改动，认为"宋金和议"是一个"屈辱"。1938 年版的《白话本国史》也进行了一定的修改。

在民族危机面前，学术的独立性不得不让位于思想性，对于一个学者而言这无疑是必须接受的事实。[①] 书虽然作了修改，但吕思勉的内心世界应该是矛盾的。他在 1934 年为上海商务印书馆编写的《复兴高级中学教科书本国史》的"例言"中指出，"此书的编纂，距离编新学制高中教科书时，将近十年了。鄙人的意见，自亦不能全无改变。……又如尧、舜、禹的禅让，昔日认为绝无其事，今则对此的意见，较为缓和。此等处，一一都将旧说改正。自信今是而昨非，但亦不知今之果是乎？非乎？惟有仰望大雅宏达的教正而已"。[②] 后来，他写过一篇题为《从章太炎说到康长素梁任公》的长文，称赞梁任公的侃侃直节，"他生平最拥护真理，他最服膺亚里士多德'吾爱吾师，吾尤爱真理'之言"，尤其推重梁任公与人辩论，拥护真理，不作歪曲之论，不作人身攻击的美风。"《民报》有一次把君主立宪不利于满人之处畅发了，他以为这个问题，不可再辩论下去了，若硬说于满人有利，则将流于歪曲，若硬说于满人不利，则将增加君主立宪的阻力，于是缄口不言了。既不肯歪曲真理，又不妨害大局，这真是言论界的模范。"[③] 这虽然说的是梁启超，实际上也是吕思勉的自况。宋金和战和岳飞、秦桧问题的辩论，很难不超出学术考证的范围，他既不肯抹杀史实，也不愿意妨

① 何成刚，李杰.民国时期中学历史教科书风波述论［J］.历史教学，2005（9）：43-45.
② 吕思勉.复兴高级中学教科书本国史：上册［M］.5版.上海：商务印书馆，1934：例言.
③ 吕思勉.吕思勉学术文集［M］.上海：上海人民出版社，2011：91-92.

碍大局，便修改了书稿，对于他人的攻击，则缄口不言。①

但耿耿于怀的事情总要宣泄一下。1952 年，吕思勉在《三反及思想改造学习总结》中，再次反思或宣泄了这一件事，提出了自己的心声，他写道：

> 此书系将予在中学时之讲义及所参考之材料，加以增补而成，印行于一九二一年或一九二二年，今已不省记矣。此书在当时，有一部分有参考之价值，今则予说亦多改变矣。此书曾为龚德柏君所讼，谓予诋毁岳飞，乃系危害民国。其实书中仅引《文献通考·兵考》耳。龚君之意，亦以与商务印书馆不快，借此与商务为难耳。然至今，尚有以此事诋余者，其实欲言民族主义，欲言反抗侵略，不当重在崇拜战将，即欲表扬战将，亦当详考史实，求其真相，不当禁遏考证也。②

这是吕思勉本人的看法，但也有人认为，吕思勉这样写，是有现实用意的。钱锺书的叔伯兄弟钱锺汉，是吕思勉的学生，曾经说过，"先生用意不过是当时深感军阀势力之祸国害民，加以南宋史料中对当时军人的拥兵自重确有反映，才据以抨击当时军阀，得出一片面的秦桧主和、岳飞类似军阀的错误结论"。③

时在 1952 年，非常时期，吕思勉还如此宣泄自己的耿耿于怀，真替他捏把汗。且怀疑当时还有人以此事诋毁自己。好在吕的主要矛头指向的是龚德柏，而龚此时身在台湾。

叁

吕教授的烦恼似乎很能说明教科书（特别是历史、公民类教科书）编写中，在某些敏感问题上编写者在"思想性"和"科学性"之间有着难言

① 张耕华．人类的祥瑞：吕思勉传［M］．上海：华东师范大学出版社，1998：142-148.
② 吕思勉．吕思勉遗文集：上册［M］．上海：华东师范大学出版社，1997：435-452.
③ 卞孝萱．吕思勉自述治学［J］．文史知识，2006（5）：93-101.

的、普遍的苦衷。教科书担负着"澄清善恶、扬善惩恶"的求善重负，也承担着"发现真理、揭示谬误"的求真重任。前者往往涉及教科书的道德标准，主观性强。后者则涉及教科书的科学标准，客观性强。[①]教科书（及其作者）易被攻击，是因为道德标准和科学标准冲突的处理很难平衡不同群体的利益诉求。有的学者会发现，教科书文本的教诲性或意识形态性使得某些思想、某些内容必须让路。[②]双方甚至多方的意图、强调的重点，甚至基本结论会随着教科书的展开而分裂。知识分子有时想利用教科书，到头来会发现他们被教科书利用了。在各方的对峙中，学者往往是弱者，他们的学术追求和真知灼见根本无法有效挑战教科书的意识形态本质以及政治化运作的模式。

但即便无法有效挑战，这个挑战仍然是极为重要的。

因为每一本教科书都是一个历史传播者，不可避免地涉及本民族创伤性叙事，无论它掩饰与美化，还是揭示与丑化创伤性历史，都涉及我们对教科书质量的评价。一本优质的教科书，应不应该对未经反思但已经被认为是天经地义的历史事件进行研究与检讨，以便能够剥除过去给当下留下的不平遗产？一本优质的教科书有没有义务重新解读蕴藏在各种"已成定论"的本民族、本国的创伤性叙事？对于遭受或制造创伤的民族的教科书来说，敢不敢于选择性遗忘？应不应该选择性遗忘？

如何面对巨大的历史创伤性记忆，是教科书迫切要解决的问题。也许，只有面对历史，才能原谅历史，从历史中获益。如果教科书不能拥有穿透历史、洞悉未来的能力和勇气，而是随着意识形态化的大众狂热而写作，最终受害者一定是这个民族本身。但教科书如何面对历史才能洞悉未来？教科书到底应该突出历史中的什么？

---

① 石鸥，刘艳琳.试论教科书的求真和求善［J］.课程.教材.教法，2020，40（6）：37–45.
② 石鸥，石玉.论教科书的基本特征［J］.教育研究，2012（4）：92–97.

按照阿普尔等人的观点，"教材编者们承受着巨大而持久的压力"，①这压力本质上是教科书这一特殊文本决定的。教科书承载了社会的、阶级的意识，特别是支配集团的意识。这就导致它需要处理一些问题：应该如何看待不同的人、事和现象，应当呈现或不应当呈现哪些知识和价值，应当用什么样的标准去评价思想、社会和人。甚至可以说，教科书的功能就在于划定某一可能的宣讲范围，准入、选择并宣扬某些观点和思想，使它们经典化，同时避开某些观点与思想，使它们消失于学生的视野。这里已经涉及教科书这种特殊文本的本质。教科书与学术著作有什么关系？教科书如何处理学术与民族情感、理性与感性、科学性与政治性、真与善的关系，是一个非常重要而复杂的问题。这些问题处理不好，教科书就会引起争议。

确实，半个多世纪后的中华人民共和国，类似的不太平的风波再次出现，而且来势凶猛，咄咄逼人，那就是 2002 年的教科书中的岳飞风波。②

---

① 阿普尔，史密斯.教科书政治学［M］.侯定凯，译.上海：华东师范大学出版社，2005：12.
② 关于 2002 年教科书中的岳飞风波，可参考石鸥《教科书的记忆：1978—2018》（下），湖南教育出版社 2019 年出版。

附一：
被取缔的俄罗斯历史教科书

2003 年 11 月 27 日，周四，俄罗斯一家电台——《莫斯科回声》报道，《20 世纪祖国历史教科书》的资格受到质疑，俄教育部的联邦级专家委员会将重新予以审核，有可能取消其教科书资格。这一报道很快引起了俄罗斯各大媒体的普遍关注，一时沸沸扬扬。随后，教育部第一副部长维克多·博洛托夫在接受采访时，证实了这一消息。12 月 2 日，教育部部长弗拉基米尔·菲利波夫根据"俄教育部联邦级专家委员会的意见"，正式签署了取消《20 世纪祖国历史教科书》作为学校课本的资格的命令。这意味着该书不能作为教科书进入学校使用。这一事件被俄罗斯媒体称为"20 世纪祖国历史教科书风波"。

▲《20 世纪祖国历史教科书》，［俄罗斯］伊·多卢茨基，1993

苏联解体后，俄罗斯废除了实行统一教科书的做法，由教育部审核认定多套教科书，各校从中自行选定和使用。《20 世纪祖国历史教科书》就是其中的一种。该书的作者伊·多卢茨基是一名普通中学历史教师，1954 年生于中国的旅顺港（当时苏联军队驻扎在那里），次年随全家返回莫斯科。他毕业于莫斯科大学历史系，从事中学历史教学几十年，撰写并出版了一系列历史教科书。

《20 世纪祖国历史教科书》于 1993 年出版，分上、下两卷。出版后颇受欢迎，当年就发行 10 万册，1994 年更是发行 20 万册。此书修订再版了 7 次，一直得到教育部的教科书资格的认可，被作为教科书使用。

2003 年被否决的这版《20 世纪祖国历史教科书》，是在 2001 年 6 月获得俄教育部认定的。该版内容包括了 20 世纪俄罗斯的全部历史，一直到 2000 年普京执政之后。书中涉及车臣战争以及普京整顿媒体、打击寡头等治国之策。教科书内容不拘泥于传统的观点，也不拘泥于传统的历史的介绍，把与经济、社会、文化和其他领域的相关历史原貌都尽可能如实地予以展示。教科书在形式上也有特点，编排比较灵活，充分考虑教学时间和教学方式，全套书共有 45 节，每节内容短小精悍，提问、作业、引用文件、提醒关注的部分等均用图标来说明，很醒目，易教易学。书中多用启发式提问，所提问题多由老师和学生自己去思考、去寻找答案，甚至还运用了幽默讽刺笑话。正因为如此，该教科书受到了教师和学生的欢迎。①

对于颇受师生欢迎的《20 世纪祖国历史教科书》被取消资格，教育部部长弗拉基米尔·菲利波夫表示，该教科书给人印象是俄罗斯历史上没有什么光明时刻，没有什么好的地方。副部长维克多·博洛托夫也批评这套教科书太过于政治化。他指出，"只要仔细翻阅一下该套教科书，就不难发现它对俄罗斯历史、对当代是抱有成见的，所引用的资料也是有偏见的"。

教科书作者则认为，该书被否决的真实原因，是书中列举了俄罗斯著名的政论家、新闻媒体批评家的观点和其他一个党派领袖的观点，他们指责了普京总统搞独裁统治，认为："俄罗斯发生了国家体制上的转变""建立了普京的个人权力体制，普京正实行独裁专制"；2001 年俄罗斯国家体制"已经是警察体制了"。

如此大胆地对现任领袖进行批评，如此认识教科书的本质，该教科书

---

① 王桂香.普京："封杀"历史教科书？[J].世界知识，2004（3）：40-41.

的命运可想而知。至少说明作者太过天真，太不了解教科书这一独特文本。果不其然，该教科书的被否决是在这一特定背景下展开的：

2003 年 11 月 25 日，普京走访了俄罗斯国家图书馆，与史学界工作者们进行了面对面的交谈。交谈中普京明确表示反对把教科书政治化，他指出，"学校和高校的教科书不应成为新的政治和意识形态斗争的平台""历史教科书应该叙述历史事实，培养年轻一代对自己祖国和祖国历史的自豪感"。^①普京还说："告别意识形态垄断是我们的巨大成就。但是，我们也不能滑向另一个极端。几年前史学界工作者们偏重于强调俄罗斯历史的消极一面，这是由当时摧毁旧的体制的任务所决定的，而现今一切都发生了变化，当前的主要任务是建设国家，所以必须剔除这些年积淀下来的糟粕和泡沫。"普京总统的这番话被媒体普遍理解为是整顿文化教育领域的风向标。

事实证明了人们的担心。几天后《20 世纪祖国历史教科书》即被取消资格。

社会对该教科书的评价不一。部分教师对这套教科书持赞成意见。尽管许多人认为该套教科书并不是不可争辩的，其观点也值得商榷，但它有自己的特色，因此还是主张保留其教科书资格，没有必要封杀。俄罗斯"人民议员"集团主席拉伊科夫对政府的做法提出自己的反对意见："历史应当由史学家书写，政治家不应当干预这种事情。"他认为，"政治家们是按照另一种方式思考的，他们对历史的看法可以写在他们的回忆录和书本里，而历史应当由史学家撰写。历史不应当歪曲事实，这毕竟是对孩子的教育。"一些教师强调："孩子们不仅应当了解'总路线'，还应当了解反对派和旁观者的观点。否则我们便教不会他们思考！"一些教育界人士担心，政府号召编写爱国主义教育的教科书可能会是恢复"一门课程只有一本教

---

① 朱可辛.普京之治［M］.北京：中共中央党校出版社，2007：85.

科书"的苏联教育体制的第一步，是回到苏联的体现。可以理解，当局如此大动干戈否决一套教科书的做法自然会引起社会的广泛关注，人们担心俄罗斯今后是否会回到过去《联共（布）党史简明教程》一统天下的局面，是否会回到过去的书报检查制度。毕竟，这一社会和制度给俄罗斯人带来太多的苦痛。

也有人在讨论中提出了一些其他观点。如莫斯科高尔基文学院院长叶辛认为，"最好的教科书是作家撰写的"。据他的看法，院士都不能胜任这项任务："不存在比历史学者更意识形态化的社会集团。"

同时，也有不少人严厉批评了该教科书，认为写黑暗面太多。主张在孩子们的教科书中应多谈积极因素，既要承认过去的错误，但也不要让孩子们感到过去生活得不好，"必须让孩子们为自己的国家感到自豪"。俄罗斯科学院官方表态支持总统，站在批评教科书的立场："历史教科书应当促进社会团结，培养学生的爱国主义情感和公民觉悟。"建议让科学院而不是教育机构在教科书内容方面拥有决定权。①

当年 12 月底，在回答对普京关于教科书的讲话有何看法时，该教科书作者伊·多卢茨基引用了 19 世纪俄国宗教哲学家恰达耶夫关于爱国主义的说法："我无法缄默地闭上双眼去爱祖国，我有义务说出痛苦的真相，因为我看到了这样的痛苦的真相。"他还引用了托洛茨基的话："不要把对祖国的爱与对现任领导人的爱混为一谈。"不过，多卢茨基明确表示同意做出让步，删掉有关车臣战争、叶利钦总统离去和普京出任总统的章节。②

这场风波之所以引起人们的普遍关注，主要是因为它涉及俄罗斯敏感的政治问题。一方面，这场风波发生在俄罗斯议会和总统选举之前，人们自然会把它与政治局势联系起来，一些政客甚至担心它会对选民产生什么

① 陆南泉，黄宗良，郑异凡，等.苏联真相：对 101 个重要问题的思考：下［M］.北京：新华出版社，2010：1497–1503.

② 王桂香.普京："封杀"历史教科书？［J］.世界知识，2004（3）：40–41.

影响。另一方面，作者在书中引用了指责普京"搞独裁专制"的说法，引起了克里姆林宫的不满，从而招致封杀。此外，教科书对俄罗斯历史的选择性呈现也会导致不同的看法，从而引起人们的关注。

普京要求："学校和高校的教科书不应成为新的政治和意识形态斗争的平台。"但该事件似乎还是以教科书是某种意识形态平台为基本共识的。教育部副部长维克多·博洛托夫批评这套教科书太过于政治化。实际上，他们对待教科书的态度也正是属于政治化的。果然，问题并不止于《20世纪祖国历史教科书》本身。就在教育部取消该教科书的资格之后，普京又采取了一个意义更大的举措。普京在致俄罗斯科学院院长奥西波夫的信函中，以老战士们对教科书批评为理由，要求限时检查所有的历史教科书，普京写道："我同伟大卫国战争的老战士怀有一样的感情和看法。我命令在最短时期内邀请学者和史学家们讨论中学历史教科书情况。应在2月1日前报告此项工作的结果。"[①]

《20世纪祖国历史教科书》被取缔，原因是教科书应该突出而没有突出俄罗斯民族的伟大。"封杀"是象征，是信号，昭示了教科书不应该或不可以教什么，应该或可以教什么。然而那"应教"与"不应教"之间的界线既不甚分明又与时俱动、因人而动，不易掌握，这就必然会遇到教科书内容选择上的困难。

教科书"必须让孩子们为自己的国家感到自豪"，必须"促进社会团结，培养学生的爱国主义情感和公民觉悟"，否则就不具备教科书资格。——俄罗斯取缔历史教科书的理由是如此强有力，几乎没有人能够批驳，这在今天许多国家，恐怕都是最容易得到官方和许多民众支持的理由了。

---

① 陆南泉，黄宗良，郑异凡，等.苏联真相：对101个重要问题的思考：下 [M].北京：新华出版社，2010：1497–1503.

我们注意到，对待教科书文本，意识形态之眼炯炯有神。教科书内容的确总是离不开意识形态之眼对知识的筛选。任何教科书内容都是经过选择的，都是从浩如烟海的外部知识空间中选择很少的一部分构成教科书的内部知识空间。① 选择的重要依据就是意识形态，就是国家意志，还有学科发展和学生发展。被选择的内容当然是被认为重要的。但这种筛选从根本上说是复杂的、高度慎重的。比如，在中国，1949 年以来，"革命斗争历史"内容不言而喻地属于重要内容。很少有人问，何以革命历史内容就比其他一切历史内容重要？何以新民主主义历史内容就比"旧民主主义历史"内容重要？何以就不可以选择更多的经济史、文化史、科技史？这种"不言而喻"的现象，实际正是内容选择的意识形态性的表征，只是这一点逐渐被遮掩起来并转换为"天经地义"的了，教科书所确定的内容也就当然地成为正典规范，让人们去记诵。如何兼顾学科发展、学生发展和意识形态的关系，是教科书研制者最为困难的任务。

---

① 石鸥，廖巍. 教科书内容的确立与有效教学的风险［J］. 湖南师范大学教育科学学报，2015，14（2）：36-42.

谁的地理？什么样的地理？
——共和国第一场教科书大批判

▲《开明新编初级本国地理》，田世英，开明书店，1950；
《开明新编初级外国地理》，韦息予，开明书店，1949

1949年10月1日，随着中华人民共和国的成立，彻底清除旧遗存的行动全面铺开，教科书迅速进入统一与规整时期。

1949年10月3日，中华人民共和国宣告成立的第三天，一场对旧教科书的清算运动扣响了发令枪。它来得如此迅速真的出乎所有人的意料。

是的，这是迅速终结新政权产生以前的一切教科书的时期，是用全新的教科书全面占领课堂的时期。1949年前教科书的遗存和传统对革命者而言应尽可能束之高阁甚至扫入垃圾箱。胜利的革命者必须尽快地以统一的新政权思想与话语的教科书取代过渡过来的包括国统区、根据地解放区等各种背景的教科书。旧的遗存荡涤一空，新教科书横空出世。[①] 对旧遗存的教科书的荡涤行动首先发生在地理教科书领域。

1950 年 5 月 3 日，《人民日报》刊载了中央人民政府出版总署编审局金灿然写的《中学地理教本中的几个政治思想问题》一文，对当时的三种中学地理教科书，进行了非常严厉的批判。这三种教科书是：《复兴高中本国地理》（王成组编，1949 年 12 月改编本）；《开明新编初级本国地理》（田世英编，1950 年 2 月修订本）；《开明新编初级外国地理》（韦息予编，1949 年 8 月平 1 版本）。这三种教科书，都是在 1949 年以前编写的，1949 年后进行了修改，但显然没有被认同。因为在金灿然的文章中，三种教科书作者和出版者都没有根据新中国的国策与立国精神，将自己的旧出版物加以必要的检查修改。

金灿然的批判主要集中在以下几个方面：（1）世界地理中，对国家没有分清以苏联为首的和平民主阵营和以美帝国主义为首的侵略阵营。在世界地理的教学中，必须把这两个阵营分开，决不能不分青红皂白，把世界各个国家并列起来，一国一国地叙述他们的地势、气候、产业等，更不能把世界的资源及物产混合起来，无立场地加以说明和比较。（2）中苏友好，中国人民必须站在社会主义一边，缺少论述。（3）中国是一个多民族国家，缺乏尊重少数民族的思想观点。（4）关于地理环境与人口问题方面未摆脱地理环境决定论和人口论的思想。（5）对经济建设的发展前景叙述不够。（6）在选用材料上不够严谨。

---

① 石鸥．新中国教科书图文史［M］．广州：广东教育出版社，2016：序 1.

此事源于半年前的一场讨论。

1949 年 10 月 3 日，中华人民共和国宣告成立的第三天，为实施新教育的科协南京分会地理组就马不停蹄地举行了一次中学地理座谈会，参加者为南京市中学地理教师和地理组会员 60 多人。座谈会就华东局公布采用的田世英《初中本国地理》（开明书店）、华东教育研究室地理组《初中世界地理》（新华书店）、王成组《高中本国地理》（商务印书馆）、苏继顷《高中外国地理》（商务印书馆）四种教科书进行批判和建议。除对《初中世界地理》评价较好外，对其他三种地理教科书给予了严厉批评，分别指出其思想性、科学性的错误和内容庞杂、陈旧等问题。一场全国性的对地理教科书的批判运动由此兴起。

重磅炸弹于一个月后炸响，这颗炸弹来自中国人民大学。

1949 年 11 月 29 日，《人民日报》刊登了中国人民大学孙敬之教授的《人民地理教师怎样贯彻思想政治教育》一文。文章充满火药味，异常尖刻地批评了当时不符合社会主义要求的"老课本"。

文章批评当时许多知识分子甚至少数干部存在着"历史课本必须改正，地理课本用旧的无大妨害"，或者说"地理课本只是改变一下观点就可以了"的想法。认为实际上所谓观点，首先被阶级立场决定着，并且它绝对不是孤立的，混合在地理教材里，而是贯穿渗透在一切方面。所以，要想从旧地理材料里面，把反动观点拿出来，好像从米里捡沙子一样，剩下的便完全符合人民利益了，是不合乎事实的。即使许多旧地理学者诚心诚意地否认过去站在资产阶级立场上了，但是在他们的著作中，确确实实用各种不同的形式表现了资产阶级的立场。意思就是，虽然你资产阶级的知识分子认同中国共产党、认同中华人民共和国，要和自己过去的立场划清界限，但你的著作仍然顽强地暴露出你的资产阶级立场。这注定了你和我、你们和我们是不一样的，是有区别的。

文章认为地理教学不能只停留在山脉河流、统计数字的讲授上，而更重要的是政治任务与教学效果，应该把这门学科当作完成思想政治教育的一个工具。文章要求人民地理教师要在坚定的自觉的为人民办好事的立场上寻找方法，而不是从"概念"上寻找方法，他们学习新的方法是为扬弃旧的，而不是为了保存旧的，这就是人民地理教师和旧地理教师本质上的不同点。①

孙敬之在《人民地理教师怎样贯彻思想政治教育》一文中不断向旧地理开炮，发起猛烈攻击。为便于读者窥到全貌，我们不妨多引录一些该文的内容：

（一）有一本最流行的旧地理书上这样说："……间或有些不相同的区域合成一省，无非为调剂物力的平衡，迁就交通的便利，例如察哈尔的割河北旧地，宁夏青海割甘肃旧地，都是因为其他部分面积虽则广大，财力难以供给省制组织的需要。"究竟把原来河北省口北道十县划归察哈尔省，是为了使这十县的汉人替内蒙人民负担政费呢？还是要他们充作国民党大汉族主义省政府的支柱呢？或者是为了利用汉蒙矛盾便于统治呢？可以肯定，后者是真实的。前者乃是形式上的"菩萨面孔"。按一般的道理讲，国民党大汉族主义者抢占少数民族的土地，绝不是为了"赔本赚吆喝，落个买卖人"，而是要赚钱的。这种菩萨面孔正像商人一年三百六十五天高悬着"大减价"的幌子一样，事实上他们却有一个坚定不移的原则，"不赚钱不卖"，难道这不是事实吗？而站在资产阶级立场的人，无拘他自己意识与否，必然产生这样错误的认识。要想改正错误，必先改变立场。

（二）我看到在国民党统治时代出版的一本地理书，上面主张"天下一家"，并且自称是"国际主义"。他主张"各国资源和市场也应公开为世人所共有"，共有的方法有三：第一，发展航空；第二，通商；第三，破除偏狭的念头与作风。我完全同意当社会主义在全世界实现的时候，或者在现

---

① 孙敬之.人民地理教师怎样贯彻思想政治教育［N］.人民日报，1949-11-29（5）.

在各新民主主义国家与社会主义国家相互之间，实行这三条办法是很好的。因为这些国家的本质决定了交换通商平等互惠的真实性。但是在蒋介石四大家族统治中国的时代，宣传"天下一家"是太早了。因为那时候的"通商"是以美国为对象的，由于美帝国主义的侵略性质，和中国落后并依附于美国帝国主义的政治条件——蒋政权，便使"天下一家"这一名词具有相反的意义，如果实现了就象征着世界各国人民，都变成了美帝国主义的奴隶。因此我们可以肯定，这种思想，绝对不是"国际主义"，而是地道的"世界主义"的先驱，他是站在美帝国主义立场上说话的，绝对不是站在人民立场上说话的，其作用只能增加弱小民族的奴颜，解除弱小民族的武装而已。

（三）我还看到有些书籍，不仅宣扬了资产阶级的观点，而且把法西斯主义的理论也搬出来了。在某大学的一本政治地理笔记上，分国家为四期，即幼年、青年、壮年、老年。

"1.幼年期——秉性和平，要求自存，如美国在一七七六年到一八〇三年。

2.青年期——秉性向外侵略，对国际有威胁性。如一八〇三年到一九一八年的美国。

3.壮年期——秉性保守，如二十世纪以后的英国。

4.老年期——纲纪废弛，为各国侵略的对象，如清末的中国。"

这一套理论，绝不是什么"历史观点"，而是用历史发展为法西斯的向外侵略做辩护的。这种理论的创始者是李特尔（Ratzel），他把生物演变的观点机械地搬到了国家机构上，后来为法西斯分子吉伦及其弟子霍斯荷法所利用了。其实质是什么呢？一句话，就是"侵略有理"，就是把侵略者的屠刀，扔在"历史"先生的门口上去。比如说，青年期国家秉性都是侵略的，老年期国家，由于纲纪废弛才招来侵略。那就是说做"屠户"的人因为他是壮汉，被屠杀者因为它是羔羊，这不是希特勒匪帮的逻辑吗？

更可笑的，他把国家的轮廓分为八种形态——近圆形、三角形、四边形、矩形、五边形、多边形、长条形、畸形——我不知道这样"深入的钻研",是为了什么目的,要解决什么问题。也许其中可以找到这样一些规律,近圆形的国家必有"烧饼山",长条形的国(如智利)必产面包矿。那真幸运的很,可是我只喜欢住在四边形的国家里,我估计那里会有用之不尽的臭豆腐,我最喜爱吃四方形的臭豆腐。

(四)在葛德石著中国的地理基础(开明译本),他宣传着马尔萨斯的人口论,他主张用"节制生育"(和平的杀人名词),解决中国土地问题,他反对过早地爆发革命,居心何在,不必再费唇舌了。

这一本书在中国影响很大,除极少的语句可取外,绝大部观点是反动的,希读者注意。

这样的例子太多了,读者自己去寻找吧。

孙敬之教授的文章在当时确实够威够力的了。加之中国人民大学教授这一身份,更渲染了文章所批评对象的问题严重性。孙本人可以看成是社会主义的学者。[1]是学者,他的批判颇有科学性说服力。是社会主义的学者,批判的政治权威性就不言自明了。

重磅炸弹炸响后,枪炮声齐发。当时,对地理教科书的批评势头很猛,尽管有些许文章还是充分肯定了修订本地理教科书的优点的。现列举部分批评文章如下:

(1)彭果.对陈光祖编《初中本国地理教科书》(新华书店版)的意见

---

[1] 孙敬之(1909—1983),河北深泽县人。1929年入北京师范大学史地系,1933年毕业。先后任教于泊镇师范、天津女中、宣化中学。1937年卢沟桥事变后,回到冀中平原,参加抗日救亡运动。先任冀北中学教员,后任安平县抗日政府秘书。1939年,组织保送他去华北联合大学,后留校任地理教员。解放后,华北联大迁入北京并改为中国人民大学,孙敬之担任中国人民大学经济地理研究室主任。20世纪50年代,任中国地理学会第二届副理事长和党组书记。1966年,赴任兰州大学教授、地理系主任。1979年调回北京,任中国经济地理科学教育研究会第一届理事长,北京人口学会会长,中国人口学会常务理事等职,并在北京经济学院担任教授,负责筹建人口研究所的工作,担任所长。

［J］.新教育，1951（3）：35-36.

　　——引者点评：该文针对的地理教科书由陈光祖和蔡迪编写，新华书店出版，上海联合出版社印，该教科书1948年初版，供二年制的初级中学用，1949年后作为临时课本使用。当时已经编写出版了新的《初中本国地理课本》（一、二册，曾次亮编），且将于1951年下学期使用，届时陈编教科书将不再使用。再则，该文更多地是指出常识性问题，属于学术性的正常批评。

　　（2）陈桥驿.对《本国地理课本》（人教社版）的意见［J］.新教育，1951（4）：31-33.

　　——引者点评：该文指向的是曾次亮编写的《初中本国地理课本》（一、二册，人民教育出版社出版），在肯定的基础上提出批评，有些批评是从政治的角度展开的，有些显然过于牵强，比如批评该课本在写某些风景区时，没有写解放前后的对比。在写徐州时，甚至要求写淮海战役，等等。

　　（3）邢世庆.一本有害的《地理教学手册》［J］.新教育，1951（4）：30.

　　——引者点评：该文针对的《地理教学手册》其实不是正式教科书，而是教学参考书（由张粒民主编，商务印书馆1951年出版）。但文章比较尖刻，措辞激烈。认为该书"缺乏人民的立场观点""存在着严重的大汉族主义""否认中国地大物博，降低人民自尊心""新旧中国混淆不清""不分敌友，散布崇美、亲美思想"，等等。

　　（4）陈桥驿.对陈编《外国地理课本》的几点意见［J］.新教育，1951（3）：27-31.

　　——引者点评：该文几点意见是针对陈原编写的《初中外国地理课本》而提的。首先，文章充分肯定了该课本，认为是1949年后最令人满意的课本。然后才一一提出问题，这些问题中多数明显是政治色彩比较重的问题。比如，不能提英国"地小人多"，因为该说法正是英国向外侵略的一个借口。当书中提到在美国农业区，"玉蜀黍充当牲口的饲粮"时，文章建议要修改这些内容，要增加在美国还有许多人吃的比猪还不如的情况等。

（5）屈家璋.对田世英、邓启东编《高中本国地理上册》的意见［J］.天津教育，1951（11）：52-55.

（6）褚亚平.我们对现行中学本国地理课本的意见［N］.人民日报，1953-03-01.

（7）陈桥驿.评王成组的《高中本国地理》［N］.大公报，1951-07-25.

（8）周靖馨.对于王成组编著《高中本国地理中册》的几点意见［J］.地理知识，1952（3）：76-77.

（9）潘钟琳.消除现行地理教科书的错误观点：评《新世界地理》［N］.解放日报，1951-07-22.

⋯⋯⋯⋯

由于特定的政治环境，特别是在共产党刚取得全国政权的时候，旧时课本的旧政治痕迹就显得非常突出，所以初期的批判与否定比较普遍是可以理解的。这种批判在社会、学术界都获得了比较广泛的认同，至少没有公开的反对或异议。但有些批判是比较尖刻和严厉的，超出了一般学术评价或教材批评的界限。比如《对于王成组编著〈高中本国地理中册〉的几点意见》一文，就特别提到"该书既没有痛恨批判旧社会，更没有热烈歌颂新社会"，该文非常尖锐地指出课本在谈及山陕高原城市时，没有给延安以应有的地位，"延安被全国人民称为抗日民主的圣地，伟大的领袖毛主席曾在延安领导全国人民抗战，终于得到胜利。在讲山陕高原的城市，延安不能没有它应有的地位"。① 文章中这类指责和批评很多。这一类的文章也不少。

正是由于大的情势，当时负责全国出版发行的管理机构，也因选用了

----

① 周靖馨.对于王成组编著《高中本国地理（中册）》的几点意见［J］.地理知识，1952（3）：76-77.

不恰当的地理教科书而脱不了干系，于是，不得不作出全国性的书面检讨。

1950年4月，负责全国中小学教科书选定及修订的中央人民政府出版总署编审局在各方面的压力之下，不得不请金灿然出面，既做自我批评，也表明自己站稳立场的批评态度。这就出现了本文开始的一幕。

金灿然（1913—1972），原名金心声，山东鱼台县人。1936年入北京大学历史系学习。1938年4月到延安，在瓦窑堡中国人民抗日军政大学一大队学习，后在马列学院学习，曾任马列学院历史研究室研究员。曾作为马克思主义史学家范文澜的助手，参加了《中国通史简编》的编写工作。解放战争时期任晋绥解放区绥南地委宣传部部长、绥蒙区党委宣传科科长等职，1948年冬至1949年初在中共中央宣传部工作。1949年夏至1958年初，在华北人民政府教科书编审委员会、人民教育出版社、中央人民政府出版总署编审局、中华人民共和国文化部等单位工作，历任秘书主任、办公室主任、图书期刊副司（局）长、出版局局长等职。曾主编《人民日报》副刊《图书评论》。后曾任国务院古籍整理出版规划小组成员兼办公室主任、中华书局总经理兼总编辑。金灿然是共产党忠心耿耿的拥护者，也是兢兢业业的老革命。

由金灿然执笔撰写的《中学地理教本中的几个政治思想问题》一文，于《人民日报》上发表。嗣后《新华日报》《河北教育》《云南教育》等报纸杂志分别转载，反映了一种政治姿态或声音。

金灿然在《中学地理教本中的几个政治思想问题》一文中开门见山地指出了地理学科教育的新性质："地理科是进行政治思想教育的有力武器"。[1]

接着，金灿然的文章以地理教科书所涉及的五个主题形式对三本地理教科书进行了分析和批判。分别是"两个阵营""中苏友好""民族平等""地

---

[1] 金灿然.中学地理教本中的几个政治思想问题［N］.人民日报，1950-05-03.

理环境与人口问题""经济建设"主题，最后批评了编写者在选用材料上的错误。

在关于"两个阵营"的主题上，金灿然异常坚决地指出："全世界的国家已经划分成极其明显的，丝毫不容混淆的两个阵营，一方面是以苏联为首的和平民主阵营，另一方面是以美帝国主义为首的侵略阵营。在世界地理的教学中，必须把这两个阵营分开，决不能不分青红皂白，把世界各个国家并列起来，一国一国地叙述他们的地势、气候、产业等，更不能把世界的资源及物产混合起来，无立场地加以说明与比较。"而《开明新编初级外国地理》，"看不出这种分明的界线"，而且一错再错，"尤其不能原谅的是，一九四九年八月印行的本子，依然原样不动地保留了上述的政治上的错误"。

在关于"中苏友好"的问题上，金灿然的文章提出，"中国人民必须倒向苏联一边，已是昭如日月的真理。在我们的地理教学中，必须加强学生对苏联的认识，培养他们对苏联友好的思想与感情，任何有背于这个宗旨的言论，都是不应该有的"。文章认为，在王成组编的《复兴高中本国地理》中，可以清楚地看出"反苏观点"。

在关于"地理环境与人口问题"上，文章认为，"所有旧的地理教本都摆脱不了地理决定论与人口论的影响""《开明新编初级本国地理》及《复兴高中本国地理》，都很清晰地看得出地理决定论与人口论的色彩"。

关于"经济建设"问题，文章认为，"地理教学应该为生产建设服务。本国地理教本中，应该把我国丰富的物质资源，以及我们要如何利用这些资源来从事生产建设，加以恰当而生动的叙述，借以提高学生对生产建设的认识，并鼓励他们的建设热忱"。当下的地理教科书在这方面都做得不够，而且有错误。

在地理教科书的选材问题上，文章认为，"两种本国地理教本在选用材料上都不够谨严，有的由于无批判地采用旧材料而承袭了旧的错误，有的由于没有随着形势的发展改换新材料而形成了错误"。

文章认为，"开明第四册一三页说：'清太祖起兵，锁阳首当其冲，攻下后乃易名抚顺。'作者没有分析，清太祖把锁阳易名抚顺，是含有民族侵略的意义在内的。同书五五页说：'尧都平壤，是现在的临汾；舜都蒲坂，是现在的永济；夏都安邑，是现在的运城。'作者没有考查，这儿所列举的尧、舜、禹的都城，都是缺乏真实性的"。

有意思的是，在今天作为传统文化强调的，在教科书中也一定要表现的，在当时却是要舍弃的内容，认为是"发思古之幽情"的不健康的内容，"第二册二〇页记载了成都外围的薛涛井、青城山，万县城东的诸葛孔明八阵图，二四页记载了峨嵋山佛教胜地；第四册一一页记载了沈阳外围的清陵，五八页记载了西安附近的雁塔、碑林、阿房宫等等。这些名胜古迹有的缺乏科学的可靠性，有的在记载的意义上含有士大夫'发思古之幽情'的不健康的气息"。

作者批评说："地理教本中可以而且应该联系历史，但联系的标准首先应该是有助于激发学生的爱国热忱与建设热忱。"

…………

中央人民政府出版总署编审局特别撰文说明，由金灿然撰写的这篇文章作为"我们的工作检讨"，希望地理教师在教学时批判地使用旧教本——

现在各地中学地理教本大半是旧时在国民党统治区内各家私营书店所出版的。过去老解放区内虽出过几种中学地理教本，但分量太少，内容也与全国解放后的形势不很符合，不再适用了。因此，前华北人民政府教育部教科书编审委员会在去年秋天，中央人民政府出版总署编审局在今年春天，提出供各方参考选用的教科书书目时，在中学地理科目中，就列入了商务、开明的几种本子。但是事实上，这几种本子中虽然有在解放后由出版者自行修订过的，却仍旧包含着许多原则性的重大的缺点。在最近重新检查之后，出版总署编审局认为过去草率地介绍这几种教科书，只把书中所含的错误扼要地写在《审读意见书》里，供教育行政当局参考，没有认真地加以研究分析，将结果公之于众，是错误的。这种错误不能用没有其他较好的本子或其他理由来解释。我们应该承认，这种错误表示我们在工作上还缺乏足够的认真严肃性，没有把地理科的教学看作一个重要的思想工作。因此，我们决定由金灿然同志写成这篇文章交《图书评论》发表，作为我们的工作检讨。希望各地采用这三种地理教本或采其他旧地理教本的教师，在教学时注意这篇文章中所批评的地理观点，批判地使用旧教本。

中央人民政府出版总署编审局 四月三十日

中央人民政府出版总署编审局的这篇文章重新定位了地理教育，文章以批判现有教科书的形式，系统论述了马列主义地理教科书的各方面要求。此文发表后，这几种地理教科书的出版机构自然也坐不住了，它们纷纷公开发表声明，进行自我检讨。

金灿然批评的三本地理教科书，开明书店就占了两本，压力可见。1950年5月12日，开明书店进行了深刻的"自我检讨"，决定停售《开明新编初级外国地理》，重编《开明新编初级本国地理》。① 《开明新编初级外国地理》教材编者韦息予，即丁晓先，原是商务印书馆职员，1925年加入中国共产党，先后参加了1927年的上海第三次工人武装起义和南昌起义，革命失败后回到上海任职于开明书店（所以相关部门在上海解放之初拟具的《开明书店概况报告》中，他被定性为"叛党分子"）。② 不难推测在主管领导看来他所编教科书必然含有恶劣政治影响，只是经济利益使然没有停用，在招致批评后，开明遂立即停止发售。田世英的《开明新编初级本国地理》因为在解放区也被采用过，当然情况不一样。在1948年7月中宣

---

① 开明书店.开明书店自我检讨［N］.人民日报，1950–05–17（5）.

② 开明书店概括报告［B］.上海：上海市档案馆（Q431–1–44）.

部发布的《中小学教科用书审读意见书》中还被正式推荐为中等学校地理课本，①可见该教科书的经历使得它在政治上还是值得信任的。所以针对批评，出版社认为原因是"我们的政治水准不够，仍旧留下了一些错误"，承诺"彻底重编"，没有说停止使用。对于开明书店的表态，上级领导部门应该是认可的。在1950年秋教育部发布的教科书推荐表中，田世英的《开明新编初级本国地理》依旧在列。②

1950年5月31日，商务印书馆发表声明，承认《复兴高中本国地理》一书"一九四九年十二月因赶印春销，匆促添印，当时失于检点，未能彻底重行改编，确有错误。现已请原著作人王成组积极改编"。③

这种批评势头直接影响着后出的地理教科书，即便不在这次点名批评范围内，人教社也自觉地对照这次批评的有关观点，进行自我检查自我批评。1952年春，人民教育出版社编审部地理组对第四次修订本作了检查，发表《高小地理课本的初步检查》一文。该文检查第一、二册的结果表明，总计显著错误97处。按错误的性质分：语法的错误最多，地图次之；再次为政治思想、科学知识不正确，名词、字体不一致等。在这些错误和缺点当中，最严重的是政治思想方面的错误。检讨中列举了有严重政治错误的两例：

（1）第二册第三课说上海"原来是一个冷落的地方"，同册第十一课也说香港"原来是个荒凉的渔村"。这正是帝国主义在侵占这些地方之后制造出来的理论，说明这些地方过去并不重要，经过他们统治以后才繁荣起来。这种说法的用意在掩饰他们侵略行为的丑恶，使他们的侵略合理化。

① 田世英.一位令人景仰的老编辑——忆叶圣陶先生在成都二三事［J］.山西大学学报，1984（1）：114-115.

② 中华人民共和国教育部办公厅.教育文献法令汇编：1949—1952［G］.北京：中华人民共和国教育部办公厅，1958：216-219.

③ 商务印书馆.关于商务版《复兴高中本国地理》的声明［N］.人民日报，1950-05-31（5）.

（2）第二册第九课谈到洞庭湖水灾问题的时候，把水灾原因归根于"历年江水挟带泥沙入湖，沉积湖底"，使洞庭湖失掉调节长江水量的功用。似乎洞庭湖的泛滥成灾，只是自然的现象，这在不知不觉中陷入了反动的地理环境决定论的圈套，忽略了社会制度是决定地理现象的主要因素。洞庭湖的水灾主要由于过去蒋匪都反动政府不关心民瘼、水利失修所造成。……同课里面又把过去沿岸恶霸地主的霸占湖田说成"大量开辟湖田"，这样一说，恶霸地主的不法行为反而有了开辟耕地、改造自然的意味了。①

由这两例来看，人教社的检讨不可谓不深刻，这可是极有风险的政治错误。同时，人教社还检讨自己的地理教科书对各省的地理情况表述不准确、不科学，有些甚至被忽略，压根就没有表述，比如气候、公路等。

这一场大批判对以后编写新的符合马列主义和毛泽东思想的地理教科书起着极为重要的导向作用。人民教育出版社在紧接着编写地理课本时，小心翼翼，彻底纠偏，认真考虑了上述意见。例如，1951年6月初版的《高级小学地理课本》第四册在第三次修订版中，对世界地理各个国家的介绍顺序和篇幅有明显变更，目录依次为：

苏联（一）

苏联（二）

苏联（三）

朝鲜民主主义人民共和国和蒙古人民共和国；

日本

---

① 人民教育出版社编审部地理组.高小地理课本的初步检查［J］.人民教育，1952（3）：27-28.

南洋群岛

中南半岛

印度和巴基斯坦

欧洲人民民主国家（一）

欧洲人民民主国家（二）

英国

法国

意大利、西班牙、南斯拉夫和希腊

美国（一）

美国（二）

巴西、阿根廷和智利[①]

再对照看一下在这之前和之后的地理教科书中的世界地理部分的国家排序，政治的变化和认识的转向非常明显。同样的国家、土地、地理、环境，认识主体的认识转向导致在安排上的大不一样，似乎地球地理发生了偏移。

以下是1946年出版的国立编译馆的《高小地理教科书》第四册中关于世界地理部分，该书共18课，从第6课开始涉及世界地理：

日本

华侨开辟的南洋群岛

中南半岛和印度

亚欧非三洲交通的桥梁——土耳其

地跨欧亚的苏联

德意志

荷兰、比利时、法兰西

意大利

---

① 刘松涛，惠颓，黄雁星，等．高级小学地理课本：第四册［M］．北京：人民教育出版社，1951．

英吉利帝国

美利坚合众国

世界水陆的分布

世界的交通，我国在世界的地位

以下是 21 世纪课程标准《地理教科书》（七年级下册）的世界地理部分：

第七章 我们邻近的国家和地区

日本

东南亚

印度

俄罗斯

第八章 东半球其他的国家和地区

中东

欧洲西部

撒哈拉以南的非洲

澳大利亚

第九章 西半球的国家

美国

巴西①

对于世界地理内容，可以按政治标准设计与处理，那么对于本国地理，如何设计会更好、更无风险呢？人教社的编辑们找到了一个好办法：让各地自己编写自己的那一部分地理内容，并提交给人教社，最后由编辑们加工成稿。多少有点文责自负的味道。当然，也表明人教社虚心求教的态度。一份广东省人民政府文教厅的函件可以窥见这一策略。在这份 1952 年 7 月

---

① 课程教材研究所，地理课程教材研究开发中心 . 义务教育课程标准实验教科书：地理：七年级下册［M］. 北京：人民教育出版社，2006.

1 日下发给中山大学地理系、华南师范学院地理系等学校的函件中，广东省文教厅明确表示收到人教社 6 月 4 日的函件，要求提供广东省的地理内容，可能的话，编成课文（初中本国地理每省约 2 小时，3000~4000 字，高中本国经济地理每省约 2 小时，5000~6000 字），尽快寄送给人教社，可以推断是为了编写秋季的地理教科书。当年对乡土内容还是很看重的。联想一下今日地理等教科书的编写，恐怕不会再征求地方的意见了。可喜还是可忧呢？

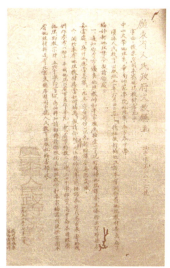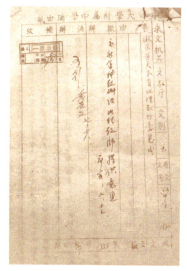

▲广东省人民政府义教厅函

可以说，伴随着共和国的成立，学界迫不及待地对地理教科书给予了一次比较全面的政治意义上的清算，也反映出共和国初期地理教科书的编写和选用存在比较突出的不同观点和分歧，是不同思想的较量。比较费解的是，为什么这第一场大批判来自地理教科书，而不是历史或语文或外语等教科书。

这以后，很长一段时间里，没有出现过以学者的个人身份独立编写的地理教科书，或者任何其他教科书了。教科书作者的团队性质日益突出。教科书中，政治意志的体现越来越浓，意识形态越来越重，这似乎也越来越反映了教科书普遍的本质特征。

　　都说知识就是权力（Knowledge is power），实际上权力也就是知识（Power is knowledge）。法定的权力不仅掌握了知识的内容，而且对知识进行界定，划分知识的价值与意义。权力即知识，课本即权力的体现，是权力直接博弈的结果。所以教科书有所选择、有所遗忘，所以教科书必然重视些什么、忽视些什么。

附二：
"进化"，还是不"进化"
——美国科学教科书内容之争

经过近代启蒙运动和长时期的宣传教育，在我们中国已经广为接受甚至被认为是天经地义的进化论思想，被理所当然地作为教科书内容，从来没有被怀疑过。但进化论在美国，在这个科学技术高度发达的国度，可不是那么一帆风顺了。

2005 年，在美国的堪萨斯州，随着冬天的到来，被世界科学家甚至全社会广泛认可的达尔文"进化论"再度遭到寒冬的"冷遇"。

堪萨斯州教育委员会通过决议，决定在公立中学的"科学课"讲授和考试中对进化论提出质疑，而宣扬所谓"智慧设计论"（Intelligent-design）。许多人预测，堪萨斯州的这一决议将再度在美国甚至世界上掀起波澜。6 比 4，"进化论"被打入冷宫。根据堪萨斯州教育委员会当天通过的决议，在新的教科书中，该州中学生应该知道一些进化论的基础理论，但也必须知道，"根据近年来的考古发现和分子生物学的发展，达尔文所主张的生物由物质组成，由进化而来的理论受到了巨大的挑战"。该委员会还举例说，目前的科学仍然无法对基因作出完美的解释，证明了达尔文学说存在巨大的漏洞。

该教育委员会还"顺手"修改了对"科学"一词的定义，使得科学不再代表"对自然现象作出解释"的意思。根据堪萨斯州教育委员会的决定，学生的"科学"科目的考试也将采用新的试卷，以便了解学校按教育委员会的决议对学生进行教学的情况，但该州 300 所中学的校董会有权根据自己的情况决定如何授课。据悉，当天在对这一决议举行听证会时，会场里挤满了紧张等待结果的中学生和教师。最终，参加表决的 10 名教育委员会委员以 6 比 4 的票数通过了这一决议，其中投赞成票的 6 名委员全部是共和党成员，而投反对票的 4 名委员中，民主党成员和共和党成员各占一半。决议通过后，堪萨斯州教育委员会主席、共和党人史蒂夫·阿布拉姆斯表示，这一决定"非常重要"，是"我们能做的最好的事情"。阿布拉姆斯之前还曾经宣称"达尔文的进化论永远不能与上帝的圣经相匹敌"。但阿布拉姆斯表示，该决议的通过与他的"宗教倾向"无关。反对者认为，这是"美国和全世界的笑柄"。堪萨斯州教育委员会通过质疑进化论的决议，被看作是"智慧设计论"者的胜利。自从"神创论"破产以来，便出现了所谓"智慧设计论"。"智慧设计论"者认为，动植物如此复杂和精妙的结构不可能是自然演进的结果，而是某种高智能的杰作，达尔文的自然选择理论无法回答生命如何起源的问题，也不能完全解释在过去 6 亿年的过程中，地球物种如此纷繁多样的原因，因此必定有外界智慧起了引导作用。"智慧设计论"者长期批评进化论，并要求在科学课程中得到"平衡的介绍"。堪萨斯州教育委员会的决议让不少"智慧设计论"者额手称庆。他们表示，这样的决议"破除了中学教育中的教条"，让学生能够接触多方面的观点。

这一决议立刻遭到了来自各方的抨击和质疑。其中最为激愤的是一些科学家，他们认为，这一决议是要"硬性在课程中灌输上帝和变相的神创论"，破坏了美国政教分离的基本宗旨。还有一些科学家指出，这是"新瓶装旧酒"，其目的只有一个，就是拼命诋毁进化论，宣传"智慧设计论"。科学家们言辞激烈地指出，堪萨斯州教育委员会的决议意味着"整个国家的倒退"。此外，尽管阿布拉姆斯拼命否认，科学家们也指出，这一决议的通过是宗教狂热分子对科学的挑战。对该决议投反对票的堪萨斯州教育委员会民主党委员珍妮特·沃夫表示："这真是令人悲哀的一天，我们不仅将成为全美国的笑柄，也将被全世界嘲笑，这是我不愿意看到的。"而许多教育者则担心，这一决定中体现出的宗教狂热会导致许多学校被迫按教育委员会的决议进行教学工作，如此一来，教师和学生都将无所适从，会大大影响教学质量。此外，教育者们最担心的还是美国科技力量的未来。他们表示，让学生从小接受"宗教的，而不是科学的科学课程教育"，会大大影响学生的常识，长此以往，美国科技力量的发展将遇到严重的阻滞，会停步不前甚至倒退。

堪萨斯州在美国一直是一个能够掀起教育风波的地方。20世纪50年代，一个"布朗诉托皮卡教育委员会"的案子，惊动了全球，教育公平的浪潮从这里冲刷着全美国甚至全世界的既有制度。

进化论也在这里起起落落。在美国，自20世纪80年代以来，一群热心的基督徒一直在宣扬针对进化论的"智慧设计论"，与进化论者进行了多次交锋，不仅仅在科学层面上进行论战，在社会各方面都有体现。而堪萨斯、宾夕法尼亚、密歇根和俄亥俄等州，争议尤为激烈。2005年俄亥俄州就通过法律，在中小学生物教科书中删除有关进化论的内容。其中，最突出的仍然是堪萨斯州。进化论在堪萨斯州几起几落，堪萨斯州成了进化论和"智慧设计论"争夺的桥头堡。

进化论在堪萨斯州命运的反复与该州政治气候密切相关。1999年8月，保守派占主导的州教育委员会首次将进化论从州教学大纲中删除，当时遭到许多科学家的反对。哈佛大学古人类学家史蒂夫·杰伊·古德曾将之比喻为"讲美国历史而不提到林肯"，而《华盛顿邮报》也讽刺说："上帝把脑子赐给了你们教育委员会的人，你们用一用好吗？"第二年保守派在州选举中下台，新一届州政府将进化论恢复。而2005年的州政府又是保守派，作出决议的 10 名成员中有 8 名是保守的共和党成员，宗教色彩浓厚，得出这样的结果也是在所难免。早在 2005 年 5 月，"智慧设计论"和进化论的交锋就冒出苗头。当时，堪萨斯州教育委员会就针对该州的学校该如何教进化论，连续听取社会各方面的观点，并表示可能在 6 月修改该州的教学大纲，后来在支持进化论的律师的激烈辩护和民众反对的声浪中作罢，但仍然允许在该州的中学内教授"智慧设计论"。

贰

美国是世界第一科技大国。然而现在有 47％的美国人——包括四分之一的大学毕业生——相信人类不是进化来的，而是上帝在几千年前创造的。有三分之一的人认为，学校的科学科目当中应当添上创造论这一章。

为什么会这样？纽约州立大学的进化论生物学家 Douglas Futuyma 将此归咎于这个前卫的国家里一种反知性主义的风气，一种把知识分子看作与大众作对的"精英"的风气。

布朗大学的细胞生物学家 Kenneth Miller 认为，推动创造论抬头的，与推动美国成为科技大国的正是同一种精神：不尊敬权威。

俄勒冈大学的地球物理学家 Brent Dalrymple 则说，在这个易变的、缺乏安全感的社会里，创造论能够给人以某种心灵上的抚慰。①

这意味着，对进化论的争论当前已经不仅是学术上的争论，在一定程度上还是一场意识形态的争论。

其实，在美国公立学校，是否允许教授进化论一直是有争议的。20 世纪上半叶，许多州是立法禁止学校讲授进化论的。

---

① Mackenzie D. Unnatural selection［EB/OL］.（2000-04-21）［2021-11-30］. https://www.newscientist.com/article/mg16622354-600-unnatural-selection/.

在 20 世纪 20 年代美国反进化论立法高潮期间，先后有 37 个州的议会收到过要求禁止讲授进化论的议案，在俄克拉荷马州（1923 年）、田纳西州（1925 年）、密西西比州（1926 年）、阿肯色州（1928 年）获得通过并成为法律。美国的第一项反进化论法律是 1923 年在俄克拉荷马州获得通过的。早在 1922 年 11 月该州就有基督教组织提出通过立法禁止在公立学校讲授进化论。一位新当选的众议员说："我的许多优秀的选民要求我向众议院提交一个议案，不仅禁止公立高中，而且也禁止享受州税收资助的所有教育机构的教师讲授进化论或采用包括进化论内容的教科书。"1923 年 2 月，该州众议院正在讨论一项有关免费教材的议案，突然有人提出了一项修正条款，"禁止采纳任何讲授'历史唯物主义观念'的教材，例如有关达尔文理论的教材"。最后，87 票赞成，2 票反对，这项将禁止讲授进化论作为附加条款的议案获得通过，并经州长约翰·沃尔顿签署从 1923 年 3 月 24 日起生效（这项法律，在 1925 年沃尔顿被弹劾后不久被撤销）。①

从 1929 年起，阿肯色州和密西西比州开始禁止讲授进化论。

这场反进化论立法运动对美国的进化论教育造成了严重的危害。从 20 世纪 20 年代后期到 50 年代末的 30 年中，美国中学生物学教材中有关进化论方面的内容不断地被削减、淡化甚至完全取消。20 世纪 20 年代，美国田纳西州颁布法令，禁止在公立学校课堂上讲授"人是从低级动物进化来的"，违反者将受法律追究和惩罚。很多相信进化论的人对此法律非常反感。美国公民自由协会决定以诉讼的方式让法官裁定这项法律违反联邦宪法，从而废止这项荒唐的法律。

1925 年，一个物理代课教师约翰·史科普斯在教室中讲授进化论，这显然是违反当时该州的法律。他被控诉了，而且事情闹大了，控辩双方摆出了大阵容，双方都聘请了著名律师。当时美国最有名的律师、积极支持

① 张增一 . 20 世纪 20 年代美国的反进化论立法运动［J］. 民主与科学，2005（5）：44–47.

进化论的克莱伦斯·丹诺自愿且免费担任了被告人的律师。丹诺的出场使得看客们眼睛发亮，此公成功的经典个案，至今还是美国"常青藤联盟"大学中法学院学生的必修课，或许一百年后仍旧如此。只要美利坚合众国的星条旗不落，不管你愿不愿意，只要你阅读美国法律的发展史，你就会从档案相片上看到此公那张典型的西部矿工的脸，然后倾倒于他那精妙的辩护词和令人叫绝的辩护策略。

原告方面，一家基督教团体请求詹宁斯·布莱恩担任本案的公诉人。这也是一名重量级的知名人物，曾三次参加美国总统选举，虽然全部落败，但也说明他的人气及坚持信仰的韧劲。在威尔逊任美国总统期间，他还担任过联邦议会参议员和国务卿等职。此公是一名虔诚的基督教者，在他看来，参加诉讼是在进行着一项高尚和正义的事业。作为一名在南方传统基督文化区长大的人，他认为所有质疑上帝存在的思想都是不可容忍的异端，将人类和猴子混为一谈更为荒唐。据说为了捍卫基督的精神，他在报纸上和大学的教授进行着口水战，甚至叫嚣：如果哪一位教授愿意签名证明自己是猿猴后代的话，他可以马上给其付 100 美元现金。①

值得一提的是，在此之前，克莱伦斯·丹诺和詹宁斯·布莱恩是好朋友。在布莱恩竞选总统期间，丹诺多次利用自己在劳工阶层的影响力（丹诺经常为劳工组织辩护，在蓝领工人中享有极大的声誉和号召力）为其助选，而这一次，双方却在法庭上唇枪舌剑地干上了。

此案件引起了全美人民的密切关注，并在全国广播转播。

法庭审理及辩论尚未开始，丹诺就开始了他的外围造势战。他宣称《圣经》是一部宗教经典，但不是一本科技著作。联邦宪法保障公民宗教信仰自由，但信仰自由的外延也包括不信仰宗教的自由。既然法律没有禁止牧师在教堂中传教，那么，为什么法律必须禁止教师在讲堂中传播科学

---

① 黄鸣鹤．一场人猴关系的审判［J］．民主与法制，2007（14）：48-50.

呢？法庭上，当布莱恩用"圣经字字是真理"来反驳进化论时，丹诺则追问圣经中所记载的事，如约书亚使太阳不动、鲸鱼吞下约拿又将他安然抛到海岸等故事是否全都是真实的，布莱恩竟都作了肯定的答复。布莱恩的回答在全国引为笑料，人们普遍认为这太缺乏理性了。①

丹诺似乎将法庭当成了传播科学的讲堂，如教士布道般发表了洋洋万言的演说，那篇名为《无知和盲从从来就是人与人争斗的根源》的法庭演讲，其中的一些精彩片段，到现在仍然是许多法学院一年级学生面对着镜子练习法庭辩论技巧时的首选。雄辩的被告律师把持有"圣经句句是真理"的观点的"圣经专家"——原告律师驳得体无完肤。

这就是有名的"猴子审判"。

但陪审员全都是信仰基督的，最后州法院还是判史科普斯有罪。这完全是在意料之中，或者说丹诺原本就在追求这种结果的发生——荒谬的判决比公正的判决有时更能证明特定法律的荒谬。很显然，即便陪审团已经作出了有罪的判决，但在这种法庭上一边倒的状态下，法官要判处被告史科普斯刑罚简直是冒天下之大不韪，法官做了让步，只判处被告100美元的罚金，为了表明自己的立场，法官在判决书中写道：有时候，追求真理的过程是需要勇气并付出艰辛努力的，当真理只被少数人掌握而与大众对立时，拥护和传播就是最大的勇气，如果哪一个人这么做了，那他就是一个伟大的人。

除了判决结果外，判决书通篇简直是对丹诺的赞美诗。

但被告方还是不依不饶地将诉讼——科普教育——进行到底，被告律师认为这条法令违反美国宪法，将案件上诉到了田纳西州最高法院，州最高法院撤销了判决，但法官在说理部分避开了本案争议的焦点——对进化论的看法，撤销原审判决是因为一个技术细节：按照田纳西州法律，超过50美

---

① 段琦. 论当代美国基督教中的反进化论思潮［J］. 世界宗教研究，2002（3）：77-87.

元的罚金必须由陪审团而不是由法官来判定，其实这只不过是一个让原被告双方都可以宣称自己在诉讼中获胜的台阶而已。①

明眼人都知道，真理终于获得了胜利。此后，任何人可以在田纳西州的任何地方讲授进化论而不必担心法律的惩罚，因为田纳西州最高法院在判决中已经明确要求州各级法院为了本州的安宁和尊严，不要再受理这种古怪的案件了。

但这条荒唐的法律并没有被废止，直到40年后的1965年，一位年轻的女中学教师苏姗·艾珀森，决定站出来，继续史科普斯未尽的事业。女教师的父亲是一位生物学博士，在她看来，在人类已经登上月球的时代，法律竟然仍然禁止教师向学生讲授进化论，简直是不可理喻，也是美国科学民主立国精神的耻辱。苏姗认为，这项法律违反了美国宪法第一修正案中政府保障公民言论自由和政府不得确立任何宗教以特殊地位的条款，向法院提起了违宪诉讼。诉讼一直打到了联邦最高法院。大法官们对这项臭名昭著的法律也已深恶痛绝，其中的法官阿贝·福塔斯在40年前曾经旁听过史科普斯案件的审理，当时他只是一个15岁的小男孩，被告律师丹诺在法庭上指点江山、挥斥方遒的潇洒给他留下了深刻的印象，并立志成为一名优秀的法律人。

1968年11月12日，联邦最高法院的法官宣读了由阿贝·福塔斯草拟的判决书，判决该项法律违反了联邦宪法的精神，必须马上予以废止。

伟大的丹诺是不可能亲眼见到这一幕了，他早在30年前就撒手西去了。而史科普斯，这位40年前向反进化论的法律发起进攻的第一位勇士，此时已退休在家，闻讯后热泪盈眶。②

1968年，阿肯色州小石城的一位高中生物教师挑战该州的反进化论法，

---

① 黄鸣鹤.一场关于人和猴子关系的审判［N］.检察日报，2007-05-23.
② 黄鸣鹤.一场人猴关系的审判［J］.民主与法制，2007（14）：48-50.

官司一直打到美国最高法院，由最高法院判决这样的法律违宪，违反了美国宪法第一修正案关于禁止州立及州政府资助的学校传授某种特定宗教的规定。

在这种背景下，想要通过法律手段禁止学校讲授进化论已经不可能了。不过，宗教不能进课堂，科学却可以，即便以科学的名义也是可以的。于是，在20世纪60年代产生的创造论派上了用场。[①]1957年苏联发射第一颗人造地球卫星，美国科学家羞愤之余要求政府加强科学教育。官方资助的美国"生物科学课程研究会"发行了一册新的教科书，其中着重加强了进化论的内容。全美约一半校区采用了这本书。这遭到一些基督徒的强烈反对。这时，创造论适逢其时地推出，似乎可以与进化论匹敌。于是，20世纪70—80年代初，一些地方包括阿肯色州和路易斯安那州通过法令，要求学校对冠以科学的名义的"创造论科学"给予与进化论同等的授课时间：1981年阿肯色州要求学校给予创造论与进化论同等授课时间；1982年，路易斯安那州颁布类似的"同等授课时间"法令……[②]

但是，真正的科学的声音是洪亮的，力量是不可抗拒的。1981年，加州法院驳回有关"讲授进化论损害信仰自由"的控诉；1982年，联邦法庭推翻阿肯色州"同等授课时间"法令，裁定创造论为宗教，而非科学。

到1987年，这一招更不好使了：美国最高法院推翻路易斯安那州"同等授课时间"法令。美国最高法院裁定，所谓"创造论科学"实际上就是宗教信仰，不得作为科学课程讲授。[③]科学界的发声与干预在这其中起到了

---

① 1961年出版的《创世记洪水》，由Morris和John Whitcomb合著。这本书声称，宇宙是在不到1万年前，由神用6天时间创造出来的。亚当在伊甸园里犯下"原罪"之后，热力学第二定律才开始起作用。各种生物化石及地理特征（如科罗拉多大峡谷）都是在挪亚大洪水那一年形成的。这即所谓创造论。

② 刘丽群.达尔文与上帝的较量：从进化论进出美国教科书看知识准入教科书过程中的博弈［J］.外国中小学教育，2012（9）：54—59.

③ 同②.

第三篇 小课本的大是非

重要作用。科学家们向法院提交了一份文件，对科学进行严格界定。创造论不符合界定的要求。例如，科学的前提假设可以被证明有错，而创造论不容许这一点，所以创造论不是科学。但创造论还是顽强地发展着。

据 1995 年 5 月 24—31 日的《基督教世纪》报道，民意测验表明，有 47% 的美国人和 53% 的加拿大人拒绝科学对人类进化的解释，而热衷于上帝造人说。现今约有 $\frac{1}{4}$ 的学院完全相信"上帝按其形象造人是在以往一万年内的某一时刻发生的"。虽然 1987 年美国高等法院否定了在公立学校讲授"创造论科学"，但近年来创造论者的发展却令人瞠目。离洛杉矶不远的圣迭戈的维斯塔（Visat）就十分典型。那里的 220 个学校董事会自 1992 年起均由创造论者把持。他们禁止学校讲授任何形式的科学进化论，而只准教授创造论。①

但整体上，从 1987 年判决以后，创造论者再次改变策略，放弃了在法律上打主意的努力，为了不被视为宗教，他们避免使用"上帝"的字眼，不说生物是"神创"的、是"创造"的，而改说生物是"智慧设计"的，要求把智慧设计论作为一种科学理论来教。

到了 90 年代，创造论者们转向公立学校教科书委员会等组织寻求突破口，宣传智慧设计论。这个智慧设计论运动经过一番乔装打扮，尽管在学术界没有市场，却能迷惑外行，在美国公众当中获得了相当大的支持。在他们的游说下，一些学校要求教师告诉学生，进化论"是理论而非事实"。路易斯安那州也提出过一条类似法令。亚拉巴马州还在教科书里给进化论贴上了"有争议的"标签。

1999 年 8 月，堪萨斯州教育委员会（其中有几位正统基督徒成员）驳回了科学顾问们撰写的课程大纲，而悄悄地采用了中美洲创造论科学协会（Creation Science Association of Mid-America）的汤姆·威利斯（Tom

---

① 段琦.论当代美国基督教中的反进化论思潮［J］.世界宗教研究，2002（3）：77—87.

Willis）所写的大纲。其中删去了所有与进化论及宇宙大爆炸理论有关的内容，而添上了宗教教义。

2004 年，在佐治亚洲的科布县（Cobb County），数百名家长联合签名批评学校的生物教科书把进化论作为一个事实而不是一个理论教给学生，而且不让学生有机会了解其他可能的理论（如创造论或智慧设计论），校方最后同意在教科书的进化论部分加上说明："进化论是一个关于生命起源的理论，而不是事实。学生应该带着开放的态度认真研习并批判性地加以考量。"（"Evolution is a theory, not a fact, regarding the origin of living things. This material should be approached with an open mind, studied carefully and critically considered."）①

堪萨斯州以及其他地方的这一类举动以及智慧设计论观点引起美国全国科学家的警觉和大声疾呼。美国科教界意识到问题的严重性，各种机构纷纷表态反对智慧设计论运动。例如，世界上最大的科学组织——美国科学促进会曾在 2002 年 11 月通过决议，反对在科学课程中教授智慧设计论，呼吁其下属组织和成员站出来帮助政策制定者了解科学的本质、当代进化论的内容，让他们知道智慧设计论没有科学依据，不能用于科学教育。国家科研机构禁止堪萨斯州在其他领域使用他们制订的各种科学标准，以示抗议。有一些州受此影响撤回了反进化论的提案，但还有几个州继续坚持着。②

有意思的是，2001 年 2 月 14 日，堪萨斯州教育委员会又以 7 比 3 通过了让进化论重返课堂的决议，推翻了 1999 年的决议。但更值得关注的是，2005 年，又发生了本文前面提到的一幕。

① 石鸥，刘丽群，刘艳琳.美国中小学课程与教学［M］.长沙：湖南师范大学出版社，2010：103.
② 刘丽群.达尔文与上帝的较量：从进化论进出美国教科书看知识准入教科书过程中的博弈［J］.外国中小学教育，2012（9）：54—59.

事态还在发展。2006 年 2 月 21 日，一份由美国 514 名科学家联合签署的声明再次引发轩然大波，并以《500 名科学家质疑达尔文进化论》的报道传遍世界：

"我们质疑达尔文宣称的生物随机变异能力和自然选择论来解释复杂的生命。谨慎的检验达尔文理论证据的行动应该被鼓励。"这是《世界网络日报》在 2006 年 2 月 21 日刊登的由 514 名科学家联合签署的声明的部分内容。

很显然，这不是一场很平常的学术争鸣，它之所以会引起如此巨大的关注，还有很多前述原因。其中，事情的关键在于发表声明的组织是一个叫"发现研究所"的机构。轰动一时的智慧设计论正是由他们提出的。

于是，科学界对此进行了全面反击。《科学》杂志发行人、科学促进协会主席艾伦·莱什纳批评道：我最喜欢说的一句话是"只有少数科学家相信的事不是科学"。在 1000 万名科学家中，谁都可以找到 500 人去相信并且签署什么东西。签署这份声明的科学家们并不一定是进化生物学、生物学、宇宙学、古生物学或是其他相关领域的专家。[1] 重要的是，进化论已经毫无疑问地被大多数主要的科学家所接受，并且作为一种生物学和宇宙学的组织规则。

艾伦·莱什纳继续表示：智慧设计论毫无科学根据，也没有任何可进行试验的问题。这是宗教或哲学的事，与科学是无关的。它是宗教观点。因为不论叫做"智慧设计者"还是"上帝"，它依然指的是某种超自然生命。科学仅限于用自然来解释自然世界，而不是用超自然。[2]

而在声明上签名的一位"反对进化论"的生物学家斯坦利·萨尔斯教授则表示：不，我不是反对进化论，我是反对用"新达尔文理论"去解释

① 确实，这 514 名科学家中，只有 3 名是进化生物学或相关专家。
② 马佳.《科学》发行人：少数科学家相信的事不是科学［N］.北京科技报，2006-03-09.

进化论。生物学进化论已经得到地质、生物、化学和物理等多种数据的证实。很多人把生物进化论和现在流行的一种"新达尔文理论"混淆了。萨尔斯教授还表示反对智慧设计论：智慧设计论把生物体看作机器，需要设计。我不相信生命系统是机器，所以对"设计者"也没有什么看法。他说，生物进化论就应该是生物课的一部分。①

史科普斯案的原告律师布莱恩曾经说过："不管生物学教授喜欢还是不喜欢，纳税人有权决定公立学校教什么。"②纳税人为什么要决定学校教什么呢？他们能够决定学校教什么吗？他们依据什么来决定学校教什么？实际上纳税人是多种多样的，反对进化论的是纳税人，拥护进化论的也是纳税人。他们代表着不同的利益集团，正是不同的利益集团，需要教科书来传播自己的行为规范及价值标准，使学生接受并形成他们所期望的一整套行为准则。在教科书内容的选择上，到底是简单多数的所谓民主至上，还是以科学真理为最高标准？

教科书本身是一种文化的产物。阿普尔强调：教科书是政治、经济和文化的活动、争论和妥协的结果，是具有真实利益的人设计、发展出来的，在市场、资源和权利等政治、经济的限制下出版的。总之，教科书是教育决策者、政府部门和其他社会力量共同影响学校教育的一个缩影。因此，在教科书生产的过程中充满了各种冲突和斗争。

教科书的功能就在于划定某一可能的宣讲范围，准入、选择并宣扬某些观点和思想，使它们经典化，同时避开某些观点与思想，使它们消失于

---

① 马佳.《科学》发行人：少数科学家相信的事不是科学［N］.北京科技报，2006-03-09.
② 张增一.20世纪20年代美国的反进化论立法运动［J］.民主与科学，2005（5）：44-47.

学生的视野。从深层次而言，教科书旨在确立价值与信仰体系。教科书担负着解释"善良丑恶"、澄清"真理谬误"的伟大功能，也担负着解答"我们从哪里来，往哪里去"等根本困惑的重任。

于是，即使是同一门学科的教科书，如果旨在确立不同的价值与信仰体系，如果以根本不同的方式解读"我们从哪里来，往哪里去"之类的问题，教科书就可能遭遇大相径庭的结局。任何内容要想进入教科书，它们首先必须证明自身的合理性。进化论在美国教科书中的命运很好地体现了这一点。

第四篇

武器般的教科书

　　《纽约时报》曾经如此称赞商务印书馆 20 世纪 30
年代组织出版"万有文库"一事：他们为苦难的中国提
供书本，而非子弹。其实，有些书虽是书本，也是子弹，
甚至胜于子弹。教科书是爱国救亡的重要推动力量，特
别是在民族危亡的非常时刻，它在唤起民族觉醒方面功
不可没。战争与其说是武器的较量，不如说是民心向背
的较量。学堂如战场，课本似刀枪。近代中国历史上，
出现过不同的这种胜似刀枪的教科书。我们看到，爱国
的课文在哪里读响，救国图存的星火就在哪里点燃。战
争可以扼杀生命，摧毁城市，但只要学校在课本在，战
争就扼杀不了正义，摧毁不了民心，真理就不会灭。

犹如打胜仗的教科书
——延安《文化课本》的出版

▲《文化课本》，1942

教科书受众最广。尤其是在信息单一、文化基础薄弱的革命根据地，教科书无疑是最广泛的宣传品，它是有着最大受众群体的文本。解放战争期间，共产党东北行政委员会的教材编审委员会，一年多的时间里就发行教科书达 500 余万册。在当时，任何其他政治读本都不会有这么大的发行量。

与其他书本相比，教科书最被读者信赖、影响最深远。受千百年来科举文化的影响，课本被认为是神圣的，在民众心中比一般读物更有声望，更有号召力。尤其是在偏远地区，教科书是广大民众最容易获得信息的源泉（除了教科书，人们很难找到其他开启民智、了解公共信息的途径），是他们最容易接近的教师，是最可靠的智者。在根据地，教科书是知识的源泉，甚至是真理的化身。在这一点上，教科书几乎成了边远农村的"元媒介""元智慧"。而且教科书直接指向儿童青少年，是培养人、形塑人的最直接的手段。所以它的影响来得更持久、更深远、更广泛。

正因为教科书这种文本的独特性质，共产党一直没有放松对教科书的监管与利用，对教科书表现出高度的关注与重视。特别是从1927年在井冈山初创革命根据地开始，不论是在抗日战争时期，还是在解放战争时期，教科书都是共产党重要的宣传工具和斗争武器。

与共产党发现必须要有自己的军队一样意义重大的举措，是共产党发现必须要有自己的教科书。无论何种情况，手中要有军队，要有武器。无论何种情况，手中要有学校，要有教科书，有自己的教科书！① 这是另一种军队，另一种武器。

一手握笔，一手握枪，这是共产党的宝贵经验。事实上，根据地教科书和其他宣传品比如报纸一样，就是共产党的刀枪。晋绥边区的领导人贺龙直接以《强有力的武器》为题祝贺《抗战日报》办报一周年，他认为，"一个强有力的报纸是与一支强有力的武装同等重要的"。

共产党领袖毛泽东更是看重文化基础，看重教科书的作用，甚至亲自参加早期共产党的教科书建设工作。1927年苏区宁冈县由于大办学校，缺乏教科书，当编写者拿着编写出来的教科书请毛泽东审阅时，毛泽东尽管军务繁忙，却毫不推脱，立即看了起来，并边看边修改。如他将"土地分到家，有穿又有吃（当地口音念 qià），穷人喜洋洋，工农坐天下"一段，改

---

① 石鸥，张文．根据地教科书的精神遗产及其现代价值［J］．课程·教材·教法，2017，37（2）：24-32.

为"土地回老家，合理又合法，豪绅要打倒，工农坐天下"。①1950 年 12月，人民教育出版社正式成立，专门负责中小学教科书的编写，毛泽东亲自题写了社名。1957 年 3 月 7 日，毛泽东指出："我们的教学计划、教科书都是全国一致的。这种做法是不是有问题？各省是不是可以增加一些教材？各省是不是感到受限制？""苏联的教材，应当学的就要学，不应当学的就不要学。你们来一个改革，不要照抄外国的，一定要符合中国的情况，并且还要有地方的特点。""课程要减少，分量要减轻，减少门类，为的是全面发展。"②1958 年 3 月，在成都召开党的全国宣传工作会议期间，毛泽东在同七省市教育厅厅长的谈话中更明确地表示了对照搬苏联教育制度的不满和对解放区教育的怀念，他说："教育方面搬得也相当厉害，例如五分制、小学五年一贯制等，甚至不考虑解放区的教育经验。"③毛泽东还提出了这样的问题：教育部是苏联的教育部还是中国的教育部？教材为什么不用老解放区的东西为蓝图？④ 这些都说明毛泽东非常重视教科书。

毛泽东在延安时，曾经把一本共产党人自己编撰的教科书的问世看成是战场的大胜利，是广大干部的福音。战争时期被看作"一大胜利"、是"福音"的这本教科书是什么样的教科书呢？

该书名为《文化课本》，主要用于干部教育和中等教育（其实根据地的中等教育主要就是培养干部的，就是干部教育），由凯丰、徐特立、范文澜等人编纂出版。

凯丰（1906—1955），原名何克全，江西萍乡人，忠诚的马克思主义者和共产主义战士，一生先后主要从事共青团工作和理论宣传工作，是我们党杰出的理论宣传家。他把毕生精力献给了中国人民的解放事业和社会主

① 肖云岭，陈钢. 井冈山革命根据地文化建设史［M］. 南昌：江西人民出版社，2007：93.

② 中共中央文献研究室. 毛泽东文集：第 7 卷［M］. 北京：人民出版社，2001：245.

③ 同① 365-378.

④ 金一鸣. 中国社会主义教育的轨迹［M］. 上海：华东师范大学出版社，2000：194.

义建设事业，为党和人民做出了重要贡献。① 曾任中共中央委员，中共中央政治局候补委员、委员，中共中央宣传部副部长、代部长等职务。

徐特立（1877—1968），又名徐立华，中国革命家和教育家，湖南长沙人。他是毛泽东和田汉等著名人士的老师。被尊为"延安五老"之一。1911 年参加辛亥革命。1927 年加入中国共产党，同年 8 月参加南昌起义。1934 年参加长征。中华人民共和国成立后，曾任中央人民政府委员会委员。党中央曾评价他"对自己是学而不厌，对别人诲人不倦""中国杰出的革命教育家"。

范文澜（1893—1969），字芸台，浙江绍兴人，著名历史学家。曾在南开大学、北京大学、河南大学、北京师范大学、辅仁大学等校任教。自北京大学毕业后，范文澜即留校任蔡元培的私人秘书。1940 年 1 月，范文澜带了 30 多箱书籍，从河南抗日根据地来到延安，主持中央马列学院历史研究室的工作，任主任。他编写的《中国通史简编》和《中国近代史》是最早运用马克思主义观点系统叙述中国通史的著作。

《文化课本》相当于一本综合教材，适用对象主要是共产党的革命干部。既有文学和文法方面的内容，也有社会科学和自然科学的基础内容。选文主要来自当时的革命领导人、进步作家、学者的文章与讲话，有朱德的文章，也有斯大林的文章，有王明纪念马骏的文章，还有胡愈之、徐特立、郑振铎的文章，有叶圣陶、茅盾、邹韬奋、竺可桢、任鸿隽的文章，也有苏联作家左琴科的作品，还有伊索寓言和我国的经典寓言等内容，另有一些时政要闻、抗战事迹，如平型关大捷。全书共 41 课，附 12 条文法内容。课后有一些背景性的资料介绍，主要是章节大意，以及一些必要的注释。毛泽东为该书写了序言，全文如下：

一个革命干部，必须能看能写，又有丰富的社会常识与自然常识，以

---

① 中共中央党史研究室.纪念凯丰同志诞辰 100 周年［N］.人民日报，2006-03-14（9）.

为从事工作的基础与学习理论的基础，工作才有做好的希望，理论也才有学好的希望。没有这个基础，就是说，不识字，不能看，不能写，其社会常识与自然常识限于直接见闻的范围，这样的人，虽然也能做某些工作，但要做得好是不可能的；虽然也能学到某些革命道理，但要学得好也是不可能的。我们现在有大批精明忠实但缺乏文化基础的干部，将来也必然还会有大批这类干部，他们急切需要解决文化基础问题，但课本问题迟迟没有解决。现在文化课本出版了，这是一大胜利，这是凯丰、徐特立、范文澜诸同志的功劳。不管课本内容还须随时改正缺点，推陈出新，但有了这个课本，就打开了学习文化的大门。文化课本的出版，是广大干部的福音，我相信，我们大群的干部会以极大的热忱来欢迎这个课本的。

毛泽东 一九四二年一月十七日

这里，毛泽东同志把此书定位为文化课本，是打基础的教科书，而且是涉及社会常识和自然常识的基础文化的课本，旨在为进一步的理论学习和进一步地搞好工作提供"急切需要"的基础。在共产党领袖看来，即便是战争时期，文化基础仍然是工农干部急切要解决的问题。这一课本为广大工农干部"打开了学习文化的大门"。在毛泽东心目中：第一，学理论需要文化基础，干工作也需要文化基础；第二，打基础的教科书的意义不可谓不大；第三，允许教科书有不足有缺点，教科书可以不断完善，"推陈出新"。

此书所载王明的文章，是纪念马骏烈士的。马骏1927年底被捕，并于1928年初被奉系军阀杀害。马骏和王明留苏时有过交往。文中提到马骏被捕是因为"有一同志不注意秘密工作的技术，致使市委多数委员在会议时全数被捕"。[①]这与后来形成的定论性的观点：马骏被捕是因为出了叛徒的缘

---

① 陈绍禹.纪念我们的回族烈士马骏同志［M］//河北省民政厅.河北革命烈士史料：第一集.保定：河北人民出版社，1959：37-45.

故是很不一样的。到底是什么原因，不是本文要考证的，但笔者认为王明的观点值得重视。

第一，他这一观点的文字最早发布在 1936 年，离马骏牺牲有 8 年，虽然时间也不短，但与 1985 年出现的叛徒说相比，还是离事件本身更近。而且持这一观点的不仅仅是王明，另一位曾在北京工作的中共早期领导人刘清扬也有类似观点："不幸有人不慎，泄露了秘密，终归在市委开会时，同时和许多人都被逮捕"。① 刘清扬和马骏都是回族，刘生于 1894 年，马生于 1895 年，刘在天津直隶女师上学，马在南开大学上学，二人都在天津学生运动中担任重要领导者身份，而且有非常密切的联系。他们共同发起天津学生运动，支持北京五四运动。1919 年 6 月，马骏和郭隆真、刘清扬等 10 人赴北京，强烈要求北洋军阀拒绝在"巴黎和约"上签字。1919 年 9 月刘清扬与周恩来、马骏、郭隆真、邓颖超等创办觉悟社，等等。鉴于刘清扬和马骏这样一种关系，刘的话应该是更为可信的。而且刘的回忆是在 1959 年，也是比较早的。

第二，最早提出叛徒观点的是法学家张友渔。他在 1985 年第 25 期的《北京党史资料通讯》上，发表了《中共北京临时市委的成立及被破坏的经过》一文，最早提出了这一观点："大概在十一月下旬（已经下雪了）许锡仁被捕叛变，临时市委因此遭到破坏""有一天许锡仁到西郊燕京、清华等大学联系工作，回来时在西直门被侦缉队逮捕了。他被捕后就叛变了，供出了市委成员及其住处"。② 其后的相关资料，多援引自此。张本人也是当事人，也被捕了，在这一点上，他的观点是很有分量的。但正因为当时张也被捕入狱了，完全有可能对具体细节也不很清楚。而且这一观点的提出已经到了 80 年代中期了，经过了 60—70 年代的"革命化""阶级斗争"扩

① 刘清扬.回忆四十年前的战斗英雄马骏烈士［M］//中国科学院历史研究所第三所.五四运动回忆录.北京：中华书局，1959：243-247.

② 张友渔.中共北京临时市委的成立及被破坏的经过［J］.北京党史资料通讯，1985（25）：12.

大化的影响，一些回忆因为时间久远，很容易有意无意把此类事情上升为敌我矛盾的斗争结果。

第三，王明的这篇文章被收入陕甘宁的《文化读本》教科书，该书由凯丰、徐特立、范文澜编，由毛泽东写序，且完成于1941年底，出版于1942年。这篇文章的这么重要的观点，当时的三位重量级的共产党人的主编甚至毛泽东本人，不会不考虑吧。可见，至少在当时，党中央是认同王明的观点的。

该书1942年初版，不断在各根据地再印再版，1949年山东新华书店胶东分店就出版了第4版。

教科书就是武器

——四维中学教科书

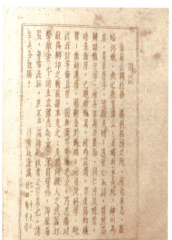

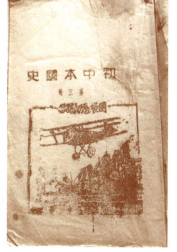

▲四维中学教科书

艰苦的抗战岁月，中国人民陷于水火之中，生活都难以为继，更不用说办学了。但学校是文明之光，是复兴中华民族的重要力量，无论如何艰苦卓绝，一批爱国的仁人志士总是心系教育，心系祖国的未来。1942年10月，山东潍坊昌邑县四维中学成立。学校成立的初衷是抗战建国，培育新人，当时"倭奴内侵，地方沦陷，教育事业备受摧残。数年来，青年学子流离失所者不知凡几""同仁等有鉴于此，本诸抗战建国兼筹并进之国策与百年树人之大计，咸认兴学育才为当务之急，此四维中学之所由设也"。[①]创办学校的校长是李资廉，教导主任是佟秀廷。佟秀廷，1908年生人，名元俊，昌邑佟家营子村人，任学校教导处主任并总理校长工作。1936年佟从山东大学生物系毕业后任教于合肥女子师范学校，1942年秋回昌邑主政四维中学。他是学校的实际负责人，后为四维中学校长，一直到四维中学解散。

所谓"四维"即"礼义廉耻"，也是学校的校训。四维中学落成时，立碑纪念。碑文如下：

倭奴内侵，地方沦陷，教育事业备受摧残。数年来，青年学子流离失所者不知凡几，举办社会事业，辄有"才难"之叹。同仁等有鉴于此，本诸抗战建国兼筹并进之国策与百年树人之大计，咸认兴学育才为当务之急，此四维中学之所由设也。校址暂定密埠店，学舍借用民房，因陋就简，仓猝开学。嗣以人数日增，庠舍难容。遂谋诸热心教育诸公暨密埠店董事人等就本村小学校址，拓其旧有规模，构筑教室十七椽，承各方鼎力相助，庀工鸠料，期月而蒇事。今值新舍落成，庶识端倪，勒诸贞珉，藉资纪念云尔。

抗战胜利后，四维中学于1945年迁址高密，又于1947年迁往青岛。前后开课七年时间，培养出孙世忠（教育部高教司原司长）、朱玉湘（山东大学历史系教授）、徐乐三（山东大学医学教授）、王志仁（水电部高级工

---

① 佟继汉，朱鉴明.四维中学与佟秀廷［M］//中国人民政治协商会议昌邑市委员会文史资料研究委员会.昌邑文史资料：第七辑.潍坊：［出版者不详］，1994：21–52.

程师）等一大批从事教育或科研工作的人才。部分毕业生于 1949 年跟随佟校长去了台湾，也都在自己的岗位上做出了骄人的成绩。还有大量该校培养出的学子于 20 世纪 40 年代末旅居欧美并从事科研文化事业，他们身在海外却不忘祖国和家乡，用自己的智慧谱写着服务社会、文化融合的新篇章。①

　　四维中学根据国民政府的学制规定，中学分三、三制，初高中各三年。初中设国文、算术、代数、几何、三角、物理、化学、英语、动物、植物、生理卫生、历史、地理、公民、音乐、美术、劳作。该校成立之时，正是抗战如火如荼之际，教科书"务期合于战时"，但条件艰苦，有些课程的教科书无法如期买到运到，有些课程缺乏合适的教科书。无法如期买到运到的教科书，如公民、国文、历史、地理、音乐等教材，由学校自己选编、翻刻、油印，再供学生使用。如果教科书不太合适而本校教师又能够自己编写的，就自己编写补充教学之用，如《国语讲义》等。

　　对于一些理科课程如数、理、化以及英语的教材，则不易解决。以佟秀廷为首的爱国教师，遂设法把沦陷区（主要是伪华北政府教育总署编写）的一些教科书拿来改造使用。在他们看来，这些日伪政权的教科书，犹如武器，是没有敌我之分的，看掌握在谁手里。完全可以用敌人的武器打击敌人。因为"自然科学，纯系探讨宇宙真理，固无汉界楚疆之分。乃忍痛以敌伪翻印之战前课本充之：是犹以敌人之武器打击敌人者也"。为了激励学生读书不忘报国，学校专门刻了一方木刻印章，盖在教科书的封面，文为"读书勿忘救国"，边框有竖排的"四维中学"几个小字，插画是一架敌机正在中国的国土上空狂轰滥炸；另有佟秀廷撰写的"附志"，红色油印后贴在日伪课本的封三，"附志"谓：

---

① 佟继汉，朱鉴明. 四维中学与佟秀廷［M］//中国人民政治协商会议昌邑市委员会文史资料研究委员会. 昌邑文史资料：第七辑. 潍坊：［出版者不详］，1994：21-52.

附　志

值兹长期抗战，胜利在握之际，寇气未息，＊焰仍炽，热心教育诸公，目睹封豕长蛇，神州为虐，莘莘学子，流离失所；遂苦心孤诣，毅然倡办四维中学，承各方鼎力相助，同仁惨淡经营，时未匝月，已规模粗具。校内设备，力求节约朴实；教材选择，务期合于战时；而自然科学，纯系探讨宇宙真理，固无汉界楚疆之分。乃忍痛以敌伪翻印之战前课本充之：是犹以敌人之武器打击敌人者也。诸生宜体念斯旨，深自警惕，淬砺奋发，誓雪此耻，庶不负倡办斯校者之苦衷也。诸生宜各勉旃！

佟秀廷谨识　三一　十　十二于四维中学

"读书勿忘救国""犹以敌人之武器打击敌人者也"！掷地有声。教科书就是武器，是打击敌人、报效祖国的武器。从穿越八十年的封面木刻中，从封三的"附志"中，我们分明看到了爱国知识分子的满腔热血和爱国青少年在战火纷飞中读书救国的感人画面。正当前线的军人与日军殊死搏斗时，后方的教师和学生也对日军展开了战斗，但使用的不是机枪、子弹和手榴弹，而是教科书！

抗战之所以取得最终的胜利，中华民族之所以没有被征服，一直屹立于世界民族之林，是因为有许多这样的教师如此利用教科书，有许多这样的教科书在培育着千百万学生，有千百万这样的学生读书未忘报国。今天，我们已经不太清楚那些手捧这些教科书的师生的去向，但他们留下的这些教科书是读书救国最有力的证明。它们不能被遗忘。那是战争留给和平的，是前人留给我们的教育遗产。[①]

---

① 石鸥，廖巍.课本也抗战：试论"战时教科书"［J］.课程·教材·教法，2015，35（9）：3-9.

教科书就是国防
——国防教科书

▲《国防国语课本》与《国防算术课本》

　　虽然现代战争离不开新式的杀人武器，但事实一再表明，滋润民心的书本才是最难对付的武器，才是最牢不可破的国防。所以，希特勒会发起声势浩大的焚书运动；所以，罗斯福会命令用更多的书武装二战前线的美军士兵；所以，东条英机在占领我国东北、华北后要不惜血本全面编撰教科书；所以，日寇飞机的轰炸声刚消失，稚嫩而誓言般的读书声就从华夏大地断壁残垣的教室里飘出——

敌人的太阳旗，插遍了胶东的山岗。皇军棕红色的马，系在祖国河边柳树上；

从前这里养活了咱们，如今该让咱们来保卫家乡。①

当时的人们不仅手中需要一把枪，心中也需要一个理念。教科书就是在传播理念。手捧着抗战教科书的师生，和红高粱地里手持长枪大刀的战士一样，也在抗战。他们手中的教科书，包括"国防教科书"，在抗战期间苦难的中国，不是子弹，胜似子弹，不是国防，就是国防。

早在清朝末年，以军国民教育为代表的近代国防教育思想已经被提出。1912 年，国民政府正式将军国民教育列入教育宗旨。②1928 年，日本在济南制造了"五三惨案"，恰逢第一次全国教育会议召开，会议认为"外侮日迫，非尚武不足以救国"，③遂通过《学校应实施军事训练案》，要求高中以上学校成立学生军，初中以下学校严格开展体育及童子军教育。肇始于应对日本侵略的国防教育至此拉开了序幕。

随着日本侵略者铁蹄的逼近，中国民间的抗日呼声日涨，国民政府也日益加紧实施国防教育。1932 年，国民政府决定在中央和地方设立国民军事训练委员会，负责学校军事教育等事务，规定高中以上学生实施暑期集中军训，并规定学校军训为国防教育之一部分。1934 年，蒋介石下令，凡高中以上学生军训不合格者，不得投考大学，将军训作为完成学业和升学

① 胶东国防教材编辑委员会.国防国语课本：高级第二册［M］.胶东：胶东东海区教材印刷社，1943：17-18.

② 陈学恂.中国近代教育史教学参考资料：中册［M］.北京：人民教育出版社，1987：169.

③ 中国第二历史档案馆.中华民国史档案资料汇编：第五辑第一编　教育二［M］.南京：江苏古籍出版社，1994：1239.

的必要条件。

国防教育在共产党领导下的各根据地也大张旗鼓地开展着。1937年，面对日军发动的侵华战争，毛泽东分析了国际国内各种矛盾的变化，认为中国已进入一个新的以解决民族矛盾为主要斗争目标的时期。毛泽东说："政治上、军事上、经济上、教育上的国防准备，都是救亡抗战的必需条件，都是不可一刻延缓的。"[1]强调了教育对于国防的意义、国防教育对于抗战胜利的意义。1937年7月，毛泽东发表《反对日本进攻的方针、办法和前途》，提出了包括实施"国防教育"在内的全面抗战的八大纲领，要求"根本改革过去的教育方针与教育制度。不急之务和不合理的办法，一概废弃"。[2]使文化、教育、宣传等一切活动都符合国防的利益。

1937年6月，陕甘宁边区公布的《边区政府施政纲领》中提出："实行国防教育，实施普及的义务的免费的教育，提高人民民族觉悟的程度。"12月，首先由陕北公学发起成立了国防教育研究会，推选成仿吾任主任，吕骥任副主任。与此同时，在边区各县组织了教员联合会，随后边区政府教育厅把这两个组织合并为"边区国防教育会"，由抗大、陕公、教育厅共同推选5人组成筹备委员会。1938年4月11日，边区国防教育会在延安召开第一次代表大会。筹委会主任柯柏年主持会议并介绍筹备经过，毛泽东、张闻天、艾思奇等分别讲话。毛泽东提出：应该全力抗战，"用教育来支持抗战，目前的抗战是规定一切的东西，我们的教育也要听从抗战命令，这就叫抗战教育"。会上，成仿吾报告了国防教育的意义，邵式平作了《陕北公学实施国防教育的经验与教训》的报告，吴亮平讲演了国防教育的原则。会议推选出成仿吾、邵式平、罗瑞卿、周扬、吕骥、徐特立、艾思奇、董纯才等29人为第一届执委；成仿吾、邵式平、罗瑞卿、周扬、吕骥、柯柏

---

① 毛泽东.毛泽东选集：第一卷［M］.北京：人民出版社，1991：256.
② 毛泽东.毛泽东选集：第二卷［M］.北京：人民出版社，1991：348.

年等 11 人为常委。①

1938 年 11 月，中共六届六中全会作出了《实行国防教育政策，使教育为民族自卫战争服务》的决议。该决议成为各抗日根据地实行国防教育的重要政策依据。

实施国防教育，必须贯彻执行教育为抗日战争服务、教育与生产劳动相结合的方针；必须改变教育的旧制度、旧课程，实行以抗日救国为目标的新制度、新课程，②培养具有民族意识、胜利信心以及有战争与生产所直接需要的知识技能的抗日国民和抗日干部。

随着国防教育如火如荼地开展，"国防教科书"应时而生。"国防教科书"仅仅出现在中国抗日战争时期，是抗战时期一种特殊的突显时代特色的教科书，是最典型的抗战教科书之一。在国统区和根据地都出现过以"国防"命名的教科书，但共产党根据地的"国防教科书"最为典型，诸如《国防国语课本》《国防算术课本》《国防常识课本》《国防历史课本》等。"国防教科书"的主要内容包括：守土抗敌的故事、抒写卫国情绪的诗歌、研究国防问题的报告、举行国防演讲比赛会、举行国防问题讨论会、关于列强海陆空军的实力与我国的比较、关于我国失地面积并直接间接之损、历代筹边保土的事实、我国现代边疆的形势及危机、东北的历史与地理、中国海岸线及军港的研究、火药军械的研究、毒气及防毒工具的研究、国防化学工业的研究、古今著名御寇战争的故事、悲壮伟烈战图的欣赏、提倡国货的歌曲、固我国防的歌曲、赞美御寇伟人的歌曲、慷慨激昂的赴敌歌等。③

正中书局 1940 年出版的俞子夷的《国防算术课本》，很好地反映了国

① 皇甫束玉，宋荐戈，龚守静.中国革命根据地教育纪事［M］.北京：教育科学出版社，1989：136.
② 陈元晖，璩鑫圭，邹光威.老解放区教育简史［M］.北京：教育科学出版社，1981：55.
③ 徐阶平，杨汝熊.国防教育之实施［M］.上海：汗血书店，1937：61-65.

防教育之抗战内容的要求。该教科书封面视觉冲击强烈，战场上将士残酷搏杀的场面令人震撼。教科书编写者认为，"国防是广义的，我们注重两方面：一是军事方面的国防，一是建设和物质方面的国防"。《国防算术课本》大量内容指向抗战特殊环境，指向军事方面的抗战与国防。该套课本共 8 册，每册有一个主题。初级第三册的主题是：做有关国防的玩具（集中在陆军方面）。涉及：做兵——20~100 各数目的认识；做枪——百以内不进位加法、不退位减法；做子弹——百以内不进位加法、不退位减法；等等。[①] 而第六册的主题是：野战、空战、海战的表演。内容如：野战——进位的加法、退位的减法；分队——乘数一位的进位乘法；子弹——乘数一位的进位乘法……[②] 第七册的主题是：陆空军、兵器、土地、交通、农林、畜牧、矿业等。具体内容：兵工厂——万以内数目的认识，简易四则的练习；兵队打靶——简易四则的练习；陆军演习——简易四则的练习；枪炮——简易四则的练习……[③]

一本本毫不起眼的、几乎很少被关注的小学算术教科书，在许多学者心目中，当然是客观中立、去政治性与去意识形态化的，谁都没有想到竟然在政治的最高表现——战争层面表现得如此强烈而丰富，能够如此多样地来激发学生的抗战意识与国防精神。它能够那么自然、毫不做作、绝无贴标签之态地对抗战救国的民族战争的特性，以及各种武器军队资源交通等现代战争及相关的知识来了一场大普及，把教科书的教诲性、意识形态性充分体现出来。想象一下，那些几乎从未离开家乡的广大农村孩子（甚至还有他们的老师、家人），也许有生以来是第一次听说国防、兵工厂，也许是第一次知道了陆军、海军和空军的概念。为了编创最能够宣传抗战、灌输抗战思想的教科书，抗战时期的知识分子可谓呕心沥血、殚精竭虑，他

① 俞子夷.国防算术课本：初级第三册［M］.南京：正中书局，1941：目录.
② 俞子夷.国防算术课本：初级第六册［M］.南京：正中书局，1941：目录.
③ 俞子夷.国防算术课本：初级第七册［M］.南京：2 版.正中书局，1944：目录.

们不放过任何科目的任何教材在抗战中的价值，且不要说让政治色彩浓厚的"国语""历史""公民"都来抗战，即便所谓最无国界的、最客观科学的算术教科书，也发出了抗战的怒吼。①

 贰

"国防教科书"是教科书发展史上罕见的不以学科而以国家在非常时期的特定形势来命名的教科书。在各种"国防教科书"中，又以共产党根据地胶东版"国防教科书"为最突出之代表，它由胶东根据地负责编撰出版。②

1933年3月，中共山东临时省委指示，建立中共胶东特委，领导莱阳、牟平、海阳、招远、文登、荣成、栖霞、蓬莱等地的党组织。从此胶东地区有了中国共产党的统一领导机构。就胶东根据地而言，最难以忘怀的一件教育佳事，就是从抗战一直到中华人民共和国成立的十余年间，胶东是教科书建设成就最为突出的根据地。

1938年5月，中共胶东特委为把中小学教育更好纳入全民抗战的轨道，成立了胶东国防教育委员会，以宣传国防教育，组织中小学教师救国会，编写中小学抗日教材，开办中小学教师训练班等为主要任务。1938年下半年，胶东国防教育委员会成立不久即编辑出版了最早的一套"国防教科书"，其编撰意图是响应抗战教育的号召，改变旧教科书的某些不足，满足山东学校抗战教育的需要："在此抗战期间，旧有的充分带有贵族化、消费化意味的课本，丝毫不含抗战意义，是太不适用了。各大书局或许已有适应目前需要的课本出版，但在胶东是买不到的，这便是我们编辑这课本

① 石鸥，魏天飞．课本抗战之胶东版《国防教科书》[J]．中国教师，2015（8）：37–39．
② 石鸥，宿丽萍．课本也抗战：《国防教科书》之研究[J]．河北师范大学学报（教育科学版），2015，17（5）：19–24．

的动机。"①1941年3月，胶东国防教育委员会更名为"胶东国防教材编辑委员会"，更把"国防教科书"的编写出版和发行作为主要工作。

胶东国防教育委员会的主要成员有李国屏、郑铭石、矫枫、孙家乐、王甫等。李国屏任主任。李国屏是山东乳山人，早年在胶东各地任小学教师、校长，抗日战争爆发后，先后任胶东国防教育委员会主任、北海督察专员公署教育科长、胶东抗日建国研究院院长、胶东行政公署编审委员会主任、胶东行政公署教育处副处长等。②

从目前的实物看，胶东国防教材编辑委员会编写的以"国防"二字统领的教科书在整个抗战时期的中国大地上是最完整也最系统的，覆盖所有小学课程，包括小学国语、算术、政治、历史、地理、常识、自然等科目。因为当时山东根据地实行的小学六年制有点特殊，不是传统的初小和高小两级，而是三级，"惟为适应战时环境，得暂定为二、二、二制"，每两年为一级，但每学年分三学期，每期一册，所以每一级有六册。③于是，胶东版"国防教科书"一般分初级、中级和高级三段，每一级六册。

顾名思义，"国防教科书"就是为国防而编，因国防而编，其重要特点就是适应国防需要，发动民众，宣传抗日，提高和普及人民大众的抗日知识技能和民族自尊心，培养具有民族意识、胜利信心以及有战争与生产所直接需要的知识技能的年轻一代。这一特征在各科"国防教科书"中均体现出来。以《国防常识课本》（初级第六册）为例，该册共26课，几乎全部关涉抗战。再如《国防国语课本》（高级第二册），共16课，也全部是抗战内容。下表是上述《国防常识课本》和《国防国语课本》的目录，放眼

---

① 胶东国防教育委员会.国防算术课本：初级第六册［M］.胶东：胶东国防教育委员会，1938：编辑概述1.

② 石鸥.弦诵之声：百年中国教科书的文化使命［M］.长沙：湖南教育出版社，2019：268-269.

③ 山东省档案馆，山东社会科学院历史研究所.山东革命历史档案资料选编：第六辑［M］.济南：山东人民出版社，1982：198.

看去，满眼抗战，具有浓厚的战争色彩：

表 4-1 两本"国防教科书"的目录

国防常识课本（初级第六册，1944 年）目录	国防国语课本（高级第二册，1943 年）目录
1. 挖抗日沟	1. 青纱帐
2. 盘查行人	2. 检阅自己的力量
3. 除奸	3. 老乡也会打游击
4. 封锁消息	4. 打埋伏
5. 东北四省	5. 配合八路军歼敌记（一）
6. 大西北	6. 配合八路军歼敌记（二）
7. 大西南	7. 消除吸血鬼（一）
8. 朱德和彭德怀将军	8. 消除吸血鬼（二）
9. 平型关大战	9. 把生命献给了祖国（一）
10. 百团大战	10. 把生命献给了祖国（二）
11. 常用的武器	11. 我们的青先队
12. 军用飞机	12. 儿童参战记
13. 人类的祖先	13. 英勇的小成
14. 人类战争时代	14. 保卫家乡（一）
15. 人类和平时代	15. 保卫家乡（二）
16. 改善人民生活	16. 保卫家乡（三）
17. 实行民主政治	
18. 反对一党专政	
19. 胶东各级政府	
20. 敌后抗日民主政府	
21. 陕甘宁边区政府	
22. 新民主主义的中国	
23. 帝国主义	
24. 帝国主义大战	
25. 苏联	
26. 苏联是弱小民族的救星	

胶东版"国防教科书"影响很大，解放战争时期，山东省编辑出版的教科书，在内容的编选上，就是将抗战时期"国防教科书"中的抗战常识删除，以相对系统的科学知识取而代之，强调了抗战后加强学科基础知识的需求。这套课本一直修订到 1950 年还在出版使用。

（一）胶东版"国防教科书"，主要教什么？

总体上看，胶东版"国防教科书"重点在如下内容或主题上进行了高强度的宣传与强化：

1. 为什么要抗战

发动民众把自己的财力物力甚至生命贡献给抗战，其理由必须充分、无可挑剔而且是神圣的。"国防教科书"在这方面做了很多的努力，以较大的篇幅传达抗战的正当性，让学生了解中国历史上受外国侵略特别是日本侵略的国耻和失地、失主权及经济损失，认清日本侵略中国的本质以及各种侵略行径，意识到成为殖民地亡国奴的可能等，以培养学生的民族情怀、激发其救国图存的爱国之心。不同的"国防教科书"不断出现诸如此类的课文："我国沿海的割让地和租借地""东北四省""抗战后已失去的土地和交通线""失去的大都市""鸦片战争""中日战争""日本单独侵华""由瓜分至半殖民地""假亲善""帝国主义在中国的经济势力""日寇在沦陷区的经济侵略""法西斯的日本""法西斯的德意志"等。

2. 从哪些方面抗战

在认同我们必须不惜一切代价抗战的基础上，还需要让广大民众包括青少年儿童知道如何抗战、从哪些方面进行抗战。一般来讲，"国防教科书"在这方面使用的力量最多，篇幅最大，包括：了解历代筹边保土的事实、东北的历史与地理，知道扩充国防实力必需的工业原料，列强海陆空军的实力与我国的比较，火药军械、交通工具的介绍，毒气及防毒工具的知识，等等。

第一，知道抗战的基本常识，提高服务抗战的基本技能。如"常用的武器""军用飞机""几种急救法""毒气与简易防毒法""战时急救法""怎样看护伤兵""一个小医院""棉的功用""怎样冲破敌人的毒策"等。

第二，了解有关抗战的各类资源的联系，知道中国抗战的基本形势。包括人口、民族、地理、历史等背景知识。如"华北抗战的有利条件""乡村包围城市""海外华侨""上海和天津""北平和南京""广州和武汉""我国重要的物产""我国的交通""抗战三阶段""抗战中的中国农村""抗战中的中国工业"等。

第三，清楚抗战的努力方向和具体要求。如"坚持抗战""坚持团结""打倒汉奸和投降派""力求进步""挖抗日沟""盘查行人""除奸""封锁消息""反投降""粉碎敌寇的强化治安运动"等。

第四，懂得抗战不仅仅在前线在战壕，在广大农村、在每个人的生活中都可以抗战，生产运动、春耕、割麦、缝棉衣、栽树等都是抗战。

3. 谁来抗战

"国防教科书"力求阐明的道理是抗战绝不仅仅是前线将士的事情，不仅仅是八路军、新四军在抗战，国军在抗战，每一个人都有抗战的义务与职责，抗战从我做起，从每件事做起。"国防教科书"编排不少内容宣传人人抗战、守土有责的典范，进行抗战的普遍性与全民性的教育，如"老乡也会打游击""配合八路军歼敌记""我们的青先队""儿童参战记""英勇的小成""保卫家乡""争取敌区同胞对敌展开斗争""调整抗战中的阶级关系""合理负担""农村统战"等。

4. 抗战有什么结局

"国防教科书"的又一个重要任务是让民众充满抗战必胜的信心，以保持抗战的信念与热情。

首先，认清国际形势，强化抗战胜利的信心。"国防教科书"不断出现如下课文："苏联""苏联是弱小民族的救星""反法西斯的统一战线""中苏要亲密联系起来""中国抗战和国际关系""帝国主义的矛盾""社会主义革命""伟大的列宁""伟大的斯大林""苏联的建设""社会主义的社会""反法西斯战争""苏联的外交政策""世界大革命的到来"等。

其次，报道鼓舞人心的重要胜利，树立抗战必胜的信念。如平型关大战、百团大战等。

除了大量抗战内容之外，需要强调的一点是，"国防教科书"既然是共产党根据地的重要教材，在宣传抗日的同时，也不忘宣传中国共产党及其领导的军队在抗战中的作用、共产党的政策主张等。[①] 课文中不时出现："朱德和彭德怀将军""改善人民生活""实行民主政治""胶东各级政府""敌后抗日民主政府""陕甘宁边区政府""新民主主义的中国""敌后抗日根据地""爱护根据地""新民主主义的政治""共产主义的社会""原始共产社会""无产阶级为什么要有政党""跟先进阶级走""两种民主""新民主""国际劳动节"等。

（二）胶东版"国防教科书"，有什么特点？

第一，"国防教科书"并非完全创新。它"主要以各大出版社出版的教科书为蓝本修订而成。比如国防算术教科书就是以中华书局的小学算术做原本""就其原有的系统和次序略加一点抗战的材料，同时为了节省教学法的编辑工作，算题中的数字亦多一仍其旧"，教科书的编者也承认"所以事实上实在类似翻印，但本书绝非以营利为目的，还请原版权者原谅"。[②] 非常时期，抗战需要压倒一切，且不要说有所改编，即便完全翻印，在当时的根据地及抗战地区都是倡导的。[③] 不过我们认为，"类似翻印"也许是谦虚之词，实际上"国防教科书"是进行了较大改编的，增加了不少山东甚

---

① 石鸥，曾艳华.小课本大宣传：根据地教科书研究之一［J］.湖南师范大学教育科学学报，2010，9（5）：5–11.

② 胶东国防教育委员会.国防算术课本：初级第六册［M］.胶东：胶东国防教育委员会，1938：编辑概述1.

③ 当时根据地编撰的许多教科书，一般都标明"欢迎翻印"的字样。

至胶东地方抗战的材料，如："敌人的太阳旗，插遍了胶东的山岗"。① 此类具有显著胶东特色的表述比较常见，应该是改编者的创意。

第二，"国防教科书"通俗易懂，注重韵语和本土特色，体裁多样。该套教科书封面设计简单朴实，兼有战争与农村特色，密切结合山东本土特点，注意适合在农村宣传抗战的需要，语言浅白，内容通俗，趣味性与实用性结合，充分利用韵文、童谣、诗歌表达，常以朗朗上口的形式，来强调抗战救国的意义，如："敌人的太阳旗，插遍了胶东的山岗。皇军棕红色的马，系在祖国河边柳树上"；"村舍消逝了袅袅的炊烟，鬼火在荒野里流荡"；"原来是咱们的土地，却变成了鬼子的屠场"；"从前这里养活了咱们，如今该让咱们来保卫家乡"。②

"国防教科书"体裁丰富多样，有守土抗敌的故事，有描写边塞的诗歌，有防外事实的剧本，有讨论国防问题的书信，有研究国防问题的报告，有促进同胞注意国防的宣言，有唤醒同胞关注国防的标语，有各种便条、通知等。

第三，"国防教科书"内容与形式均比较粗糙。该套教科书学科间，如国语、常识等，以及学段间，如初级、中级和高级，界限不很清晰，选材多有类似和近似，难度和容量都欠设计。可能是小学分18个学期的缘故吧，即便参照其他蓝本，要把12册改为逐级恰当递升的18册，也是不容易的。另外，国防课本特别是国语要贴近抗战，选材范围受限制，"文质兼美"难以充分实现。

另外，战争环境，条件艰苦，"国防教科书"印刷质量总体上不高，纸质差，形式粗糙，版本五花八门，有些版权信息不全甚至缺失。编作者允许各地翻印"国防教科书"，以最快的速度把抗战教材供应给学校广大师

---

① 胶东国防教材编辑委员会.国防国语课本：高级第二册［M］.胶东：胶东东海区教材印刷社，1943：17–18.

② 同①.

生。所以，胶东版"国防教科书"的又一大特点是印刷者很多。当时的情况是，编撰者住在农民家里，也在农民家里办公编教材，随着战时形势的变化而不断转移，他们自己刻蜡纸、油印样本，分送各县，再由各县翻印供应学生。比较大的翻印机构有：牟平县政府、海阳县文东印刷所、东海印刷社、西海印刷厂、北海印刷厂、北海大东印刷厂、蓬莱县政府、福山县福兴东印刷厂等。另外，因为印刷者很多，受条件制约，也可能有便于携带的需要，"国防教科书"的开本差别大，多为 32 开，也有更小的 64 开的，甚至出现没有严格规范的开本。从教科书编撰者看，1941 年前的"国防教科书"都由胶东国防教育委员会编写，1941 年之后则由胶东国防教材编辑委员会（或简称"胶东国防教材编委会"）编写。

教科书不能直接消灭凶恶的侵略者，也没有能力去阻挡人类最丑恶的战争暴行，但要相信，教科书可以让人们看清最黑暗的罪行，可以在民众心中扬起爱国正义的大旗。抗战时期以根据地"国防教科书"为代表的教科书给我们的重要启迪在于：

第一，非常时期的教科书的政治功能明显大于其知识传播功能。教科书拥有不可抵挡的强大力量，它所传播的思想最能深入人心。"国防教科书"直接服从于抗战这一特定的目的，宣传鼓舞动员性特点突出。可以说，在教科书发展史上，很少有哪一个时代、哪一种教育体制、哪一套教科书，像"国防教科书"这样，以如此巨大的热情、如此旗帜鲜明、如此系统地关注反侵略战争。"国防教科书"成为中国教科书发展长河中一股绝难忽视的潮流，反映出非常时期非常教科书独有的政治性特征：它有坚定而清晰的抗战救国立场，编写前抗战救国的理念先行，编写中宣扬抗战救国的理念，使得教科书文本在选择内容、安排内容、强化内容等方面都有较显著的抗战色彩。即便是算术之类的理科教材，也突显出非常时期的抗战色彩。如："生铁一磅，铸手榴弹一枚，兵工厂某次买进生铁 2 吨 340 磅，可铸手榴弹几枚？手榴弹每箱 50 枚，120 箱多少枚？一营 450 人，每人背 5 个手榴弹，共背多少？"① 这类内容在教科书发展史上都是罕见的。

第二，教科书的独特性使得其政治宣传功能明显大于其他文本。非常时期的教科书毫不掩饰自己的观点和倾向，而教科书读者又是身心尚未成熟的学生，加之中国传统文化对书本特别是课本的崇拜，辅以教师的渲染，使得教科书往往具有强烈的召唤性和煽动性。同时，教科书发行数量明显大于其他任何文本。教科书巨大的传播辐射能力是因为其海量发行、海量阅读。这些教科书的独特性质使得教科书的价值显然大于其他文本，使得教科书更能实现其强大的宣传效应。根据地政府明智地意识到这一点，它极其重视教科书的价值，在充分运用教科书作为宣传抗战思想、激发爱国热情、传播共产党政策的有效工具上取得了宝贵的历史经验，② 至今值得借鉴。

第三，教科书如果能够通俗易懂、立足本土、讲究表述，将会最大限度地影响读者，实现功能。教科书宣传效益高低的决定因素之一是形式的有效性。适宜的表达形式可以使教科书内容具有更强大的感染力、煽动力；相反，如果是简单化和抽象化的宣传方式，会使本来有价值的内容无法在读者心中生根。因此，通俗易懂、立足本土、讲究语言表述就成了教科书感染力的重要指标。"国防教科书"受读者对象文化水平低、知识贫乏这一现实境况制约，编撰者在课文上采取了从众向俗的策略，以语言浅易晓畅、表达通俗易懂、贴近地方实际为原则。于是，浅白化、生活化甚至口语化、歌谣化就成为"国防教科书"显而易见的语言特征与取向。

---

① 胶东国防教材编辑委员会. 国防算术课本：中级第六册［M］. 胶东. 东海印刷社，1943：13.

② 石鸥，吴驰. 中国革命根据地教科书的政治宣传效应［J］. 教育学报，2011，7（3）：105–111.

当抗战救国复兴中华的时代呼声化作浅白易懂、声韵铿锵的课文走入现实的课堂被广大农村孩童手捧着琅琅而读时，当侵略者的罪行随着课文一页页翻开而日益清晰地暴露在广大民众面前时，当救亡图存的抗争与重塑国民精神的努力经过薄薄的课本的反复传诵而被广大民众认同内化并转化为实在的行动时，我们说，小小的课本就为中国伟大的抗战做出了不可磨灭的贡献。

　　尽管"国防教科书"质量高下不匀，纸质低劣，印刷粗糙，字迹模糊，但它们以浓厚的抗战特色异峰突起，它们都那样昂扬激越，慷慨悲壮。当我们在八十年后再翻阅这些粗糙的课本时，感觉就是在触摸抗战历史的脉搏，内心依然充满感动。

课本也参战

——战时教科书

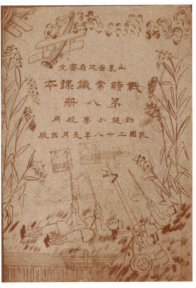

▲《战时国语课本》与《战时常识课本》

　　艰苦卓绝的抗战史，不仅体现在滴血的大刀上，也体现在薄薄的教科书中。战壕中浴血奋战的爱国将士在抗战，千百万怀揣着抗战课本的孩童，也在学习抗战、参与抗战。"战时教科书"就是这种胜似子弹的学童书。它把我们与八十多年前的抗战前线拉近了。从这些课本中，孩童们那稚嫩的读书声——"要为民族争自由，要为国家争光荣，不怕牺牲，抗战杀敌，做一个民族小英雄"，[①]使我们仿佛听到战场上那惊心动魄的喊杀声。

---

① 山东省小学教材编审委员会.战时国语读本：初小第二册［M］.济南：山东省政府，1938：48.

　　抗战全面爆发后，战争时期的教育显得异常紧迫。1938 年 4 月，国民政府正式确定了抗战与建国双管齐下的战时教育方针，颁布《中国国民党抗战建国纲领》，关于战时教育的 4 项纲领之一就是："改订教育制度及教材，推行战时教程，注重于国民道德之修养，提高科学的研究与扩充其设备。"① 据此，《战时各级教育实施方案》出台，包括 9 项方针和 17 项实施要点。对于学制、学校迁移与设置、师资训练、课程教程等，均作了具体规定。对于教材，要求"各级学校各科教材，应彻底加以整理，使之成为一贯之体系，而应抗战与建国之需要，尤其尽先编辑中小学公民、国文、史地等教科书及各地乡土教材，以坚定爱国爱乡之观念"。

　　1939 年 3 月，在第三次全国教育会议上蒋介石发表讲话，就战时教育和常态教育的关系提出了要求，"平时要当战时看，战时要当平时看""现在时代无论个人或社会，若不是实行战时生活，就不能存在，就要被淘汰灭亡""但我们不能说因为战时，所有一切的学制、课程和教育法都可以搁在一边"。② 教育部部长陈立夫对教育作了更为具体的部署：由于日本帝国主义的入侵，"师资之亟宜造就，教材之必须充实，训育之有待改进，建教之应事统筹"。③ 在这次教育会议上，各省教育厅厅长对战时中小学教科书的编写与出版，进行了广泛的讨论。④ 一时间战时教育、战时教科书都进入了实际操作阶段。

①　中国国民党抗战建国纲领：教育部门［G］//中国国民党中央委员会党史委员会．革命文献：第 58 辑．台北："中央"文物供应社，1984：25.
②　熊贤君．论战时教育思潮与战时教育的发展［J］.民国档案，2007（3）：105–111.
③　陈立夫．抗战二年来之教育［G］//秦孝仪．中华民国史料丛编：战时教育方针．台北："中央"文物供应社，1976：38.
④　袁昂．战时中小学教科书问题［J］.福建教育通讯，1939，4（5）：45–47.

大敌当前，抗战已不再局限于战壕，还有思想文化领域。在这场战争中，教科书就是武器。战时的中国需要战时教科书，需要教科书来澄清抗战的正义性，来激发民众的抗战热情，来培养学生的抗战勇气，来启蒙人们的抗战常识，来坚信社会的抗战必胜的信念。文化人应该和制造枪炮及使用它们的人一起承担保家卫国的重任，以确保胜利和和平的到来。

战时教科书特别要求以下内容的充实与更新："其一，变更原有学科的教学时数，抽出时间教授战时新教材，诸如军事常识、救护常识、防御常识、消防常识、国际关系、群众指挥法等；其二，加设特殊学科，诸如国民训练、民众教育、中国地理险要、日本侵略史、日本外交史、日本政治大纲、军事化学、生物学与国防、军事工程等；其三，改进每门课程本身的内容，小学要注意激发儿童抗战情绪、培养儿童社会知识、灌输儿童战争常识，中学在国文、地理、历史、美术、劳作等课程都要作适当改进。"[①]

实际上这已是对战时教科书的内容选材作了比较具体的可以直接操作的建议了。至于落实到特定学科，也有了更细致的考虑。如国语之"说话：时事讨论，救国演讲等。读书：救国运动的文电和诗歌，救国运动的戏剧和故事，民族英雄传记，少年爱国故事，民族英雄抗战史实等。作文：翻译重要之救国文电为通俗大众文，拟为救国运动告民众书，拟致各国儿童宣布中华民国解放运动的信件，拟募捐启事，拟救国讲演词，订救国运动标语，记救国运动的事实，记述抗战事实等。写字：写标语、宣言、图表、布告、壁报、民众课本等"。[②]而美术课程的战时内容则应包括："战时描写及剪贴、忠勇战士的塑像、防空图、防毒图、救护图、后方工作图、战事经过的连续画等，都可以利用来配合美术的教学。"劳作课则可以在以下方面操作："战时模型、战壕模型、军械模型、障碍物的制造，简易防毒面具

① 熊贤君.论战时教育思潮与战时教育的发展［J］.民国档案，2007（3）：105-111.

② 李定开.抗战时期重庆的教育［M］.重庆：重庆出版社，1995：12.

及口罩的制造，防毒药水的配制，地窖的建造，绷带的缚法，慰问品的调制，军用水瓶的制造等，都可用来配合劳作的教学。"①

宏观上由于战时的独特需求，微观上有了可操作的具体建议，必要性与可能性兼具了。在抗战高于一切的精神指导下，各地迅速行动起来，编写了大量适应抗战需要的教科书，其中不少教科书直接以"战时"命名：战时国语、战时算术、战时历史等。这是一种直接服务于抗战的教科书，抗战是其起源，抗战是其目的，它是中国教科书发展史上极富时代特色的最为罕见的教科书类型。在所有以"战时"命名的教科书中，1938年山东省国民政府组织编撰的"战时教科书"（简称山东版"战时教科书"）影响最大，这是抗战时期最系统、最完整的一套战时教科书。

全面抗战一年后的1938年8月，国民政府山东省小学教材编审委员会在弥漫的战火中编写了一套小学课本，命名为"战时教科书"。②当时已编写完成56册，因为"印刷所限，仅排印初级国语8册、常识8册、算术6册，高级国语4册、公民4册、历史4册、地理4册、自然4册，算术4册，共计46册"。③这套教科书大多数在封面上直接标注醒目的"战时"二字，且有"山东省政府审定""民国二十七年九月初版"字样，版权页署名"山东省小学教材编审委员会编审""编审主干　芮麟"。封二或封三有"编审大意"，署名"山东省小学教材编审委员会识"。这个编审委员会由什么

① 李定开.抗战时期重庆的教育［M］.重庆：重庆出版社，1995：17.
② 石鸥.课本抗战之山东《战时教科书》［J］.湖南师范大学教育科学学报，2015，14（4）：11–17.
③ 山东省小学教材编审委员会.战时国语读本：初小第八册［M］.济南：山东省政府，1938：封3.

人组成，"编审主干"究竟在该教科书编写中具体起什么作用，还有待考证。但可以认为，山东省小学教材编审委员会应该由芮麟兼管，至少芮是负责人之一且直接执笔。

芮麟（1909—1965），字子玉，江苏无锡人。1929年江苏省立教育学院毕业。1926年发表处女作《香海雪影》，步入文坛，1930年在沪以《新诗之变迁及其趋势》长篇诗论，饮誉海内。一生作诗无数。在20世纪30年代，有人认为他是与林语堂、赵景深等齐名的诗人、作家、文艺理论家。20世纪30年代初期为中国社会教育社成员。曾任无锡县教育局社会教育科科长、无锡县立农民教育馆馆长、无锡县立民众教育馆馆长、江苏武进县教育局社会教育科科长、河南省民众教育实验学校研究实验部主任。1936年春赴青岛市教育局任中小学课本编审主任。抗战期间，任山东省政府秘书、山东省保安司令部政训处上校秘书、主任。1938年8月任山东省政府主席行辕教育处处长，创办山东战时出版社，筹建山东省党政军政治干部学校，主编山东省政府机关刊物《大山东月刊》，兼任山东省立第一联合中学校长。"战时教科书"应该就是芮麟在这一人生鼎盛时期编撰完成的。[①]

这套教科书各科稿本自1938年7月5日开始编辑，26日开始审查，8月1日完全结束，时间之短暂、任务之艰巨简直不可思议。尤其是在战乱时期，昨天还在一个地方，今天就通知立即转移到另一个地方，每到一个新住处，编撰者们忙不迭地又开始了"无声的武器"之"战时教科书"的编撰。目前尚无法考证当时究竟动员了哪些编者夜以继日地赶编该套教科书。所见最早版本是1938年8月，大多为1938年9月出版的。此时，有两个重要因素值得关注：第一，秋季开学在即，"抗战教科书"能够进课堂成为当务之急。8月和9月出版的教科书正好赶上开学。第二，山东省军政

---

① 在此要特别感谢远在美国的芮麟先生的儿子芮少麟，他提供了关于芮麟先生及其编撰"战时教科书"的某些具体材料和线索。

当局波动巨大，原山东省政府主席韩复榘因抗战不力被处极刑（1938年1月），沈鸿烈于1938年1月被任命为山东省政府主席，6月芮麟任政府秘书。芮麟及其所在的山东省政府，坚持在山东大地抗战。适应抗战形势需要，他们不断在山东大地转移，在国共统一抗战的大背景下和共产党山东分局也保持较好关系，共同展开山东地方的抗战。1938年6月19日，山东省政府转移到聊城，设立省政府主席行辕，并难得稳定了几个月时间。芮麟不但是省政府秘书，还兼省政府主席行辕教育处处长。应该说，就是利用这个空隙，以芮麟为主，和他的同事们在孔子的家乡，废寝忘食地编写了这套既能够解秋季开学燃眉之急又能全面宣传抗战、鼓动抗战的"战时教科书"，和山东大地上浴血奋战的军民一道，为抗日战争做出了难能可贵的贡献，也在抗战教科书史上谱写了辉煌的一页，展现了烽火岁月里知识分子"长存报国心"的感人一面。[1]当"战时教科书"全部完成投入使用之际，芮麟29岁整，他作诗《三十初度述怀》："才入中年万感侵，茫茫天地独沉吟！羁迟空坠思亲泪，歌哭长存报国心。寇祸不随烽火灭，旅怀渐共岁时深。头颅留得班生在，谁道神州便陆沉。"[2]把那段烽火岁月中的报国之心表达得淋漓尽致。

该套"战时教科书"版本多样，印刷质量参差不齐，但整体质量尚可。该书为了宣传抗战、指导抗战，出版后允许翻印。从实物看，山东济南、牟平、荣成、栖霞、昌乐、文登、寿光、莱阳、海阳等地都翻印发行了"战时教科书"，既有县政府教育科印的，也有民间印的，说明虽条件艰苦，但对策有方，故影响广泛。只是这种做法的结果是版本奇多，印刷机构和印刷时间奇多，几乎难以统计完整。每个地方翻印时，都有点自作主张，或增或减，或变更封面图案，或于封底添加本印刷机构的名称，起到

---

① 石鸥. 民国中小学教科书研究［M］. 长沙：湖南教育出版社，2019：281-282.

② 芮少麟. 重吻大地：我的父亲芮麟［M］. 上海：上海远东出版社，2011：168.

增加卖点的广告作用。《战时国语读本》（1941年再版）甚至在封二增加了著名的抗战歌曲《游击队之歌》。因为印刷上要抢时间和成本控制等原因，不少"战时教科书"少了版权页，少了编审大意，甚至也有的少了"战时"二字。

这套"战时教科书"改编成分较重。因为1938年，山东大地抗战形势紧迫而复杂，有日军占领区，有国民党政府的统治区域，也有共产党根据地，国民党前任省政府主席韩复榘刚被处决，新任主席沈鸿烈抗战的压力很大，以教育发动民众、统一思想、进行抗战宣传的任务迫在眉睫，急需编写适应抗战需求的课本。在时间紧、任务重、人手不够、经费不足的情况下，抢时间的最好策略是改编而不是完全创新，所以该套教科书基本上是在其他教科书的基础上，稍加删节，增加部分抗战材料编辑而成，以适应战时之特殊需要。①

因战争而产生、为战争服务的"战时教科书"在如何应对"战时"方面做了不懈的努力和探索。

1. 精心选择素材，全方位服务抗战

山东版"战时教科书"尽可能选择恰当的与战争、爱国、民族自强、维护国家主权相关的内容，让民众认识抗战意义，懂得如何抗战，自觉参与抗战行动。这些内容可以大致分为现实和历史，以及人文和科技。

首先，"战时教科书"的国语、历史、政治等课本内容，多由现实和历史两类构成。现实的直接材料多来自抗战现场以及国民政府的抗战政策，

---

① 山东省小学教材编审委员会.战时国语读本：初小第八册［M］.济南：山东省政府，1938：封3.

如淞沪血战、东北义勇军、杨靖宇、七七、五卅、八一三、抗战第一个牺牲的军长、难民、汉奸，以及蒋介石、冯玉祥等的文章。历史的间接材料则来自我国历史上的爱国主义事迹和人物，如苏武牧羊、越王勾践、花木兰、戚继光、郑成功、岳飞等。

这些内容既注重激发大无畏的民族精神和爱国主义情感，又关注宣传抗战政策，号召人人抗战，渲染"总动员，总动员，有力出力，有钱出钱，有枪的对日作战"的抗战氛围。①

在"有力出力，有钱出钱"的抗战政策指导下，"战时教科书"注意教育学生懂得如何身体力行地参与抗战。抗战既可以是上前线冲锋陷阵去杀敌，也可以是在后方爱国货反洋货、抓紧生产来抗战。对于学生来讲，后者是更常见的抗战形式。有些课文则直接把后方如何参与抗战的项目列了出来，让学生明了并付诸实践。

其次，"战时教科书"之常识、地理、自然类课本，注重普及战争常识，让学生了解与战争密切相关的武器、救护、资源、地理环境等，引导学生科学抗战。这些课本比较密集地传播防毒气、防空袭、急救、常用枪弹，以及领土、交通工具、气候、工农业知识等内容。在《战时地理教科书》中，关于"全国抗战形势""抗战中打破封锁的三条出路"等就安排有四课内容。比较系统地介绍了抗战的全国形势。只要读了这些课文，对抗日战争的形势、我国对外关系以及国际援助的路径，就能够知晓大概。

为了突显"战时"的色彩，编撰者也不忘把一些中国抗战的重要内容引入教材，如"不要忘记七月七""八一三是怎么回事""拥护抗日领袖和军队"等课文［《战时常识课本》（初级第四册）］，旨在普及抗战常识，提高

---

① 山东省小学教材编审委员会.战时国语读本：初小第二册［M］.济南：山东省政府，1938：49.

全民抗战的认识。

随着年级的提高，课本中的抗战内容明显增加。如初小第二册国语读本，共50课，直接与抗战有关的共12课，间接与抗战有关的3课，共占30%。但到了第六册，共44课，直接抗战内容占11课，间接抗战的8课，有关抗战的内容一共约占43%。当然，这也是与各学科、各分册的主题相关联的。

2. 巧妙设计活动，多维度探究抗战

"战时教科书"令人刮目相看的是形式多样的课前预习作业和课后活动的设计。用今天时髦的话来讲，其中许多是自主探究活动或主题探究作业，就是研究性学习，就是综合实践活动。比如《战时常识课本》，每一课课前有问题，课后有作业。第6课《我国的首都》，课前设问题三个："我国的首都为什么设在南京？南京的形势和交通怎么样？南京在什么时候被日寇强占的？"课后设作业有三："就地图研究南京的形状和交通状况；画南京略图；研究南京失守经过。"第8课《北平和天津》，课前问题有二："北平有什么古迹？天津的地位怎么样？"课后作业有二："画北平和天津的形势图；研究天津失守的经过。"①《战时常识课本》第38课《日本的侵略》，课前设综合性问题："'九一八'事变的起因是什么？'一·二八'事变的情形怎么样？事变后的局势怎么样？我们怎样才能收复失地？"课后综合性作业有一："课外读'九一八'事变和'一·二八'事变的故事。"第39课《抗战的开始》，课前问题有二："为什么我们必须抵抗日本的侵略？怎么样争取最后胜利？"课后作业有二："研究华北诸省的重要性；研究争取最后胜利的方法。"第40课《抗战期间，我们要做些什么事》，课前问题有二："我们怎样参加抗战？暑假中我们能做些什么？"课后作业有二："拟定暑

① 山东省小学教材编审委员会. 战时常识课本：初小第七册［M］. 济南：山东省政府，1938.

期工作计划；讨论暑期工作方法。"①

《战时国语读本》第15课是《日本指挥汉奸的活动》，课后问题有三：
"汉奸怎样活动？汉奸都做些什么事？我们要怎样铲除汉奸？"②

《战时地理教科书》第20课《全国抗战形势（下）》，课前问题有四：
"北战场抗战的形势怎样？台儿庄大胜利的效果怎样？南战场抗战的形势怎样？将来武汉大会战的前途怎样？"③

这些问题多是思考性、开放性的，少有标准答案，非探究、非小组合作不足以很好完成，几乎很难靠死记硬背能够实现的。且问题多导向行动。除了思维上的、方法上的提升外，很显然，通过这类精心设计的作业或活动，可以加强巩固，很好地引导学生深层次了解、认识抗战并采取适当的行动参与抗战，避免不必要的牺牲和损失。而且通过学生，可以对他们的家庭、对广大民众产生有效影响。

3. 采用多种形式，高效率宣传抗战

教科书功能实现的程度与满足朗朗上口、通俗易懂、本土色彩等条件的程度密切相关。④在这方面，"战时教科书"给予了高度重视。

首先，"战时教科书"注重诗歌表达，以朗朗上口的特色求得宣传抗战的效果最大化。"使童子有耳顺之乐"的教科书才是最有效的教科书。⑤"耳顺之乐"就是悦耳，就是朗朗上口。"战时教科书"为了达到使读者兴趣盎然、易学易记、喜欢阅读从而使宣传作用最大化的目的，利用学生的身心特点，在低年级大量选用了诗歌童谣韵言，尽可能押韵，便于诵读，极富

① 山东省小学教材编审委员会.战时常识课本：初小第六册［M］.济南：山东省政府，1938.
② 山东省小学教材编审委员会.战时国语读本：初小第七册［M］.济南：山东省政府，1940.
③ 山东省小学教材编审委员会.战时地理教科书：高小第一册［M］.济南：山东省政府出版，1938.
④ 石鸥，廖巍.音韵、通俗、针对性：教科书特色三要素：由陈子褒课本看教科书特色［J］.教育学术月刊，2015（7）：100-105.
⑤ 同④.

感染力，我们以《战时国语读本》（初级第二册）为例，该册不少课文就是
童谣和诗歌或韵言的形式：

早打铁，晚打铁，

打把铁长枪，

长枪长又亮，

好穿日本恶心肠。（第16课《打把铁长枪》）

年纪小，志气高，

握起拳头背上刀，

快把横暴来打倒，

读书更把身体练，

中华全靠咱们保。（第46课《打倒横暴》）

我是小小兵，劝你莫看轻，

飞机我不睬，大炮我不惊，

我有热血，我会和敌人拼命。（第47课《我是小小兵》）

艰难的抗战岁月，民众心中那种痛失国土的痛苦甚至迷茫，有时候可
以从教科书中得到一丝慰藉。抗战的悲愤化作声声朗读，如黄河奔腾，源
源不绝在耳畔响起，"我有热血，我会和敌人拼命"！源源不绝的读书声就
是中华民族源源不绝的力量。[1]

其次，"战时教科书"比较重视插图，努力增强视觉效果和强化感官冲
击。抗战时期日本对山东的扫荡非常频繁，山东省国民政府常常因大敌当
前深夜转移，在一个地方停留的时间很短。跟随省政府不断转移的教科书

---

[1]　石鸥．民国中小学教科书研究［M］．长沙：湖南教育出版社，2019：287-288.

编审委员会，只能利用短暂的时间编教材、印教材。所以，受抗战时期艰苦条件的限制，"战时教科书"插图是非常不易的。但编撰者们仍然没有忘记教科书的读者对象，没有忽略学生的身心特点，尽可能使用插图。尽管插图只集中在一、二年级课本，但为了强化抗战气氛，达到宣传效果，插图的抗战氛围浓厚，形象生动，不失质朴，视觉效果好。且等条件稍有好转后，"战时教科书"的印刷就增加了封面图案，一些封面图案设计极富战争特色。课本图文结合，适合学生的视觉特点，能够引发阅读兴趣。

"战时教科书"对我国抗日战争的贡献不可低估。就社会价值来说，"战时教科书"作为战斗的号角激励着广大青少年学生保家卫国上前线；作为写实的镜子，它反映出抗战时期山东社会生活与文化教育的基本状况，体现了爱国知识分子浓厚的爱国情怀；作为启蒙读本，它没有能力去消灭战争，但它在努力号召全社会去赢得这场正义战争的同时，还力求去消灭愚昧，而消灭愚昧是确保胜利并永续和平的武器。

1.非常时期，教科书具有非凡的功能

教科书强烈的教诲性特征，使得它可以甚至应该因特殊的国家需求而集中表达特定的内容，也使得它非常容易成为意识形态的最佳贯彻者，成为意识形态的最重要的载体（所以对于一个政府来讲，没有什么文本比教科书更值得关注的了）。抗战时期是一段非常时期，非常时期里的抗战不仅仅是若干个具体的战斗，也不仅仅是领导人的讲话，抗战是实在的生活形态，体现在上课下课的学堂生活中，体现在可感可读的课本中。且不要说国语了，仅仅《战时算术教科书》就让我们感受到了战争与杀戮：义勇军三人平分子弹 306 颗，每人得几颗？义勇军 618 人分成三队，每队几人？

机关枪在三分钟内有 309 发，平均每分钟有几发？①

在救亡图存压倒一切的特殊时期，教科书中的民族主义和爱国主义被高度放大并得到广大民众的积极认同和热烈回应。"战时教科书"要做的就是让一篇篇小课文成为一颗颗射向日寇的子弹；让一篇篇小课文，充分承载中华民族抗战的伟大精神；让一篇篇小课文成为凝结大众、统一思想、激发行为的号角。"战时教科书"的抗战意识形态的强大整合力，辅以教科书的海量发行，具有"学童一本书，阅读一家人"的神奇作用，能够把民族主义与大众宣传很好地结合在一起，获得了极大的宣传和传播效果，最大限度地发挥了调动一切力量为抗战服务的功能。

2. 教科书永远是教科之书

教科书的本质既有服务国家、服务民族、服务社会剧变需要的一面，也有启蒙人、聪慧人、成就人的一面。这一对关系的处理至今仍考验着我们的智慧。

首先，对于"战时教科书"而言，"战时"是压倒一切的。此时的教科书隶属于"战争"是显而易见的，所以大篇幅的内容与抗战有关，直接或间接服务于抗战。但毕竟这是教科书，教科书有自己的本质功能。如果我们在为国家、民族的不受侵犯而战，我们就离不开武器。如果我们还要为人的心灵自由而战，为文明的永续而战，我们就离不开教科书。难能可贵的是，山东版"战时教科书"不忘启蒙重任、不忘科学普及、不忘文明传播、不忘现代公民的培养和国家的现代化建设。课文中不时会设计与这些追求密切相关的内容，而且一个单元一个单元地设计，一点都不显凌乱和仓促。如《战时常识课本》（初级第八册）第 35～39 课分别是：国民应享的权利、选举权和罢免权、创制权和复决权、国民应尽的义务。《战时公民》（高级第四册）共 16 课，其中 15 课与现代社会建设和现代公民教育相关：

---

① 山东省小学教材编审委员会. 战时算术教科书：初小第六册［M］. 济南：山东省政府, 1938.

产业革命、社会经济、劳动与生产、生产、消费、交易、分配、职业与社会、职业的种类、择业的方法、职业上必需的品性、失业问题、农村经济的衰败、贫乏的救济、怎样做一个完善的公民。至于《战时历史教科书》，尊重历史学科，古代史、世界史的分量也是很重的，并不一味局限于抗战。第一册基本上是中国古代史；第三册是世界史，基本上没有直接抗战内容；第二册是中国近代史，则有不少抗战内容。强意识形态灌输与科学知识传播的平衡，战时是为了和平的努力可见一斑。

其次，和平毁了才是战争，战争才需要战时课本。战时状态是为了和平状态，战时课本是为了常态课本。今天我们重新研读"战时教科书"，是要让这种非常态的教科书不再出现。毕竟，战争给人类带来的精神创伤，是任何人都难以承受的。从这个角度来看，"战时教科书"的终极目的就是让世界不再有战时教科书，就是要让社会达到和平、和谐、安宁。"战时教科书"的目的，是要消灭战争，阻止战争。我们的教育是为这个梦想去奋斗。因此，爱国主义与国际视野、民族主义与多元文化、社会与个体、本土与世界、战争与和平，这是教科书必须要思考和应对的长远问题，这一问题远没有被解决。在"战时教科书"中，个体的被压抑，过于复仇意义的宣战姿态，甚至狭隘民族主义的观点，不时闪现在字里行间。这也意味着今天的教科书编撰者、使用者、研究者以及其他一切相关者，肩上都有着沉甸甸的责任。

再次，战时是为了和平，但和平时绝不能遗忘战时。今天的我们和80年前的战场，只隔着一本老课本。任何国家和个人对战时的扭曲甚至遗忘，都是历史所不能容忍的。在国家层面，日本当局对侵略中国的美化，对战争给亚洲人民的伤害的淡化，是在战争边缘玩火；在社会生活层面，我国媒体铺天盖地的炒作，娱乐无止无休的狂轰滥炸，抗战影视片的无厘头视觉形象等，已经让孩子们对战争、杀戮和人类灾难的感觉变得麻木和扭曲，战场的厮杀和恐怖对学生们来说如同看韩剧一样稀松庸常。此时，也许我们需要一本老课本来敲打那不清晰的头脑。也许"战时教科书"能够让我们稍微清醒一些。它能够拉近我们与战争的距离，让我们回到80年前的战场：原来，我们离战争和灾难并不遥远。

3.教科书是了解社会生活的重要窗口

教科书的重要性已得到连篇累牍的论证。"战时教科书"再次印证了教科书的重要性。它是即时性的对抗战的记录，而不像很多文本那样是对过去的记忆，是隔空对话。"战时教科书"对了解教育历史甚至社会生活史具有重要价值。在一定意义上，21世纪的我们和80年前抗战时期的社会生活，通过一本老课本联通和穿越了。比如，"战时教科书"的不少内容对我们了解80年前山东的风土人情和社会生活多有帮助。如《战时算术教科书》有如下内容：

30个小学生合买大皮球一个，共用去银元三元（照市价合铜元810个），每人平均应出铜元几个？

铅笔每支14个铜元；卷笔刀每个24个铜元；一本书值铜元36个；国语每本铜元30个；算术每本铜元28个；字典每本铜元90个。①

按理，教科书编撰者不会太离谱地编造商品价格，应大体合理。如果真的是这样，那么当时的物价，银元和铜元的价格比，都有所显示，应该比较清楚了。只是，果真如此的话，当时的书，特别是教科书，真的够廉价的了。两支铅笔就可以买一本算术课本，一个皮球值9本字典。这些让人迷惑不已。

从"战时教科书"中，我们还可以了解当时山东人民的一些语言和情感表达习惯。如称日军为"小鬼"或"日本小鬼"，而不是今人习惯的"日本鬼子"。《杨靖宇》一课写道，"他领着义勇军，杀了许多小鬼""他在东

---

① 山东省小学教材编审委员会.战时算术教科书：初小第六册［M］.济南：山东省政府，1938.

北，是第一个用游击战术打小鬼的人"。课后的问题是："东北的地方现在完全被小鬼占领了吗？现有什么人在东北和小鬼血战？"《三眼井民兵抗战》一课："我军奋勇齐冲锋，打败了，贼王英，日本小鬼也发惊""小鬼气不平"。①

从"战时教科书"还可以看到，当时共产党的抗日统一战线是卓有成效的。教科书体现了国共合作、团结抗日的精神。尽管教科书中以国民政府的素材为主，但只要能够很好地服务抗战，共产党的一些素材也被采用，如"平型关胜利"等。

抗战年间，拥有最多读者的教科书，注定要成为这场浴血奋战的记录者、参与者和宣传者。"战时教科书"的魅力，首先在于它记录历史，我们对以芮麟为代表的教科书作者知之甚少，但通过课本我们却能一次次阅读到他们的心声，"战时教科书"是他们英勇抗战的红高粱地，在这里，他们以笔为刀枪，谱写了为国家的兴亡笑洒热血、壮怀激烈的一幕。这是中国知识分子最为宝贵的财富。"战时教科书"的魅力，其次在于它穿越历史，直面并警示着今天的人们。历史未必都可以被写进"战时教科书"，但教科书本身却蕴含着大量的历史。历史是不能被忘却的，尤其这段历史对一个民族而言如此惨痛，如此悲壮。"战时教科书"这份珍贵的历史记忆值得我们守护和珍惜。

战争可以扼杀生命，摧毁城市，但只要学校在课本在，战争就扼杀不了正义，摧毁不了民心，真理就不会灭。是的，只要课本在，学校在，"谁道神州便陆沉"（山东版"战时教科书"编审主干芮麟的诗句）！②

---

① 山东省小学教材编审委员会.战时国语读本：初小第六册［M］.济南：山东省政府，1938.
② 石鸥.课本抗战之山东《战时教科书》［J］.湖南师范大学教育科学学报，2015，14（4）：11–17.

第五篇

引人深思的国定教科书

　　自鸦片战争以来的中国近代历史，是一部艰苦卓绝的救国图存史，是一部仁人志士不息探索的历史，也是一部教育不断走向现代化的历史。教育的现代化离不开教科书的现代化，我们的先辈在探索过程中留下了大量可圈可点的教科书文本，它们虽然有这样或那样的不足与问题，但它们的探索与实验意义不可忘却。这里我们撷取两三种，以作剖析的对象。

清学部第一次编纂教科书的结局

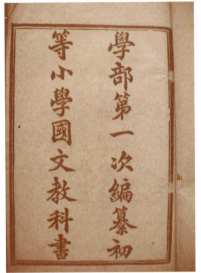

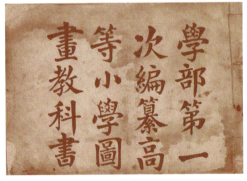

▲学部第一次编纂教科书

教科书国定制也叫统编制，本质上是一种由国家中央教育行政部门掌控教科书编撰，国家负责提供各学校使用的教科书，一般不支持甚至不允许其他教科书存在或不允许使用其他教科书的制度。国定制下产生的教科书被称为国定本教科书或国定教科书，多数情况下具有垄断性质。国际上有少量国家实施国定制教科书制度。我国晚清政府在 20 世纪初有过一次国定教科书尝试，留下了一些值得反思的经验教训。

大方，气派，权威气十足。这就是清学部第一次编纂的教科书。

"学部第一次编纂"，编纂的是教科书。这里有多层意思。最重要的是由学部编纂，这是清政府最高教育管理机构。中央教育主管部门亲自操刀编纂教科书，既表明重视，更意味着权威，有国定本的含义，其排他性显而易见。其次，这是第一次编纂，所以是晚清政府第一次国定教科书的尝试。当然，这也是晚清政府最后一次国定教科书的尝试。辛亥革命打断了这次国定教科书的延续与发展。

中国历代管理者对教科书的掌控多数情况下十分严厉。在古代社会，四书五经可以看成国定教材，是官方统一而标准的教材。在科举的指挥棒下，其正统与经典地位牢不可破，甚至达到石刻经典、不容片字更改的地步。清末洋务运动特别是维新变法后，新学堂如雨后春笋般出现，新学堂开设新课程，新课程需要新教材，传统的教材已经不适应新学堂了。如何应对这一变化，成为对清政府的一个考验。

国定教科书，不但能够比较好地引导甚至控制文化传播，推行甚至强行灌输统治集团的意识形态，而且也具有很好的经济效益，是一条很好的生财之道，对于编纂和出版印刷发行国定本教科书的人和团体而言都是利益可观的一件事。

面对迅速增加的新式学堂，为解决教科书需求问题，早在 1897 年，孙家鼐就奏请在上海等地开设编译局负责编写教科书，但未果。然请求并未结束。1898 年 6 月，总理衙门奏拟的《京师大学堂章程》就明确提出要开设编译局，"局中集中中西通才，专司纂译"。1901 年，清政府宣布新政，张百熙再次上奏，重申设立编译局，实施统编教科书，他对教科书的重要性以及当时的教科书现状进行了描述："学堂又以编辑课本为第一要事。现在各处学堂，皆急待国家编定，方有教法。上海南洋公学，江、鄂新设学堂，即自编课本以教生徒，亦不得已之举也。臣维国家所以变法求才，端在一道德而同风俗，诚恐人自为学，家自为教，不特无以收风气开通之效，且转以生学术凌杂之虞。"① 他建议慎选学问淹通、心术纯正之才，从事编辑，假以岁月，俾得成书；书成之后，再请颁发各省学堂应用。政务处采纳张的意见后上奏："教科各书，前经管学大臣张百熙奏明编译中西各书，用为学堂课本，请敕下该大臣迅速编译颁行各省，俾有遵依。"②

1902 年 1 月，光绪决定将成立于 1862 年原隶属于外务部的同文馆并入成立于 1898 年的京师大学堂，由大学堂负责编写中小学教科书。1902 年 10 月，京师大学堂成立了编书处和译书处。普通科目由编书处分科编辑，西学（科学）科目由译书处翻译外国教科书应用。《京师大学堂编书处章程》对编纂宗旨、分纂各员、各科课本的编选等作了规定。编书处的编纂宗旨有 4 条："一曰端正学术，不堕畸邪；二曰归于有用，无取泛滥；三曰取酌年限，合于程途；四曰博采群言，标注来历。"③ 编纂办法，各门课本都出两个版本，一为最简之本，为蒙学及寻常小学之用；一为较详之本，为高等小学及中学之用。至于高等及专门学堂用书，依日本高等学校办法，由教习口授学生笔记，不编教科书。对教科书内容的选择，也有规定。以地理为例，《京师大学堂编书处章程》是如此规定的："编纂课本，拟按照中小学课本目录分类编纂。地理课本，拟区分行省、府、厅、州、县。凡经纬度数、山川形势、户口丁漕、驿传道路、关榷税款、物产工艺，备载

---

① 舒新城. 中国近代教育史资料：上册［G］. 北京：人民教育出版社，1961：213-214.
② 王建军. 中国近代教科书发展研究［M］. 广州：广东教育出版社，1996：161.
③ 朱有瓛. 中国近代学制史料：第二辑上册［G］. 上海：华东师范大学出版社，1987：861-863.

大略。惟地图一门，率多旧制，绝少采择。除参用洋图外，拟俟将来各州县学堂遍设之后，略取冯氏抗议绘图之法，由各本地学堂谙悉测绘之人分制详昭，以备肄业之用（注：西国小学堂地理一门，必先习本乡地理）。"①

由于当时学制还没有颁布，全国学堂课程的门类众多，所需教材种类繁多、数量巨大，清政府的编写人员不论是其知识结构，还是对新教育的认识程度，或是人员数量，都不具备条件在短时间内迅速编纂出全国统一的国定本教科书。于是，先定一个权宜之计，即颁布选用书目。1903年编书处颁布了《暂定各学堂应用书目》，将学堂课程分为16门，各门之下，列有教材若干种，供学堂选用。这16门课程为：修身、伦理、字课、作文、经学、词章、中外史学、中外舆地、算学、名学、理财、博物、物理、化学、地质、矿产等。共列举了91本教学用书供选用。但在这本书目中，连一本由编书处自己编写的教科书都没有。我们认为，京师大学堂时期，由于学制不立、科举未废、学部不兴，决定了京师大学堂编书处不可能完成由官方组织、有计划、有系统地编写现代学校的国定教科书的重任。1904年，京师大学堂编书处关闭。

由于废科举，新式教育更加迅猛发展起来，对新教科书的需求极大，清政府一些有识之士意识到成立专门机构编纂和控制教科书的重要性。

1905年10月，山西学政宝熙奏请设立学部，同时提出"编定课本宜变通办法"的建议，他知道教科书的重要性，主张教科书国定的举措，在没有国定本出来之前，可以变通使用，但需要审定检查。他认为，"课本未定，学生将无业可执，以致毕业之说，迄无期限，此今日所最当研究者也。

<hr />

① 朱有瓛. 中国近代学制史料：第二辑上册［G］. 上海：华东师范大学出版社，1987：861–863.

查直隶学校司近编之各种科学书，及湖北官立学堂所出各门讲义，颇足以资采用；下至上海文明、商务等书局，发行新辑中小学各教科书，亦多有宗旨不诡，繁简合宜之本，宜先荟萃此等讲义、课本，由编译处统加审定，择其善者分别部署，暂作为各学堂应用之书。俟学部成立后，人才敷用，再行详悉编纂，随时改良。若此时专待官编课本一律完备，恐非三五年所能竣事，此不得不略为变通，以免旷日持久之虞"。① 同年 11 月，顺天学政陆宝忠也上奏，建议加强教科书的编审工作，甚至提出由国家购买民间优良教科书，任各地印行使用的对策。"现在各州县蒙小学堂，需用教科书甚急，近日直隶、湖北，虽有编辑成书，呈学务大臣审定。然篇简无多，不敷教授，各省仿刻，希图射利，所出之书，体例多不完善。宜敕部臣多选精通学务之员，扩充编书办法。"他建议，编书先从蒙学入手，并通饬海内学人及外洋明达之士，分编各科粗浅教科书，经呈学部鉴定，予以版权，俾得专利。或者由国家购回其版权，速刊颁发各省，广为排印，分行各州县。②

很快，中央政府试图掌控全国教科书的意图进入实施阶段。1905 年 12 月，作为中央最高教育行政机关的清政府学部正式设立。学部十分重视教科书的作用。学部认为："教科书为教育之利器。现在立宪政体既已确立，所有普通之知识，世界之大势，国民应尽之义务，各项教科书中，皆应发挥宗旨，指陈大义，以资讲授。"③ 学部按照既定的中小学教科书管理方针，在应对初期现实，积极审定教科书的同时，不遗余力地推进终极目标——编纂国定教科书。1906 年 6 月，学部设立编译图书局，主持全国教科书编辑

① 舒新城.中国近代教育史资料：上册［G］.北京：人民教育出版社，1961：275–276.
② 王建军.中国近代教科书发展研究［M］.广州：广东教育出版社，1996：164.
③ 陈学恂.中国近代教育史教学参考资料：上册［G］.北京：人民教育出版社，1987：766.

和审定工作。首任局长为 1903 年经济特科的状元袁嘉谷。①

编译图书局下设编书课、译书课，任务是研究编写"统一国之用"的国定教材。编译图书局之成书，由分校、复校、总校三级校审，总校由局长亲任。编译图书局所编之书，允许翻印：凡地方官员及本国各书坊遵循该局章程者，均准其随时翻印；但翻印前，须先期呈送样本，并声明印刷册数，经督学局或各省提学使司核准，以资查考。②

编译图书局的国定教科书编纂计划：初等小学最先，高等小学次之，中学与初级师范又次之；编纂教科书，宜恪遵忠君、尊孔、尚公、尚武、尚实之宗旨；每编一种教科书，须兼编教授书；凡编一书，预先拟定年限钟点。③

编译图书局成立的当月——1906 年 6 月，学部启动了我国近代第一次由中央组织、有计划、有系统地编写全国统一教科书的工作。编纂人员基本上都是国学深厚者，旧学根底扎实，且其中不少有留学背景，对新思想也有一定理解，如王国维、虞铭新、陈文哲、高步瀛、路孝植、黎湛枝、林志烜等，总务和总校分别由陈宝泉和陈毅担任。1907 年春季，中国近现代意义的第一册统编教科书《初小国文教科书》以及相应的教授书面世，其他几册也陆续面世，开创了国定教科书之先河。④

这套教科书在形式上，非常强调中央学部的权威性。教科书为线装，封面素色无图案，扉页竖排突出"学部第一次编纂……教科书"字样，反面有"学部图书局印行"字样，版权页上方盖有"学部编译图书局"印章，

---

① 袁嘉谷（1872—1937），云南石屏人。清光绪二十九年（1903）清末经济特科考试第一名，成为"经济特科状元"。1904 年，被清廷派往日本考察学政，兼任云南留日学生监督，次年回国，任学部编译图书局首任局长。1909 年，调任浙江提学使兼布政使。辛亥革命后，先后任过云南省图书馆副馆长、云南大学教授等职。

② 学部编译图书局备览［J］.学部官报.1908（68）：附录 1-8.

③ 同②。

④ 石鸥，吴小鸥.百年中国教科书图说：1897—1949［M］.长沙：湖南教育出版社，2009：5.

在版权页之前，有专页印有一孩童手捧"学部编译图书局"印章图，颇显官气。特别值得一提的是，学部编纂的教科书，在每册最后都附有《学部允准翻印初等小学教科书教授书章程》，准许各地对其随时进行翻印，足见学部以中央官方的气势推行国定教科书的魄力。

这是中国第一套由中央官方组织编纂的恪守"忠君、尊孔、尚公、尚武、尚实"教育宗旨，寄托晚清政府试图通过教科书来实施社会控制的现代教科书。1908年，学部根据清廷立宪的指令，加快了国定教科书的编写步伐，以统一全国中小学堂的教科用书。至1909年，初等小学各科教科书已全部颁行，包括修身、国文、算学、珠算、手工、图画、体操等科的教科书；1910年，高等小学教科书全部颁行。[①]据研究，1910年底，部分中学、初级师范、女子师范、单级小学的教科书也陆续完稿（但我们尚未发现学部编纂中学、师范学校教科书的实物）。[②]第一次国定教科书大体成规模。

学部编纂的这套国定教科书涉及多个学科，整体规模比较庞大。这是我国最高管理机构按照现代学制与教育理念，编纂统一教科书的开端。学部编译图书局教科书的面世，一定程度上缓解了当时教科书市场的无序状态，多少控制了各学堂教科书使用混乱的局面，为当时我国中小学教育的发展提供了最基本的保障。但在编纂教科书的主导思想上，学部试图调和中西，折中新旧，"臣部从事编纂之初已奉先朝立宪明谕，当经再三审度，既思保存我数千年立国之精神，又期吻合近世教育国民之主义"。[③]然而这

---

① 石鸥，吴小鸥.百年中国教科书图说：1897—1949［M］.长沙：湖南教育出版社，2009：5.
② 王建军.中国近代教科书发展研究［M］.广州：广东教育出版社，1996：152.
③ 学部.学部奏颁布初等小学堂教科书折［G］//李桂林，戚名琇，钱曼倩.中国近代教育史资料汇编：普通教育.上海：上海教育出版社，1995：55-56.

又谈何容易。

首先，对编纂人员来说，编辑新式教科书受制太多。国定教科书既要确保意识形态的灌输，又要体现时代发展特征，挑战是显而易见的。在《初等国文教科书》的序言中，作者就感慨万千：教授儿童之书宜简不宜繁，宜实不宜虚，宜变换不宜故常，又必就其习见习闻推究事物之兴趣，且副于智育、德育、体育之宗旨，切于今日国民之应用。执此求中国古书，颇难其选。此国文教科一书，所为不得而作也。为了完成这几乎不可能完成的重任，学部编译图书局不得不"聚23省之人才""几经讨论，几经弃取"。但心中终归是不踏实的，因而"执笔之余，动多牵掣，苦心绌力，勉勉皇皇。然则是书之成，安敢自信而共信"。① 此话乃由衷之言，也可见处于新旧交替时代的传统学人的彷徨与困惑。

这里，本质上是新学与旧学之间的矛盾，是中式经典与西式教科书之间的矛盾。为了解决新学与旧学的矛盾，在编纂教科书的主导思想上，学部试图调和中西，折中新旧，"既思保存我数千年立国之精神，又期吻合近世教育国民之主义"。② 这套教科书更多地关注民族文化传承，对西方新的知识选取并不多。如《初等小学修身教科书》第一册各课是：学堂、敬师、容体、恪守时刻、勤学、讲堂与体操场、游戏、父母、孝顺、兄弟、家庭之乐、交友、戒争论、戒讳过、戒恶言、礼貌、戒搅扰人、卫生、好儿童。③ 可见课文以儒家伦理道德为准则，对西方的自由民主思想提及较少。

这些矛盾的处理绝非易事。显然，年轻的编译图书局还没来得及处理这些矛盾，辛亥枪声就把它赶下了历史舞台。由于编译图书局所编纂的国定教科书无论是数量抑或质量都存在着诸多严重问题，不符合学童心理，

---

① 王建军.中国近代教科书发展研究［M］.广州：广东教育出版社，1996：153.
② 学部.学部奏颁布初等小学堂教科书折［G］//李桂林，戚名琇，钱曼倩.中国近代教育史资料汇编：普通教育.上海：上海教育出版社，1995：55-56.
③ 学部图书编译局.初等小学修身教科书：第一册［M］.北京：学部图书编译局，1909.

且"分配之荒谬、程度之参差,大为教育界所诟病",①所编教科书整体上模仿、质量上不如商务印书馆等民间书坊的一些优良课本。所以,学部国定教科书受到民间出版机构和开明知识分子的全力反击就容易理解了。

可以说,一定程度上,学部国定教科书一面世,就遭到社会舆论的广泛批评。这里的批评不排除有利益考量成分,因为国定教科书如果真正实施,立马影响各家民间书局的经济利益。《中华教育界》1914年1月号中江梦梅在《现行教科书制度与前清之比较》一文中记述了这种状况:学部自光绪三十二年(1906)设立图书局编译教科用书,此春颁布初等小学《国文教科书》第一册、《修身教科书》第一册、《教授书》第一册,《南方报》即著论攻之,为一时所传颂。是秋第二册出版时,报纸又起纠弹之。

批评国定教科书极为犀利者是陆费逵。他当时连续发表三篇文章,严厉批评了教科书国定。《论国定教科书》《论学部编纂之教科书》《论各国教科书制度》犹如三颗炸弹投向了欲使教科书国定的支配集团,以示反对。

《论国定教科书》载于1906年第3期《图书月报》"社说二",署名伯鸿。在该文中,陆费逵旗帜鲜明地提出"我国今日之教科书,决不可国定",并阐述了他反对教科书"国定制"的五条理由:

其一,仓促下手,预备不够。陆费逵以日本为例,指出日本明治初年就想统一教科书,但直至明治三十六年才得以实现。即使明治三十七年国定教科书颁行后,仍然未废止由文部省检定一科有数种教科书,随地方择用之规定。"以日本蕞尔小邦,尚必从事教育三十年之后,乃能求其统一,而谓我国之地广人众,反而咄嗟行之乎?"况且"日本国定教科书未出之前,有国语调查会、教育研究会之调查研究,各学校之实验,各编著家之经历,夫然后有国定"。而现在学部有编纂教科书、颁行国定教科书之举,

---

① 江梦梅.前清学部编书之状况[G]//李桂林,戚名琇,钱曼倩.中国近代教育史资料汇编:普通教育.上海:上海教育出版社,2007:200-201.

实属仓促。陆费逵认为，即使教科书要国定，也"决非聘十数人，设一局所，仓卒下手，遂可以集事也"，亦必有种种预备。陆费逵指出，预备"有精神上之预备，有行政上之预备。精神上之预备有三：一定宗旨，勿惑于顽固不化之学说；二振精神，勿以敷衍了事；三虚心，勿自是，当广采忠言。行政上之预备，更仆难数，学制编定，不待言矣，其尤要者，则设调查会。其调查科目，如各地言语之异同，社会上习见之事物，应用之字究有若干，儿童身体心理之发达，究至几岁可入学校，以后逐年之发达如何，课程之次序，究应如何排列，教材究应如何选择。其会员或延聘专人，或通信顾问，而其人之资格，极宜慎择，不可滥竽充数。研究有得，调查既备，然后可言国定教科书也。"而调查研究非假以岁月不可，如何应对今日之急需？陆费逵水到渠成地指出，仍任民间编辑，学部监督审定。

其二，教科书不可国定，也因国民对政府的信任所致。[①] 陆费逵指出："吾国人之心理，最信服政府，苟一国定，则无人敢言其非，而全国风行，虽有民间编辑之善本。亦必不用。国定而善也，吾人固受其福；设有不当，其遗害将何所底止哉！"

其三，教科书国定，必然"竞争不烈"，进步迟滞。陆费逵指出："天演公理，有竞争而后有进步。教科书果为国定，绝人销售，又谁肯虚掷财力心力以经营之？以全国四万万人之教育，而委之学部数十人之手，一成不变，其必无良果可想而知。即令多聘通人，时时改良，更采私家著述，兼收并蓄，而百家俱废，只出一途，竞争不烈，进步必迟，可决然也。"他十分担忧地指出："一部之资本几何，一部之人才几何，果能尽兼众人之长乎？宦海中人，从事著述，果能人人尽心竭力而毫无所慕乎？书既出版，良否自有公论，果能以一人手尽掩天下目乎？""吾恐教科书国定之后，难期再有进步矣。"

---

① 周其厚.陆费逵与《论学部编纂之教科书》[J].出版史料，2010（3）：120-125.

其四，教科书国定，难以因地制宜。陆费逵指出，我国人众，故所居既异，所需之智识亦异；我国地广，风俗物产不同，则选择教材不能不随地而异；道德教育，宜人人所同，然风俗既异，纠正之方不能不异；生理卫生，宜为人类所同，然地气、所居有殊，则防御之道亦有别。教科书国定，何以处之？

其五，学部既有审定权，对私家著述不必过虑。陆费逵指出："或疑私家著述宗旨各异，程度不齐，难收一道同风之效。不知学部既有审定之权，则教科书之行用与否，学部实司之，不必过虑也。"①

基于上述五点理由，陆费逵主张，学部宜移编书之力，从事于教科书的审定工作，民间一有出版，随购随阅，评其优劣，以官报公布之。其合审定之程度，固应及早宣示，便人购求；即不审定之书，亦宜分别等第，详加批评，因我国教育幼稚，编纂乏人，不审定之书中稍善者，既可暂应一时之用，而体例芜杂、宗旨悖谬者，亦不至于贻误学界。

1907 年春，学部编辑的初等小学《国文》《修身》教科书第一册、教授书第一册均出版面世，并咨行各省提学使任人翻印。此时，陆费逵正任职于文明书局，从事中小学教科书的编纂工作。深谙教科书之道的陆费逵对两书之质量堪忧，于是他写下了第二篇论文《论学部编纂之教科书》。该文署名伯，分上、下两部分，发表在《南方报》的"论说"栏目。上篇发表在《南方报》的第 610 号，时间为 1907 年 5 月 14 日；下篇发表在《南方报》的第 618 号，时间为 1907 年 5 月 22 日。② 在该文中，陆费逵以国文教科书为例，援引书中的课文实例，有理有据地分析了部编教科书的八点不当之处：（1）教材多不合儿童心理；（2）词句多不合论理；（3）间有局于一隅之处，不合普及之意；（4）图画恶劣，图与文词，且间有不符之处；

① 陆费逵. 论国定教科书［J］. 图书日报，1906（3）：社说二.
② 周其厚. 陆费逵与《论学部编纂之教科书》［J］. 出版史料，2010（3）：120–125.

（5）数字与算术不相联络；（6）时令节气不相应；（7）抄袭近出各书，有碍私家编著；（8）教授书失之高深，教员生徒皆受困苦。①除第八点之外，其余七点均作了具体而详细的解释，令人信服。如果说《论国定教科书》一文是从理论上论证了教科书不可国定，那么《论学部编纂之教科书》一文则从事实上证明了教科书不可国定。

除了从理论与事实上论证了教科书不可国定外，陆费逵还从比较的角度说明了教科书不可国定。他于1910年写下了第三篇论文《论各国教科书制度》，发表在当年《教育杂志》第2卷第6期上。此时，陆费逵已供职于商务印书馆，担任出版部主任。在该文中，陆费逵针对当时我国之政治家、教育家谈及教科书制度动辄言日本行国定制，"不知欧美诸国行之者绝鲜，日本行之亦弊害百出，其能持久与否尚在不可知之列"的情况，介绍了英国、法国、德国、奥地利、日本等当时"世界文化最高之国"（美国材料缺）的教科书制度及其优缺点，指出教科书制度之良善者莫如实施教科书自由制的德、法两国，不善者莫如实施教科书国定制的日本，希望谋国者放眼于五洲之外，不要拘泥于情势不明之日本一国。②实际上再一次表达了他对教科书国定制的不满和对我国教育前途之担忧。陆费逵反对教科书国定制的论文，其见解在当时已达到了相当高的水平，对教科书制度产生了较大的影响。

对国定教科书持反对意见的还有严复。他可是一个当事人，体制内的大人物，既编写过教科书也审定过教科书。他自己编纂的教科书在接受审定时受到严厉批评，但他仍然坚持审定，他反对自己参与的国定教科书工作，确实值得关注。1906年4月7日，严复在《中外日报》上发表《论小学教科书亟宜审定》一文，指出学部颁定教科书的种种缺陷，认为除学部

---

① 陆费逵.论学部编纂之教科书［J］.出版史料，2010（3）：125–127.
② 陆费逵.论各国教科书制度［J］.教育杂志，1910，2（6）：59–69.

教科书外，应再取各相关诸种教科书而审定之。审定标准不必太高，听用者自择，采取自然淘汰的办法。未经审定的教科书则不准销售。严复在文中既大力批评当时教科书的混乱状况，又反对由学部颁定一切教科书，而是改国定为审定（在严复看来，解决教科书混乱的不足，不能用国定统一教科书的办法，而应用教科书审定这个办法。这是非常有见地的认识），并且要仿效西法。① 他重视基础教育的教科书，同时对教科书的编写主旨、编写人才、内容、审查、颁发、乃至印刷销售等都提出了自己的看法。

《大公报》在光绪三十三年（1907）二月二十一日发表"言论"——《论国定教科书》，对国定教科书给予了集中的批评，并提出了应对策略：

第一，对国定教科书质量的担忧。国定教科书带来的弊端必然是垄断，是缺乏竞争，"百家俱废，只出一途，竞争不烈，进步必迟""以全国四万万人之教育而委之学部数十人之手，一成不变，其必无良果可想而知"。

第二，采用教科书国定制条件不成熟。我国教育发展才起步，教科书编纂缺乏人才，即便"任其自由竞争，悉心研究，合全国之学子以图之，欲求完善之书，尚须期之数年以后"，而要想以数十人编纂的国定教科书来统一，那就难上加难，"其必不可得矣"。

第三，加强和完善教科书审定。建议"学部宜移编书之力以从事于审定"。②

当时很有影响的《申报》也发表长篇论说《论限用部编教科书有妨教育之进步》，对规定使用国定教科书提出不同意见。认为国定教科书质量不足为全国通行之善本；且划一教科书难以切合全国不同地区之不同情形；尤为重要的是，如果只能使用国定教科书，缺乏竞争，那么全国教育界将

---

① 石鸥.民国中小学教科书研究［M］.长沙：湖南教育出版社，2019：72.
② 论国定教科书［N］.大公报，1907-04-03.

毫无生气，"我国教科书将从此黯然无生色矣"。① 该观点确实道出教科书发展建设之重要规律。

另如罗振玉等人也表示，教科书可以由官方鉴定，但应允许民间编书，"民间有编教科书善本，得由官鉴定，一律行用"。②

《教育杂志》1910 年曾刊登宁波育德工业学堂张世杓的文章。作者在文中深刻分析了国定教科书的弊端，反对教科书国定：教科书国定，不但不能促进教育进化，甚至导致教育退化。国定教科书常有两大弊端：第一，缺乏竞争，缺乏改进之机会，"我国教育初兴，经验不广，惟待热心研究之士，随时改进，以冀完全。私家著述以自由贸易之故，竞争弥激，进步弥速。若国定则编者之利害关系既浅，而又凭借官力以流通各地。竞争既绝，改进之机亦寡"。第二，专己独断，遮蔽真理，"凡天下之所谓真善美者，必经多数人之自由研究。此攻彼击，而真理乃出。集思所以广益，古人不我欺也。若以少数人之意见，欲施之于二十二行省而悉当，其能免于专己独断之弊乎？"③

该刊同一期还刊登了南通师范学校潘树生的同一题目的文章。他认为，教科书应该适应不同地区的差别，实行多样化，无论什么样的教科书，能够达到既定目标与宗旨就可以了，否则，即便是饱学之士，也编纂不出能够适应不同需求的教科书："教科书者，独教育之方法，欲以达其宗旨也。宗旨与他国异，则教科书安得而强同？且教科书非特应与他国异也，吾国版图辽阔，亦必视其山川风俗物产，而编适当之教科书。即各省各府州县，安得而强同？宗旨不可不一也，至于方法，则宜各行其是。如百川分

① 论限用部编教科书有妨教育之进步［G］//李桂林，戚名琇，钱曼倩.中国近代教育史资料汇编：普通教育.上海：上海教育出版社，2007：195-200.
② 罗振玉.学制私议［G］//璩鑫圭，唐良炎.中国近代教育史资料汇编：学制演变.上海：上海教育出版社，1991：155-161.
③ 张世杓.论教科书与教育进化之关系［J］.教育杂志，1910，2（5）：11-15.

流，而朝宗于海。其方法无论异同，以能达宗旨为准。今若听学部编辑，颁行全国，虽有深明教育之士，亦但向壁虚造，于各地之真况，无从悬揣。舍袭取他国之成书外，无可断其更无善法也。是与救亡救贫救弱，庸有济乎？"

当时认为国定教科书不妥之处颇多，如教科书不合儿童心理；词句多不合理，如课文提到"犬能逐兔，猫能捕鼠"，而犬之能力不在逐兔，逐兔为偶然之事，和猫能捕鼠不一样，会对儿童造成误导；等等。[1]

这些意见都是力图一方面保留教科书的审定模式，保障教科书的多样化竞争，提升教科书质量，"凡事以比较而有竞争，以竞争而有进步，固一定不易之理也"。如果一律遵用部编教科书，那将造成"民编教科书之比较竞争之机已绝，在民间固永无良好之教科书出现于世"。[2]另一方面反对单一国定制的种种弊病，保证教育与学术的进步。

学部教科书是陆续推出的，且迟迟未出齐。毕竟清政府最高统治者意识到教科书国定的重要性时已经有些晚了，成立教科书编纂机构太迟了，国定教科书编纂启动太晚，市场已经充满由商务印书馆、文明书局等出版的教科书。而且对编译局的编纂人员来说，编辑新式教科书事属首创，此前并没有这方面的经验，又受制太多，特别是时局动荡，编写国定教科书的知识分子和其他知识分子一样矛盾彷徨。在这种情况下，他们虽然艰难地编辑成了这些教科书，但已经晚了半拍、差了一步。因此清政府不可能也并没有完全禁止其他教科书的出版与使用。我国第一次国定教科书就这样睁只眼闭只眼地放任自流，最后随着民国的成立而彻底退出，最早的国定本教科书单册也才出生4年多，还有一些教科书虽稿子已成，却胎死

① 顾黄初.中国现代语文教育百年文典［M］.上海：上海教育出版社，2001：17-18.
② 论限用部编教科书有妨教育之进步［G］//李桂林，戚名琇，钱曼倩.中国近代教育史资料汇编：普通教育.上海：上海教育出版社，2007：195-200.

腹中。

　　就这样，晚清政府以部编教科书作为国定本推行全国中小学堂的设想最终未能实现。只是，即便直至覆亡，清政权始终未放弃将中小学教科书国定化的努力。

国民党党义教科书的命运

▲《新时代党义教科书》，商务印书馆；《初中党义教本》，上海大东书局

▲《高中党义》，世界书局

258

我国近现代教科书发展历史上，出现过一种难有与其"媲美"的教科书，这就是国民党党义教科书。这种教科书虽然只是昙花一现，但留下的思考却延续至今。

清末到民国早期，我国中小学教科书呈现出一派活跃和宽松的氛围，思想比较活跃，观点比较多元，各种教科书如雨后春笋般涌现。某种意义上可以称之为教科书的黄金时代。^①但是，这一局面并没有延续很久。到20世纪20年代，特别是1927年南京国民政府成立之后，国民党全面强化其意识形态的主导地位，大力实行"党化教育"。推进"党化教育"的重要策略就是通过教科书阐释党义，维系国民党政权的正统地位，极力消除各种"异端思想"在教育界的传播。自此，中国的教科书完全被纳入国家权力的控制范围内，现代教科书的发展告别黄金时期，走入了意识形态最强控制的一段时期。^②这次最极端的教科书控制具体表现在出现了前无古人、后无来者而又昙花一现的党义教科书。

首先是全方位的舆论造势。各种三民主义、党义教育的文件、领导人的讲话，简直是连篇累牍地颁布。1924年1月，孙中山在国民党一大会上提出有两件事要做："第一件是改组国民党，要把国民党再来组织成一个有力量有具体的政党。第二件就是用政党的力量去改造国家。"^③他重新解释三民主义，确定"联俄、联共、扶助农工"的三大政策，强调政治上一切举

① 石鸥.百年中国教科书论［M］.长沙：湖南师范大学出版社，2013：8.

② 石鸥.民国时期的一次高强度教科书控制［J］.湖南师范大学教育科学学报，2014，13（2）：50-56.

③ 广东省社会科学院历史研究所，中国社会科学院近代史研究所中华民国史研究室，中山大学历史系孙中山研究室.孙中山全集：第九卷［M］.北京：中华书局，1986：97.

措都以党纲为依据，以国民党的党义为建设中华民国的最高准则，从而提出"以党建国""以党治国"的政治主张。"以党治国并不是用本党的党员治国，是用本党的主义治国。"①他要求党员奉行主义，宣传主义，说服和带领全国人民都信仰和奉行国民党的主义。此后，孙中山多次强调党义宣讲的重要性，并指出"教本党以外的人都明白本党的主义，欢迎本党的主义，然后本党施行主义便无阻力，便无反抗"。②

孙中山还积极从理论上阐明并身体力行地宣讲新三民主义。自1924年1月27日起，至8月24日止，他在广东高等师范学校宣讲三民主义达十六次之多。③孙中山期望民众了解、响应、拥护国民党的主义、宗旨，"到了全国人民的心理都被党统一了，本党自然可以统一全国，实行三民主义，建设一个驾乎欧美之上的真民国"。④

1924年8月，为响应孙中山的号召，广州特别市党部宣传部精心制定了宣传计划大纲，确定宣传形式为口头宣传和文字宣传。文字宣传包括散发印刷品、在机关报发表意见、编撰课本、创作小说、影剧院之广告、图书广告、发行刊物、举行征文等。⑤很显然，编撰教科书成为国民党重要的宣传形式。

其次，狠抓学校教育，全面贯彻落实三民主义和党化教育。1925年10月30日，国民党党籍校长会召开全体大会，大会通过决议，提出"本党以党建国，……各校课程应加入孙文主义一科，阐明党义。……本党出版物，

①　广东省社会科学院历史研究所，中国社会科学院近代史研究所中华民国史研究室，中山大学历史系孙中山研究室.孙中山全集：第八卷［M］.北京：中华书局，1986：282.

②　同①284.

③　熊秋良.从政治动员的角度看国民党改组后的"党化教育"［J］.江苏社会科学，2004（4）：152-156.

④　同②.

⑤　宣传部报告宣传计划大纲［N］.广州民国日报，1924-08-06.

为宣传利器，各校内之各级党部，宜多备数种，以广宣传"。①

1926年广东国民革命政府成立教育行政委员会，提出"党化教育"的口号。②是年5月，广东全省第六次教育大会召开，会上关于党化教育的提案达12件，会议遂归并了各提案，通过了《党化教育决议案》。该案关于党化教育的办法有：学校增设政治训育部，施行政治训育，使学生有明确的政治观念，全省中小学校全由中国国民党党部介绍训育人员；组织中国国民党童子军；举行总理纪念周与政治报告；规定三民主义为必修课，每周时数至少要占50分钟，高级小学以上学校加授政治教育、社会科学及三民主义，每星期共需150分钟以上；并提出请教育行政委员会即行审查各校现行教科书，有背于中国国民党的党义及政策者，应令抽出，不准讲授，此后新编教科书，应以中国国民党的党义和政策为中心。③国民党的党化教育非常具体化了，进入全面可操作阶段，组织童子军、开设课程、编撰教科书等，无一不指向广大青少年儿童。

到南京国民政府时期，所倡导的"三民主义"，与广东国民政府时期已有很大不同，愈发等同于"党化教育"，即对民众进行党义灌输的教育。1927年，蒋介石在南京国民政府成立后宣布"国策"时说："以党治国，就是以党义治国，就是以本党的三民主义来治中国。"④1927年5月在南京召开的五四运动纪念大会上，蒋介石正式发出实行"党化教育"的号召。此后，"党化教育"开始向全国推行。⑤

1927年8月，国民党政府教育行政委员会制定了《学校实行党化教育草案》，指出："我们所谓党化教育就是在国民党指导下，把教育变成革命

---

①　党籍校长会开全体大会［N］.广州民国日报，1925-10-31.

②　孙培青.中国教育史［M］.上海：华东师范大学出版社，2000：416.

③　全省教育大会通过党化教育决议案［N］.广州民国日报，1926-05-10.

④　华东师范大学教育系教科所.中国现代教育史［M］.上海：华东师范大学出版社，1983：196.

⑤　李华兴.民国教育史［M］.上海：上海教育出版社，1997：316.

化和民众化，换句话说，我们的教育方针要建立在国民党的根本政策上。国民党的根本政策是三民主义、建国方略、建国大纲和历次全国代表大会的宣言和决议案。"①

1928 年 10 月，国民党中央通过《党治教育实施方案》，规定：教育宗旨应根据国民党的"主义"确定；与国民党党义有关的各种教育职务（如全国及各省教育行政长官，国立、省立党校校长，以及各校训育主任、党义教师等），应由具备相当资格的国民党忠实党员担任；各级党部要遵照中央的规定，对本地教育行政机关实施党治教育的情况进行指导和监督，同时，还要调查统计本地在党治教育实施方面的成绩，以资考核；各级教育行政机关既有执行党治教育的责任，又有指导和监督其下属机关和学校实施的责任等。

再次，确定三民主义和党化教育的具体内容，指导教科书编撰。当时，要推行和实施党化教育，问题还是很多的。比较突出的是，缺乏相应的教科书，缺乏相应的师资。因为各级学校要全面增加党义课或三民主义课，必然导致相应的教师奇缺。1926 年 2 月，广州特别市党部青年部甚至发布通告，招考党义教员。②同时，国民党中央又制定了《各级学校党义教师检定委员会组织条例》和《检定各级学校党义教师条例》，从组织上规范党义教师任教资格。③对于课程设置、教育内容、教学时间等，国民党政府更是毫不放松，非常具体而严密地加以控制。1928 年 8 月 6 日，大学院颁布《各级学校增加党义课程暂行通则》：

第一条　为使本党主义普及全国并促进青年正确认识起见，各级学校除在各种课程内融会党义精神外，须一律按本通则之规定增加党义课程；

---

① 舒新城.近代中国教育史料补编［M］.上海：中华书局，1927：8-9.

② 熊秋良.从政治动员的角度看国民党改组后的"党化教育"［J］.江苏社会科学，2004（6）：152-156.

③ 高奇.中国现代教育史［M］.北京：北京师范大学出版社，1985：113.

第三条　小学低年级党义课程应采集孙中山先生革命史实，编成故事讲述之；

第七条　小学校注重使儿童对于党义得具体观念，中等学校注重使学生对于党义得正确认识，专门学校及大学校注重使学生对于党义得分析研究其理论体系、实施步骤及运用方法；

第八条　各级学校党义课程之教授时间，每周至少两小时；

第十条　各种党义课程之教本须由中央训练部会同全国最高教育行政机关编审颁行之。①

在国民党中央的强调下，各省对党义课的设置也非常重视。河北省规定，全省各级学校必须按中央的规定设立党义课，并应列为必修科目。②广西省规定，高中各校设党政训练课，包含党义训练和政治训练，为必修科目。③江西省规定，各小学必须设三民主义课。④

1930年3月，国民党政府通过《实施三民主义乡村教育案》，要求加紧训练乡村教育师资，并在各省大力开办乡村学校，以把国民党党义推行到全国乡村。

在1931年5月12日通过并于同年6月1日正式颁布的《中华民国训政时期约法》中，三民主义被确立为中华民国教育的根本原则，从而将三民主义教育宗旨以法律的形式最后确定下来。

在这种紧锣密鼓的推进下，三民主义教育或党化教育或党义教育轰轰烈烈地在全国城乡铺开了。

---

① 上海法学编译社.中华民国政府法令大全：7　教育［M］.上海：上海法学编译社，1931：231.

② 全省党义教育实施计划大纲（1929年10月）［A］//河北省立大名师范学校档案.河北省档案馆藏，全宗号645，目录号1，卷号35：39—45.

③ 广西高中科目学分暂行标准［J］.广西教育公报，1928，3（3）：132—134.

④ 南京国民政府教育部.第一次中国教育年鉴：丙编［M］.上海：开明书店，1934：440.

贰

为了确保党化教育的成功，必须确保宣传党义内容的教科书的质量，而为了确保教科书的质量，国民党当局积极实施了一系列严密举措。对于许多教科书及其出版者而言，真的大有黑云压城城欲摧之势。

首先，对党义教科书进行严格的检查和筛选。1931 年，南京市党部和教育局联合对全市"新时代初中三民主义教科书"等 27 种党义教科书进行了一次人规模的检查。此次检查历时三周，范围为全市各学校、各书局和各社教机关。共检查书籍 125 起，其中受到撕毁、没收等处分的 27 起，"已停售" 2 起（仅这两项就占近四分之一）；"暂卖待修正" 26 起；"暂准发行"或"暂准代销"共 7 起；"售完后不再代售" 4 起。① 广州市更是早在 1926 年 12 月就封杀了世界书局的三民主义教科书，理由之一：图书用五色旗不用党旗，殊属荒谬；三民主义之定义未有解释，其精义更多遗漏；词旨隐约、有譬无喻，令读者不能明了主义之精要；言民族主义而不提起民族奋斗之精神、有仰人怜护救助之意、未免颓丧国民革命之品格。通令各校不得采用该读本、各书局书店停止发卖该读本，该项教科书被从严禁止。②

这些教科书应该有不少是已经被教育主管部门审定通过的。但教育部门的审定，无法抗衡党部的权力。可见，在党化教育的名义下，国民党对教科书的控制已经达到民国时期最为严厉的程度。

其次，强化教科书审定，调整并充实审定机构。国民党政府规定，各

---

① 中国第二历史档案馆 . 中华民国史档案资料汇编：第五辑第一编　教育［G］. 南京：江苏古籍出版社，1994：1123.
② 孙科 . 令教育局、公安局准教育行政委员会函请禁止各书坊发售三民主义教科书由［J］. 广州市市政公报，1927（252）：37—38.

种教科书必须经审查后才可采用；所有审查工作由国民党中央统一负责；审查的基本标准为：所有教材的指导思想必须符合国民党党义。^①有关各种党义课程的教科书，必须由中央训练部会同全国最高教育行政机关编审颁行。^②党义教科书要求服从"一个主义、一个党、一个领袖"，以期利用灌输式、强制式的教育来促使民众获得政治认同感，提升执政党的权威，培养忠于"党国"的下一代。

1928年4月，国民党中央训练部先后两次致函国内各大小书店，要求各店把所出版的有关党义书籍，各检一份送部审核。并规定所有书籍须经审查后方可发行。^③是年，教育部公布《教科图书审查规程》和《审查教科图书共同标准》，规定教科书内容必须"适合党义，适合国情，适合时代性"，强调"以三民主义为教科书的中心思想"。

对正规出版的教科书严加防范的同时，并没有忽视对教师自编讲义等临时教材的管控。教育部为防止各校教员在自编的文学及社会科等教材中加入"反动内容"，1929年5月，训令各省对各级学校教员自编的文学和社会科学讲义严加审查。^④1930年6月，国民党中央颁布《中央训练部审查党义教科用书暂行办法》，对审查范围、标准、手续等都作了具体规定。审查范围为各级学校党义教科书；审查标准"以总理全部遗教为最高原则，以国民党历次全国代表大会宣言决议案及第三届历次中央全体会议宣言及决议案为依归"。审查手续分两步：先由教育部初审，然后送中央训练部终审；因大学教材更新较快，最后还特别强调，大学及专门学校的党义教科

① 中国第二历史档案馆.中华民国史档案资料汇编：第五辑第一编 教育［G］.南京：江苏古籍出版社，1994：92.
② 河北省立大名师范学校档案［A］.河北省档案馆藏，全宗号645，目录号1，卷号35：19-20.
③ 同① 1110-1112.
④ 河北省立大名师范学校档案［A］.河北省档案馆藏，全宗号645，目录号1，卷号3：60-64.

用书可随时审查，不限日期。①

　　根据南京国民政府和国民党中央的相关规定，各省也相继制定了实施细则。如河北省规定，全省各级学校，于每学期开学后一月内，应将各种党义课本或讲义大纲，送由各地党部汇转省训练部审核，"其有曲解、误解国民党主义、政策及其他迹近反动理论者，得令其停授"。②

　　随着党化教育的确立与实施，各家书局依据变化了的形势，不得不迅速推出以"三民主义"为宗旨的教科书，最不可思议的就是中小学党义教科书。几大书局如商务印书馆的"新时代教科书"中的《党义》、中华书局的"新中华教科书中"的《党义》、世界书局的"新主义教科书"中的《党义》等，是其中的代表：

　　商务印书馆的党义教科书。1927年商务印书馆陆续出版了一套"新时代教科书"，该套教科书"完全根据三民主义的教育宗旨编纂而成"。③其中部分书直接命名为"三民主义教科书"，蔡元培、朱经农、王云五、吴稚晖、竺可桢、胡适等参与了这套教科书的编撰工作，同时又有一批耀眼的人物进入教科书编校队伍。如初中《新时代三民主义教科书》由著名学者、社会活动家胡愈之编著。初小《新时代党义教科书》（8册），由赵景源编辑。赵是商务印书馆的编辑，解放后还在工作。教科书在内容上，提倡党义及三民主义，政治色彩显著加强。

　　中华书局的党义教科书。1927年，中华书局的"新中华教科书"系列

① 中国第二历史档案馆.中华民国史档案资料汇编：第五辑第一编　教育［G］.南京：江苏古籍出版社，1994：1112-1114.

② 全省党义教育实施计划大纲（1929年10月）［A］//河北省立大名师范学校档案.河北省档案馆藏，全宗号645，目录号1，卷号35：39-45.

③ 丁尧章.新时代教科书样本：小学校用［M］.上海：商务印书馆1927：1.

开始出版，该套教科书也包括多种党义课本。其中三民主义课本由国民党中宣部审定。这套教科书的编撰审校队伍也是新老结合，除了中华书局的资深编辑、作者外，新加入了几个重量级的国民党元老文人，如叶楚伧、陈立夫等。

叶楚伧（1887—1946），江苏吴县人。1908年主《中华新报》笔政。1912年与柳亚子等在上海创办《太平洋报》，任总编辑。1916年与邵力子创办《民国日报》，任总编辑。1923年任国民党宣传部部长。1924年在国民党一大上被选为中央执行委员，会后任国民党上海执行部秘书处常务委员兼青年妇女部部长。北伐战争时任国民党中央党部和国民政府联席会议秘书长、上海临时政治分会委员等职。1927年7月在南京任国民党中央工人部代理部长。1928年后，历任国民党中央宣传部部长、中央执行委员、国民政府委员、江苏省政府委员兼建设厅厅长、江苏省政协主席、国民党中央政治会议秘书长、中央宣传委员会主任委员、立法院副院长、国民党第四届中央执行委员会常委兼秘书长、国民党中央党史编纂委员会委员、中央政治委员会法制专门委员会副主任委员、国民党中央出版事业管理委员会主任委员等职。

小学三民主义教科书由国民党宣传部部长、笔杆子叶楚伧亲自校阅；初中三民主义教科书则由国民党另一位重要人物陈立夫亲自校阅。初小党义教科书（8册）由吕伯攸 [1]、郑昶 [2] 等编写。

---

[1] 吕伯攸，民国时期中华书局著名编辑、教育家、儿童文学批评家。曾参与编辑民国时期著名儿童杂志《小朋友》，编辑创作了大量儿童文学作品与历史小品文。著有理论专著《儿童文学概论》，是20世纪中国儿童文学理论批评史上占有特殊位置的代表性人物。吕伯攸的儿童文学作品多取材于日常生活，尤其是儿童日常学习生活，亲切有趣，语言通俗、干净，极有亲和力，情节生动，富有教育意义。

[2] 郑昶（1894—1952）字午昌。浙江省嵊州人。1910年入杭州府中学堂，同班同学有郁达夫、徐志摩、姜立夫等。1915年被选送北京师范大学。1922年受聘于上海中华书局，任编辑，旋任美术部主任。1929年编著出版了35万言的《中国画学全史》，蔡元培誉之为"中国有画史以来集大成之巨著"。

世界书局的党义教科书。三民主义在全国被强化，教育是首当其冲的。势头正劲的世界书局迅速行动起来，于 1927 年陆续出版了一套适应三民主义要求的教科书，干脆就叫"新主义教科书"。其中《初中党义》（6 册）由魏冰心、徐映川编著，《高中党义》（3 册）由郭伯棠、魏冰心编著。该套教科书在内容上，强调三民主义教育宗旨，适应党化教育的需要。《初中党义》就是要通过教学造就党治下能知能行的健全公民，提出教学"以党治下的公民为立足点，以三民主义为中心材料"，必须达到两个目的，"第一个目的是知，第二个目的是行"。① 也就是说，先要灌输知识，次要指导实践。《高中党义》则是根据孙中山遗嘱中所举之建国方略、建国大纲、三民主义及第一次全国代表大会宣言编辑。"学生读毕全书，不但可以确切认识整个的党义，就是个人在党治下的地位及其所负的责任，也有深刻的了解。"②

大东书局党义教科书。1930 年，上海大东书局出版了由曾经任香港《国民日报》社长及重庆《中央日报》总社社长的陶百川编著的《初中党义》（6 册），由蔡元培校订。这套书经教育部审查准予发行后名为《初中党义教本》。

当时，不仅仅是各大书局在重点编撰党义教科书，一些著名的中学也有编撰发行党义教科书。比如 1929 年 8 月，广州知用中学出版部发行由曾任广州大学校长、广东省教育厅厅长的金曾澄与何学坚共同编述的《党义教本》，封面由曾经三次出任中山大学校长的我国著名教育学家许崇清题名。

1931 年 8 月，广州大学附属中学发行了陈景农（辛亥革命元老陈少白族侄）、陈泮藻编辑，金曾澄校订的中学用《党义辑要课本》（6 册）。其中初级中学与高级中学各 3 册，作者也是显赫人物。

---

① 魏冰心，徐映川.初中党义：第 1 册［M］.6 版.上海：世界书局，1930：1.
② 郭伯棠，魏冰心.新主义教科书高中党义：第 1 册［M］.8 版.上海：世界书局，1932：2.

陈泮藻（1897—1990），国民革命军少将，江西省赣县（今兴国县）人，1920年毕业于北京大学，后留学法国、德国，获理学硕士。曾任军事委员会北伐军总政治部宣传处少将处长，南京中央军校高级班教官，教育部参事，南京特别市教育局局长。

广大附中发行的初中《党义辑要课本》共3册分为6章。每册书的第一页是孙科的题词，"根据事实，宣扬主义，实行党化教育、陶冶活泼青年，是真救国的源泉、树人的大计"。第二页则是国民党元老邓泽如①、谢瀛洲②的题词。编撰该套书的目的是，"务使读者先明了总理一生奋斗历史和三民主义精义；其次使知道三民主义全部的具体办法，后次阐明建国的根据和建国大功告成后，中华民族所享幸福的优厚"。③

总体上看，党义教科书的作者由两部分人组成：一种是各书局的资深编辑，也是教育研究者，多为儿童作品作者，如赵景源、魏冰心、吕伯攸、徐映川、董文等；另一种是国民党政治文人，如叶楚伧、陈立夫、陶百川、金曾澄、陈泮藻等。

小学党义教科书一般根据孙中山先生之史实、学说、主义及民权初步等编辑而成。教科书将优秀的品质集中表现在青少年孙中山身上，以树立"一个领袖"的偶像榜样。如：

---

① 邓泽如（1869—1934），广东新会人，国民党元老。清光绪三十三年（1907）加入中国同盟会，积极为起义筹款。辛亥革命后，在南洋组织讨袁。1922年任国民党广东支部长。次年任大本营建设部部长。1924年被选为中国国民党第一届中央监察委员。历任国民党西南政务委员会委员、广东治河委员会委员长等职。

② 谢瀛洲（1894—1972），广东从化人。1916年留学巴黎大学，1924年获法学博士学位。1924年春回国，加入国民党，历任大元帅府法制委员、广东大学教授，1925年任国民党广州特别市党部委员兼青年部部长，1927年任陆军军官学校政治总教官，南京中央大学教授、北京大学法学院院长。1928年兼任国民政府考试院参事。1930年冬后任司法行政部次长，兼法官训练所所长。1932年春任广东省政府委员兼教育厅厅长。1934年夏转任广东高等法院院长，兼任广东法科学院院长，西南政务委员会委员。1945年夏复任司法行政部次长。1949年10月赴台湾，任台湾大学、政治大学、东吴大学等校教授。

③ 陈景农，陈泮藻.党义辑要课本：初级中学用：1［M］.6版.广州：广州大学附属中学，1933：编辑辑要2.

皇帝欺侮百姓，孙中山帮助百姓，一起去反抗他。①

　　中山知道没有团体不能革命，便在檀香山集合同志，创立兴中会。兴中会成立，发了一篇宣言，大意说：现在国家这样贫弱，政府这样腐败，我们如果再不做救国运动，国家不久就要被外国瓜分！②

　　孙中山最恨迷信。他十多岁时，在檀香山读书，因为那边的华侨信佛入迷，他就把佛像毁击，说道：就是有佛，他们这样迷信，恐怕佛也不高兴的。③

　　孙中山最喜欢读书，连打仗的时候，也带着书本。④

　　随着学生年级的增长，教科书开篇从青少年孙中山也逐步上升到党旗、国旗、国民革命歌等，同时课义选有大量的国民党发展的历史、政纲、国庆日等完全政治性的内容。

　　今天的年长者看到这些内容也许会有一种熟悉感，似曾相识。都说历史是个任人打扮的小女孩，其实不很准确，真正任人打扮的小女孩应该是让所有小女孩、小男孩虔诚阅读的教科书。

肆

　　应党化教育而出现的教科书，积极宣扬国民党的声音和国民党的意志，认为中国国民党的主义，是救国救世的主义，不但足以实现中华民族生存的愿望与梦想，并且可以解放世界上被压迫的弱小民族，矫正世界上虚伪的民主政治。不可否认，这在全国统一之时，确实起到了一定的意识形态规整的作用，特别是进入抗战时期，以三民主义凝聚人心，具有一定的积

① 赵景源．新时代党义教科书：小学校初级用：第二册［M］．20版．上海：商务印书馆，1929：3.

② 赵景源．新时代党义教科书：小学校初级用：第四册［M］．上海：商务印书馆，1929：5.

③ 吕伯攸，郑昶．新中华党义教课本：小学校初级用：第六册［M］．14版．上海：新国民图书社，1931：7.

④ 吕伯攸，郑昶．新中华党义教课本：小学校初级用：第三册［M］．16版．上海：新国民图书社，1931：8.

极意义。

同时也要看到，因为政治介入的压力，各类党义教科书的编写内容都不敢造次，纲目多依照中央训练部颁布的《各级学校增加党义课程暂行通则》和《小学党义课程标准草案》等政策文件编写。党义教科书只能在以上范围内取材，"无一句无来历，无一句杜撰"，民族主义、民权主义和民生主义成为固定编排模式。内容如此地雷同与僵化，意味着20世纪前20余年教科书中自由开放的风气已被强烈的意识形态所取代，教科书越来越模式化，质量也参差不齐。①

但无论如何高调，总有不同的眼睛能看出内在的荒诞。"党化教育"就是要对民众进行党义灌输，就是要把中国的教育和教科书国民党化。这一点是非常露骨的。因此，党化教育和党义教科书提出后立即受到进步人士的抨击，国民党内部对"党化教育"的解释也存在分歧。吴稚晖认为"党化教育"含义不明，容易为人假借利用，不如直接改为"三民主义"。②曾经参与三民主义教科书编撰、校订工作的胡适，反过来又认为，"党化教育"就是摧残思想自由，呼吁"取消统一思想与党化教育的迷梦"。③曾任北大教授、四川大学校长、我国科学教育的泰斗任鸿隽更是对党化教育和党义教科书给予了尖锐的批判："国民政府的教育部，对于发展教育、改良教育的计划，一点没有注意，但小学的党义教科书，却非有不可。教科书与党义有不合的地方，非严密审查不可。老实说来，教八九岁的小孩们，去念那些什么'帝国主义''不平等条约''关税自由'的教科文字，不但

① 石鸥.民国中小学教科书研究［M］.长沙：湖南教育出版社，2019：211.
② 孙培青.中国教育史［M］.上海：华东师范大学出版社，2000：416.
③ 胡适.新文化运动与国民党［M］//何卓恩.胡适文集：文明卷.长春：长春出版社，2013：60.

不能得他们的理解，简直于小孩们心灵的发展有重大的妨害。"①他说："一个理想中有教育的人，在智慧方面，至少的限度，必须对于事理有正确圆满的了解，对于行事有独立自信的精神。要养成这样的人格，第一的需要，是知识上的好奇心。有了知识上的好奇心，方能对于各种的问题或事务，加以独立的研究。研究所得的结果，才是我们信仰的根据。这种教育的方法，在党的立场看来，是最危险的。他们的信仰，是早经确定的了；他们的问题，是怎么拥护这个信仰。因为要拥护信仰，所以不能有自由的讨论与研究；因为不能有自由的讨论与研究，所以不能有知识上的好奇心。"②他清晰地认识到："教育是以人为本位的，党是以组织为本位的。在党的场合，设如人与组织的利益有冲突的时候，自然要牺牲人的利益以顾全组织的利益。"而且他尖锐地指出，教育部对整个教育大事业几乎没有什么特别的关注，对小小的教科书则那么敏感、那么重视，这是多么鲜明的反差。这可都是大学教授们的批评声，他们当时都是端着教育部的饭碗在骂教育部甚至在骂政府。胡适、任鸿隽他们，真称得上无所畏惧地为儿童代言，为未来代言了。

面对种种质疑、分歧和批判，中华民国大学院于1928年5月召开第一次全国教育会议。会议通过决议，对"党化教育"的内涵进行了批评，认为"党化二字，内容既不确定，出处亦不明了，总理著作，大会决议，均无此名，……名不正则言不顺，……"，以后应删除此名。因此，大会决定取消"党化教育"一词，以"三民主义教育"代之。③落实到课程与教材中，在1932年教育部正式公布的《课程标准》中，重新设立公民科，党义课程取消。党义教科书也随即完结。1932年10月教育部颁布的小学课程标准，将党义课改为"公民训练"。教育部规定小学设"公民训练"的同时，公布

① 任鸿隽.党化教育是可能的吗［J］.独立评论，1932（3）：11-14.

② 同①.

③ 中华民国大学院.全国教育会议报告［R］.上海：商务印书馆，1928.

《小学公民训练标准》作为教师施教和儿童行为实践的依据。

自 1927 年厉行党化教育后，三民主义教育高唱入云，废止公民科，增设党义科，出现党义教科书，但它在中国现代教科书史上，仅仅存在 4~5 年时间，1932 年后就基本没有踪影了。真正是"昙花一现"。但伴随着党化教育的实施，教育及教科书的独立发展被政治力量强势干扰，由此带来的中国教科书发展中意识形态的刚性控制特征，则一直延续了下来。可以说，当以人的发展为第一要义的教科书越来越服从于、服务于政治目的之后，教科书的"益智"精神就日益缩小（教科书的英文名是 Textbook，它于 19 世纪中后期进入中国时，是作为"益智书"翻译的），我国近现代意义上的教科书黄金时期终于退出了历史舞台，百花齐放、百家争鸣的时期一去难复返了。

目前我们的教育包括教科书改革正处在一个悬浮的状态，进退皆难。正因为改革处于这样一个无法有效深入的时候，开始有很多人怀念起过去，在这种"时代怀旧"诱导下，开始出现回到过去的呼声，出现了一股对民国教育、民国教科书的过于崇尚、过于美化的风气。应该承认，民国教育和教科书确实非常有必要重新解读，但我们的未来真的可以在过去的文本里找到吗？我们对未来道路的寻找探索真的必须要回到过去吗？

战时国定教科书的推进

▲《初级小学国语常识课本》，国立编译馆

　　虽然清政府和袁世凯政权梦想的教科书国定最后都成了一枕黄粱，但蒋介石国民党政府依旧跃跃欲试，开始了大动作。

　　第三次国定教科书的序幕拉开于 1933 年国民党政府教育部组织编写的部编本教科书。

　　1933 年朱家骅任教育部部长，竭力推动教科书国定。1933 年行政院会议议决由教育部自编中小学教科书。教育部拟分三期进行此项编辑工作。第一期重点编辑当时中小学最需要之教科用书，如国文、算术、公民、历史、地理、自然等。预计1934年起颁布全国使用。但理想与实际总是有距离的，到1935年时，此套教科书草本才基本编辑完毕。也许教育部认为此套教科书条件还不成熟，所以并没有颁布全国使用，而是要国立编译馆接手修订。

1935年，国立编译馆奉教育部令修改部编小学教科书稿。后来教育部给蒋介石的报告中称此套教科书，为"国定教科书之嚆矢"。①

由于教科书由国立编译馆做了大幅度的修改，因此教科书署名为"国立编译馆编纂"。出版时间大约集中在1936年到1937年。但该套教科书没有编撰完，基本上不对民间出版教科书构成实质性威胁。

1937年7月全面抗战爆发。1938年，国民政府颁布抗战建国纲领，其中第四部分"教材"中规定，"各级学校各科教材与所用之教科书，为教学时最重要之工具""教育部应成立各级学校各科教材编订委员会""小学教科书及中学、师范用之公民、国文、历史、地理教科书，应由国家编辑，颁布应用"。②

根据抗战建国纲领，民国政府迅速将对教科书的统一提上了议事日程。国定教科书的大幕急骤拉开。

1938年8月，教育部教科用书编辑委员会进行改组，分设中学教科用

————————

① 中国第二历史档案馆.中华民国史档案资料汇编：第五辑第二编　教育［G］.南京：江苏古籍出版社，1997：495.

② 同①28.

书、小学教科用书、民众读物及青年读物四个编辑组，^①为国定教科书做准备。1939 年 5 月，中学教科用书及小学教科用书两个编辑组，合并为中小学教科用书编辑组。其具体任务是迅速编印一套中小学使用的教科书，供应战时后方之用。因为当时后方交通阻隔，出现了严重的教科书荒，^②急需适合抗战情势的教学用书，必须立即赶编。教育部拟聘梁实秋为教科书编辑委员会主任。但梁实秋最初感到任务艰巨，以缺乏经验为由，没有答应。^③教育部遂请来李清悚当副主任做梁实秋的助手。李清悚原来为南京一中校长，1938 年到重庆后正在北碚筹建临时中学——国立二中，被三峡实验区署聘为设计委员会委员。李与梁实秋年龄相仿，才华内蕴，诗书画俱佳。李为校务委员，相对有时间参与教科书编辑工作，最重要的是李有丰富的实践经验。梁实秋这才答应出任主任，并迅速投入紧张的教科书编撰工作。

为了应对教科书急需，教育部举政府之力来编辑部编本教科书，旨在分发各地以备翻印。到 1941 年底，基本完成教科书编辑工作，全套教材初稿分批分期陆续编就付印，供后方各地学校使用。^④此套教科书也被称为部编本教科书，是国定教科书的一种形式。与之前的部编本不同的是教科书署名为"中小学教科用书编辑委员会"。

借抗日战争，教科书的国定化终于得到多数人的认同，国定举措终见成效。

① 教育部改组［J］．教育通讯，1938（23）：14.
② 抗战爆发后，国民政府西迁，由于交通阻隔，运输不畅，后方教科书供不应求。一本书价一元的小学课本，经过加价、运费等附加后，实卖四元零五分。如此高价的书，书店仍然供应不上（陈剑恒：《书价高涨与严重的书荒》，《教育通讯》1940 年第 7 期）。国民政府教育部决定尽快编辑部编本教科书分发各地以备翻印。
③ 宋益乔．梁实秋评传［M］．北京：中国社会出版社，2005：125.
④ 魏冰心．国定教科书之编辑经过［J］．教育通讯复刊，1946，1（6）：15.

1941 年中小学教科用书编辑委员会编纂教科书都是依据 1936 年的课程标准编写的。进入抗战后，该中小学各科课程标准，显然有根据抗战情势而重新修订的必要。1940 年陈立夫组织修订课程标准。到 1942 年初，各科课程标准全部公布。1943 年上学期开始实行新的课程标准。①

　　新课程标准改动较大，比如要开小学国语常识课，这就要有新"国语常识"混合课本。这种课本是一种全新的形式，没有任何民间版本可以借鉴。

　　1942 年 1 月教育部将中小学教科用书编辑委员会并入国立编译馆。"国语常识"课本成为这一阶段国立编译馆编纂的主要的国定教科书，也成为最先出版的国定教科书。

　　1942 年秋天，初小《国语常识》课本陆续出版，小学各主要科目，初中语文、公民、史地等教科书，也陆续完成。国定教科书全面出台。

　　为确保国定教科书的迅速推出，1942 年 5 月 26 日，蒋介石亲自下手令给教育部部长陈立夫，指出："以后凡小学教科书应一律限期由部自编，并禁止各书局自由编订。"②6 月 23 日，教育部关于奉令修订小学教科书致蒋介石呈中汇报：小学主要科目之课本"已陆续交由正中书局制版，年内当可次第出书。……一俟部编课本准备充足，全国各地均能供应时，当禁止各书局自由编印，以杜操纵之弊，而收统一之效"。③

　　1943 年 6 月 16 日国民政府教育部训令第 28500 号提出："自三十二年

---

① 课程标准公布 [J]．教育通讯，1942（28）：9．
② 中国第二历史档案馆．中华民国史档案资料汇编：第五辑第二编　教育 [G]．南京：江苏古籍出版社，1997：458．
③ 同② 496．

度第一学期起，中小学应分别采用国定本教科书"。①

从 1943 年秋季开始，国定教科书开始在国统区学校全面使用。

紧接着关于使用国定教科书的各种命令接踵而至：1943 年 10 月 20 日教育部训令第 51740 号命令："国定中小学教科书各科各册出版后，各书局编印之版本一律停止发行""自三十三年一月份起，中小学各科各册教科书已有国定本者，各学校应一律改用国定本，所有各书局以前编印之版本，不论其尚在审定有效期间，或已过审定有效期限，或曾经核准发行，或尚未经审定者均一律停止发行"。②11 月再次训令，强化了这一要求。

一方面强制各学校一律采用国定教科书，另一方面禁止各民间书局版本的流通，1943 年，迈开了用国定教科书统一全国中小学教科书的步伐。中小学教科书制度完成了由抗战以前以审定制为主到抗战期间以国定制为主的转变。但由于 20 世纪 40 年代的社会背景，实际上这些国定教科书并没有真正完成自己被赋予的使命——替代市场上各种民间版本的教科书。

国定教科书因其偏重抗战需要，迁就现实，质量难免参差不齐，1945年抗战胜利后，已经不能适应胜利后的建设需要，教育部启动重新修订课程标准、改写教科书的工作。不过课程标准虽然进行了修订，但教科书再也没有时间和机会根据修订后的课程标准进行修订了。除了封面色彩和图案作了变更外，教科书内容没有真正修改。

当时有识之士意识到国定教科书已完成了它的政治使命，到了该退出历史舞台的时候了。因为国定教科书自 1943 年出现（一直到 1949 年消失）

① 教育部训令［J］.教育部公报，1943，15（6）：56.
② 教育部训令［J］.教育部公报，1943，15（10）：37.

后，在内容上基本没有变化。这是导致国定教科书走向衰落的原因之一。过于服从抗战需要，过于体现统治者意志，在内容方面逐渐陈旧、乏善可陈，竞争缺失，有人说它"误尽苍生"，[①]有人说它"荒谬绝伦"，[②]甚至有"控制国民思想"之嫌，[③]这是国定教科书被呼唤退出的另一个原因。

顾树森回忆说，陈立夫"迫于教育界的公论，不便公然恢复文言文，设置读经科，就着重于用白话文形式，把'礼义廉耻'等'经'的内容，编成一套小学教科书，作为'国定教科书'，指派给各书局分担印行；并且规定全国各小学一律采用，各书局原有的各种教科书一律停止发行。同时还编辑了一套'国定中学教科书'。这些'国定教科书'的编辑，完全由陈立夫指派自己的亲信，在国立编译馆成立'教科书编辑委员会'主持其事，表面上是依照'小学课程标准'所规定的内容为主，但实际上所选择的具体材料往往和规定的多所出入"。[④]有意思的是，持批评意见的顾树森本人就是这个教科书编辑委员会的成员，也是国民政府教育部的司长。

1947年3月，在"教育问题座谈会"上，与会专家讨论了教科书问题。陆殿扬报告了国定本教科书的编印经过，最后指出国定教科书的缺点，"每科仅此一种，不但无比较或竞争之可能，教师亦无选择余地，一部分人士更认为有思想统治之嫌"。会议由袁伯樵对国定教科书问题做总结："原则上可由国家编译教科书多种，听凭各校自由选择应用，惟国定一名词似有欠妥之处。又教育部如拟定完善之课程标准，由各专家自行依照编辑教科书，部方即依此标准审定之。国立编译馆所编之课本，亦须经审定数种并行，更为理想。"最后通过投票表决国定本教科书的存废问题，结果是：

---

① 徐天震.所谓"国定本教科书"［J］.大夏周报，1947（7）：19-21.

② 邓恭三.荒谬绝伦的国定本教科书［J］.时代文摘，1947（7）：22-25.

③ 申报馆.教育问题座谈会讨论教科书问题［Z］//申报影印本：392.上海：上海书店，1983：669.

④ 文史资料选辑编辑部.文史资料选辑：合订本：第5卷：第17-19辑［G］.北京：中国文史出版社，2000：136.

"指定采用国定本，无赞成者；各种审定本听凭选用，赞成者十四人；指定采用一种审定本，无赞成者；国定本或审定本同时发行，听凭选用，赞成者七人；某几种教材采用国定本，某几种教材采用审定本，赞成者一人"。①通过这次会议，与会专家达成共识：主张废除国定教科书，重新采用审定制。

1947 年 5 月《申报》发表消息称"参政会将讨论国定课本存废问题"。②6 月《申报》又以《宪政促进会研究委员会提案主张废止国定课本另颁布课程标准由人民编辑听任各校选用》为题，③ 报道了张仲友等提案"拟请教育部废止国定教科书编印办法，另行颁发适合思想自由原则之课程标准，由人民及书局拟请编辑"，提案"原意认为国定本内容不能尽善，且与宪法第十一条抵触，拟与政府予以废止"，该提案当即修正通过提交联席会议。

国民党政府国定教科书是在抗战特殊时期的产物，主要是为了能在抗战中保证教育的正常进行，同时确保国民党政府抗战的意识形态能够覆盖所有学校与学生，也有利于激发学生的爱国之情、为抗战贡献力量。④⑤抗战一结束，国定教科书就完成了自己的政治使命，理应退出历史的舞台，

① 申报馆.教育问题座谈会讨论教科书问题［Z］∥申报影印本：392.上海：上海书店，1983：669.
② 申报馆.参政会将讨论国定课本存废问题［Z］∥申报影印本：393.上海：上海书店，1983：299.
③ 同②819.
④ 石鸥.民国中小学教科书研究［M］.长沙：湖南教育出版社，2019：266-267.
⑤ 张文，石鸥.国定教科书：时代价值及其局限：从南京国民政府的国定教科书说起［J］.河北师范大学学报（教育科学版），2016，18（6）：50-55.

恢复和完善战前的模式，当时很多人都这样认为。因此1947年关于废止国定教科书的问题引起了强烈的共鸣，甚至走上了政治程序，在参议会讨论并通过。但是后续却没有了消息，可能是因国民党节节败退已经无暇顾及此事了。国定教科书一事再无人关注，国定教科书伴随着国民党政府在大陆的消失而消失。

国定教科书是时代的产物，在国家危亡时刻，国定教科书积极宣传抗战，用教育塑造理想，用教育鼓动民族自信，为抗战胜利涂写了浓重的一笔，具有重要的时代价值。但是，国定教科书在全面服务抗战的同时，也成为加强国民党统治的工具。由此而带来的历史局限和效果上的局限使得它终究逃脱不了被历史潮流淹没的命运。

第一，宣传抗战，有利于传播国家声音，动员民众加入抗战大军。

近代中国遭受了太多的帝国主义列强的入侵，在巨大的屈辱面前，消极退缩的情绪有了一定的市场。抗战初期，国民党军队溃败，汪精卫之流的投降主张影响了不少人。此时，急需应用一切手段，清除此类消极危险情绪对民众的不良影响，统一抗战救国的思想。在民族最危急的时刻，教科书统一有利于消除杂音，宣传抗战，传播国家抗战主张，有利于塑造理想，鼓动民众，提升民族自信心。

总体上看，国定教科书做到了这一点，它塑造了一套"国家""民族""反侵略"的爱国话语体系，集中反映了当时的政府关于对日作战的思想主张，也参与了这种话语和主张的再生产。它从内容到形式，从编创手法到话语修辞，都服务于特定的抗战需要和统治思想的需要。国定教科书是抗战时期民族思想和意识形态的教育具象。它把战争意识形态推向了前所未有的极端。

必须承认，在民族危亡时刻，国定本教科书迅速激发了民众的爱国热情。

第二，统一思想，有利于凝聚中华民族精神，发出抗战的最强音。

抗战不仅是前线枪炮声的呼啸，还有课堂上孩子们的呐喊。

不成功，便成仁，为国为家为子孙。

既尽力，也尽心，保国保家保乡邻。

练身体，求知识，奋发自强雪国耻。①

——这是另一种形式的抗战，它听起来柔弱，却奏出了时代的最强音。孩子们稚嫩而高亢的读书声就是气贯长虹的抗战宣言。

国定教科书的目的是"将我国固有的道德、知识、能力融化在历史教材中，激发学生爱护民族国家的情绪，并坚定其民族的自信力"②。因此，国定教科书非常重视民族精神的渲染，民族英雄的塑造，以加强民众的民族自信。

他们是谁？他们是民族英雄，抗日好汉！他们的武器：枪炮！炸弹！他们的精神：干！干！干！他们干了些什么？一战使汉奸惊心，再战使倭寇胆寒。他们奋不顾身，为国死难。他们不死的精神，如日月一般，永远光明璀璨。③

激情慷慨的课文，把汹涌澎湃的民族精神传达给学生，在抗战最艰苦的时候，激发民众的爱国热情和必胜信念。

第三，普及科学，有利于传授抗战需要的基本常识，确保抗战的胜利。

国定教科书在普及抗战常识、懂得科学抗战、防止不必要的损失与牺牲方面做出了很大的努力。在战争知识方面，注重战时救护、军事看护、战时医药常识、照明、烟幕、毒气、兵器、防空、警报等内容的组织；在卫生方面，国定教科书注重人体构造、预防传染病等知识的传授。这些科

---

① 国立编译馆.初级小学国语常识课本：第七册［M］.上海：国定中小学教科书七家联合供应处，1943.

② 魏冰心.国定教科书之编辑经过［J］.教育通讯复刊，1946，1（6）：15.

③ 编译馆.初级小学国语常识课本：第七册［M］.上海：国定中小学教科书七家联合供应处，1943.

学常识的普及，提高了战争时期国民的素养，也有利于抗战本身的进行。

　　当然，国定教科书也有多方面的局限性。比如实施效果的局限。从国定教科书使用的有效性来看，当时国民党强制推行国定教科书，只允许一套教科书，以为这样能够最好地传播一个党、一个主义、一个领袖的意识形态，能够最佳地实现国民党统治的长治久安。但他们没有认识到，自己寄予厚望的国定教科书未能有效实现其预期目标。教科书的国定与垄断，缺乏竞争，最终只能导致单一化、模式化，最后走入僵化。质量不高，垄断盛行，生气全无。在陆殿扬看来，国定教科书"全属救济性质"，只是让学生有书读而已，聊胜于无。① 国民党用自己的具有垄断性质的教科书不断削弱自己的思想根基，不断引起人们对一个党、一个主义、一个领袖的逆反，也不断地为自己树立了知识界的批判靶子。这可以说是实施效果的现实的局限，国定教科书严重偏离了自己的预期目标。

　　正是看到国定教科书的局限与弊端，看到它并不是最佳传播意识形态的教科书，一部分人基于拯救国民党、拯救国民政府的目的，站出来坚决反对教科书国定。这些人中有吴稚晖、胡适、任鸿隽等国民党高层或知识界有影响人物，还有顾树森、陆殿扬等国定教科书的实际组织者和负责人，他们站在历史发展的高度，既承认特定时期国定教科书的价值，也深刻认识到其内在的局限性，表现出部分民国知识分子的社会担当。②

---

① 陆殿扬.部编师范教科书之主旨及现状［J］.教育通讯（汉口）.1947（3）：29-30.
② 石鸥.民国中小学教科书研究［M］.长沙：湖南教育出版社，2019：269.

后　记

终于，这本《百年中国教科书记》即将付印了。"百年"系列再添一本。从《百年中国教科书论》（湖南师范大学出版社）到《百年中国教科书忆》（知识产权出版社），再到这本《百年中国教科书记》，也算又上一个小台阶。

记得许多年前在台湾的一所大学讲学时，几位台湾教授——也是研究教科书的好友——笑着说："石教授，以后您的教科书研究可以多讲一点故事，现在很流行讲故事。"这以后，"讲故事"就时不时地在我的脑海回响。"百年"系列就是一种尝试，这本《百年中国教科书记》更明显。不仅内容是故事，甚至写作的方式也尽量向讲故事的要求靠拢，力求浅显化、口语化、通俗易懂（这一点谈何容易）。真实的故事，需要有主人公、有发生的时间与地点，当然，最主要的是要有事件发生发展的相对连贯的过程，是要说明某个道理，表达某种意义与价值。故事是"故去"的"事"，是过往的事，是往事。虽然是往事，但能够引发今天的思考，能够启迪今天，在今天还有意义有价值。

本书选了近代以来与我国中小学教科书密切相关的若干事件，以讲故事的形式呈现在读者面前。因为是讲故事的形式，所以几乎不需要读者有专业的学术背景。家长、学生、教师等所有对教科书感兴趣的人都可以试着翻阅、琢磨、思考。

这些故事里的主角，有些是名头响亮的大学者，如黄晦闻、吕思勉、顾颉刚、林语堂等，他们往往站在学术舞台中比较显眼的位置。他们的教科书出问题，自然引人注目。但更多的是名头不响亮、学术影响力和社会声誉不高的小文人。他们只是小课本的编者。他们压根就没有想到，自己的"编织品"（textbook 的本意就是指编织起来的书）会引发轩然大波。也许他们自己都不知道，当他们把智慧之书——国人最早把 textbook 翻译为益智书——捧给孩子们、为孩子们引来光时，他们也在历史上留下了自己的印记，他们和他们的"编织品"因此而不朽。犹如《寻梦环游记》所揭示的真理：一个人的肉体可以消失，但他的生命不会真正结束，只要这世上还有人怀念他、记得他。

本书讲的是中国近现代教科书发展史上的故事，但由此引发的思考往往具有普遍意义甚至全球意义，因此，我们偶尔也会附上一个外国教科书在此方面的故事，以此印证某个普遍结论或普遍价值。

本书涉及的所有教科书都来自首都师范大学教科书博物馆，这里收藏了太多有故事的教科书。本书只是择取了几个带有风波性质的故事，乍一看，这些都是"烫手的教科书"。其实，教科书博物馆还收藏着不少有暖人故事的教科书，我们希望以后也有机会把它们呈现出来。

由于某些原因，本书舍弃了最近一段时期里发生的关于教科书的事件或风波，尽管它们也是很好的故事，或有着很好的故事素材。也许，若干年后，这些"舍弃"，都将成为他人笔下的有关教科书的"故事"。

本书成稿已经快十年了，一则自己不积极，二则在某些出版社编辑的抽屉里放置得太久，这样那样的原因，给耽搁了。此故，书中的一些故事，一些已经整理出来的资料，我便在不同场合或多或少使用过它们、书写过它们。也有学者挖掘到这方面的素材，发表了研究成果（这是既令人高兴也令人沮丧的事，毕竟其中一些内容，我们完成得更早，但面世得更晚）。想到这一点，我顺便再一次表达自己的感慨：我看重那些认真做书、认真做我们的书的出版人。我以前说过：我看重认真做我们的书的人和社。今天我还是这么说。即便体制内有这样那样的评估要求，以这样那样的附加条件（比如出版社级别、比如有些经费只资助在北京的出版部门出书）约束学者们的智慧产品。我依然把是否郑重对待一个学者的心智成果，作为选择出版社的最重要的标准（有学界同仁曾心寒地告诉我，个别出版社会堂而皇之地让凝聚着学者多年心血的成果长期沉寂下去而毫无歉意）。这就是我选择广东教育出版社的原因。这里，我再次由衷地感谢广东教育出版社的几任领导，尤其是感谢现任社长朱文清先生和总编辑李朝明先生的厚爱，感谢姚勇编辑，感谢其他为此书面世而投入了精力的人。他们一如既往的高效支持、细致入微的具体操作，让我难以忘怀，铭记在心。

感谢我的团队，铁打的团队流水的成员。那些热情、魅力、青春焕发的博士们硕士们。她们的面孔与身影不断变化，但她们戴着白手套翻阅老课本的姿态一直不变，这姿态定格在她们学术生涯的"T台"上，真好看。

感谢我深爱的那个人和深爱我的那个人。她曾经说过："这首歌，给你。"今天，我要说：这本书，一朵不起眼的花，将为她而开。

石鸥

北京·童书阁

2023 年 8 月 14 日